本书受到国家社科基金、京津冀协同发展河北省协同创新中心、河北经贸大学出版基金和河北省金融重点学科资助。

国家社科基金丛书
GUOJIA SHEKE JIJIN CONGSHU

我国农业保险制度优化与发展研究

Research on the Optimization and Development of
Agricultural Insurance System in China

冯文丽 苏晓鹏 等著

人民出版社

责任编辑：杨美艳
封面设计：石笑梦
版式设计：胡欣欣

图书在版编目（CIP）数据

我国农业保险制度优化与发展研究/冯文丽 等著. —北京：人民出版社,2023.12
ISBN 978 - 7 - 01 - 026270 - 3

Ⅰ.①我… Ⅱ.①冯… Ⅲ.①农业保险-保险制度-研究-中国 Ⅳ.①F842.66

中国国家版本馆 CIP 数据核字（2023）第 253152 号

我国农业保险制度优化与发展研究
WOGUO NONGYE BAOXIAN ZHIDU YOUHUA YU FAZHAN YANJIU

冯文丽 苏晓鹏 等著

人民出版社 出版发行
（100706 北京市东城区隆福寺街 99 号）

中煤(北京)印务有限公司印刷 新华书店经销

2023 年 12 月第 1 版 2023 年 12 月北京第 1 次印刷
开本：710 毫米×1000 毫米 1/16 印张：18.75
字数：260 千字

ISBN 978 - 7 - 01 - 026270 - 3 定价：78.00 元

邮购地址 100706 北京市东城区隆福寺街 99 号
人民东方图书销售中心 电话 （010）65250042 65289539

目　　录

第一章　绪论 ································· 001

一、研究背景 ······························ 001

二、国内外研究综述 ······················ 003

三、思路和架构 ···························· 034

四、研究方法和本书特点 ·················· 038

第二章　我国农业保险探索历程、成就与问题 ······· 040

一、我国农业保险探索历程 ················ 040

二、我国农业保险探索成就 ················ 055

三、我国农业保险发展存在的问题 ·········· 064

第三章　农业保险制度的国际比较及启示 ········· 070

一、农业保险立法的国际比较 ·············· 070

二、农业保险经营管理体系的国际比较 ······ 079

三、农业保险补贴制度的国际比较 ·········· 089

四、农业保险大灾风险分散机制的国际比较 ···· 096

五、农业保险制度国际比较的启示 ·········· 105

第四章　我国农业保险立法现状及优化 ·················· 108

一、我国农业保险立法的历史沿革 ·················· 108

二、《农业保险条例》的立法贡献 ·················· 115

三、《农业保险条例》在实践发展中暴露出的不足 ·········· 125

四、完善我国农业保险立法的建议 ·················· 129

第五章　WTO《农业协定》与我国农业保险制度顶层设计 ··· 133

一、WTO《农业协定》及国内支持规则 ·················· 133

二、我国在农业国内支持方面的入世承诺及规则约束 ·········· 136

三、入世以来我国实施的农业支持保护政策及改革方向 ······· 137

四、WTO《农业协定》农业保险补贴规则的解读与审视 ········· 141

五、美国对 WTO 农业保险规则的使用和规避策略 ············ 146

六、对我国充分利用 WTO 农业保险规则的启示 ············· 152

第六章　我国农业保险管理体系现状与优化 ············ 155

一、我国农业保险"协同推进、共同引导"管理体系的现状 ····· 155

二、我国农业保险"协同推进、共同引导"管理体系的不足 ····· 158

三、完善我国农业保险管理体系的对策建议 ·············· 160

第七章　河北省农业保险产品体系现状与优化 ·········· 164

一、河北省农业保险产品体系现状 ·················· 164

二、河北省农业保险产品体系中存在的问题 ·············· 170

三、河北省农业保险产品体系优化建议 ·············· 178

附录　美国农业保险产品体系及启示 ·············· 186

第八章　我国农业保险补贴制度现状与优化 ············ 196

一、我国现行农业保险补贴制度主要内容 ·············· 196

二、我国农业保险补贴制度演变过程与效果 …………… 199

三、我国农业保险补贴制度中存在的问题 ……………… 205

四、完善我国农业保险补贴制度的对策建议 …………… 209

第九章　我国农业保险大灾风险分散机制现状与优化 ……… 213

一、农业保险大灾风险的概念及衡量 …………… 213

二、建立农业保险大灾风险分散机制的原因 …………… 214

三、我国农业保险大灾风险分散机制建设现状 …………… 218

四、我国农业保险大灾风险分散机制存在的问题 …………… 222

五、完善我国农业保险大灾风险分散机制的建议 …………… 224

第十章　我国农业保险基层协保员队伍建设现状与优化 ……… 229

一、协保员的诞生及其发展 …………… 230

二、协保员及其队伍建设的必要性 …………… 232

三、协保员队伍建设的两种模式 …………… 235

四、太平洋产险河南省四级机构协保员队伍建设调研 …………… 236

五、协保员队伍建设存在的问题 …………… 239

六、加强协保员队伍建设的建议 …………… 242

第十一章　我国农业保险保障水平现状与区域差异实证分析 … 246

一、农业保险保障水平的含义 …………… 246

二、我国农业保险保障水平现状 …………… 247

三、我国农业保险保障水平区域差异实证分析 …………… 250

四、提高我国农业保险保障水平的对策建议 …………… 259

第十二章　我国农业保险赔付率现状及影响因素实证分析 …… 263

一、我国农业保险赔付率现状及理论分析 …………… 263

二、我国农业保险赔付率影响因素的实证分析 ……………… 269

三、政策建议 ……………………………………………… 274

第十三章　研究结论与政策建议总结 …………………… 277

一、研究结论 ……………………………………………… 277

二、政策建议 ……………………………………………… 278

参考文献 ………………………………………………………… 285

第一章 绪 论

一、研究背景

我国自 20 世纪 30 年代国民政府时期开始,一直断断续续进行农业保险探索。但在 2003 年以前,我国对农业保险的探索基本上都是按照商业性保险中的财产保险来进行,没有政府的支持政策和保费补贴,农民保险意识淡薄,保费支付能力低,保险公司经营风险大,赔付率高,没有承保积极性,几乎所有探索都难以为继或惨淡经营。2003 年,全国只有中国人民财产保险股份有限公司(以下简称"人保财险")和中华联合财产保险股份有限公司(以下简称"中华财险")两家保险公司经营农业保险,农业保险保费收入只有 2.36 亿元,业务萎缩严重,对农业提供的风险保障也很有限。

2003 年,十六届三中全会提出"探索建立政策性农业保险制度",我国开始关注和探索政策性农业保险。2004 年,保监会在黑龙江等九个省份启动农业保险试点,探索由地方政府与农业龙头企业对农业保险进行保费补贴的做法。

2007 年,财政部发布《中央财政农业保险保费补贴试点管理办法》,选择在内蒙古等六个省份开展中央财政农业保险保费补贴试点工作,补贴险种标的为玉米、水稻、大豆、小麦和棉花。随后,在部分省份开展能繁母猪中央财政保费补贴试点。

之后的十几年,我国农业保险中央财政保费补贴试点区域逐渐扩大到全国,补贴品种扩大到 17 种,各省也积极发展地方财政保费补贴险种,我国农业保险步入快速发展阶段,取得了举世瞩目的成绩,走完了发达国家几十年甚至上百年走过的道路。2020 年,我国农业保险保费收入第一次超过美国,成为全球农业保险保费规模最大的国家。2022 年,我国农业保险保费收入为1219.43 亿元,比上年增长 26.34%,为 1.67 亿户次农户提供 4.56 万亿元的风险保障。经过十几年发展,农业保险逐渐成为国家农业风险管理体系的重要支柱和基础,越来越多地与国家各类农业改革政策和社会发展政策相配套,成为国家在赔偿救助、防灾防损、价格调控、扶贫开发、民生保障和乡村振兴等领域的重要抓手。

但同时我们需要清楚地认识到,由于我国农业保险发展时间短,早期试点中各项制度建设不完善,在发展过程中暴露出很多问题和制度缺陷。例如:我国农业保险立法还不完善,立法层次比较低,立法内容比较简单;农业保险顶层设计与 WTO 规则结合还不紧密,农业保险作为重要支农政策工具的作用发挥得还不充分;“协同推进”的农业保险管理体系,在中央政府层面一直缺乏明确的牵头管理部门,各部门“铁路警察各管一段”,管理效果和管理效率有待提高;农业保险产品体系结构单一,费率和保额测算不精准,不能充分满足农业生产者多元化的风险管理需求;农业保险财政补贴制度还不完善,在一定程度上制约农业大省和经济落后地区农业保险的进一步发展;农业系统性风险给经营机构造成的威胁越来越大,但中央财政支持的农业保险大灾风险分散机制还不健全;农业保险投保主体分散点多面广,发挥保险代理人作用的农业保险基层协保员相关制度还不明确;农业保险作为重要农业风险管理工具和支农政策工具应有的政策效应还没有充分发挥,有些省份的农业保险赔付水平及全国农业保险保障水平都还比较低。因此,本书拟系统研究我国农业保险探索中存在的各种制度问题,在借鉴其他国家经验的基础上,结合国情提出可供决策层参考的制度优化建议。

二、国内外研究综述

（一）国内研究现状及述评

根据本书的研究目标和研究内容,对农业保险的政策性属性、立法、管理体系、产品体系、保障水平、补贴制度、大灾风险分散机制、赔付率和保障水平等方面研究成果进行全面梳理。

1. 关于农业保险政策性属性的研究

农业保险分为政策性保险和商业性保险,两者制度要素有很大差异。长期以来,在我国农业保险实践探索中,一些政府部门官员并不认可农业保险的政策性属性,这种认知在过去很长一段时间、在一定程度上阻碍了农业保险发展。所以,明确农业保险的政策性属性,是农业保险制度研究的理论基础。

郭晓航(1987)认为,建立保险补偿制度是农业发展的重要经济政策,农业生产的特点和保险的规律决定了农业保险的政策性属性,并应采取法定保险和自愿保险相结合的经济补偿制度。[1]

李军(1996)认为,农业保险社会效益高,具有明显的公益性;同时,投保人必须符合一定条件才能参加保险,例如交保费,因而农业保险又具有一定的排他性。所以,农业保险不属于私人物品,而是公共物品。[2]

皮立波和庹国柱(2000)提出,由于农民对农业保险有效需求不足,保险公司经营农业保险的难度较大,农业保险商品化难度很大。但农业保险具有利益外部性特征,政府应把农业保险作为公共物品,由政府提供农业保险或对

---

① 郭晓航:《论政策性农业保险》,《北京财贸学院学报》1987 年第 1 期。

② 李军:《农业保险的性质、立法原则及发展思路》,《中国农村经济》1996 年第 1 期。

私人机构提供补贴等扶持政策由私人机构提供。①

刘京生(2003)认为,我国在加入世界贸易组织后,政府应按照世界贸易组织规则、利用市场机制对农业进行扶持,应将农业保险作为一项支农政策工具来实施。② 吴扬(2003)也认为,我国农业保护政策体系缺乏风险保障制度,政府应调整农业保险政策。③

冯文丽(2004)认为,系统性风险、信息不对称和双重正外部性,是造成农业保险市场失灵的主要原因,需要政府采取保费补贴等政策进行干预纠正。④

邢鹂和钟莆宁(2004)认为,粮食主产区的单产波动水平远高于全国平均数。稳定粮食主产区粮食生产和粮农预期收入,对保证我国长期粮食安全至关重要。农业保险是WTO"绿箱"措施框架下对农业进行保护的一种重要手段和较好选择。⑤

庹国柱(2011)提出,政策性农业保险与商业性农业保险在经营目标、发展动力、盈利能力、外部性和强制程度等方面都有很大不同。并非所有的农业保险都是政策性保险,只有那些对国计民生具有重要战略意义或重要影响、无法按照商业经营规则由市场提供的保险才可作为政策性农业保险。⑥

张跃华、庹国柱和福厚胜(2016)提出,政策性农业保险本质上已成为一种支农政策,在一定程度上可以提高农民福利,其重要性在于与其他支农工具相比所具有的特性,而非农业保险本身的性质。⑦

① 皮立波等:《建立农业政策性保险制度 迎接WTO的挑战》,《中国农村经济》2000年第5期。
② 刘京生:《农业保险的两块基石:政策性 补贴性》,《中国保险报》2003年9月25日。
③ 吴扬:《从"负保护"到积极的政策性农业保险运作——当前中国农业保护政策的必然选择》,《上海经济研究》2003年第3期。
④ 冯文丽:《我国农业保险市场失灵与制度供给》,《金融研究》2004年第4期。
⑤ 邢鹂等:《粮食单产波动与政策性农业保险制度》,《新疆大学学报(哲学社会科学版)》2004年第1期。
⑥ 庹国柱:《"政策性农业保险"是一个科学的概念》,《中国保险报》2011年10月17日。
⑦ 张跃华等:《市场失灵、政府干预与政策性农业保险理论——分歧与讨论》,《保险研究》2016年第7期。

综上,大多数学者认为农业保险应该是政策性的,主要有两方面原因:一是农业保险本身所具有的特殊性,如公益性和排他性(李军,1996)、外部性(皮立波和庹国柱,2000)和市场失灵(冯文丽,2004)等,纯商业性经营的道路走不通;二是农业保险与其他支农工具相比具有很大优势(张跃华等,2016),应该作为 WTO 规则下农业支持保护的重要政策工具(刘京生,2003;吴杨,2003;邢鹂和钟莆宁,2004)。

2. 关于农业保险立法的研究

李军(1996)提出,我国农业保险立法原则和商业保险不完全相同,《保险法》中有些立法原则适用于农业保险,如诚实信用原则和保险业务专营原则等,但有些原则,如等价有偿原则、公平竞争原则和自愿原则等,对农业保险并不适用,需要慎重对待。农业保险立法应重点体现公共选择原则、国家扶持原则和总体报偿原则。[①]

庹国柱和朱俊生(2007)认为,政策性农业保险的特殊属性,决定其经营原则和立法原则都比较特殊,阐述了政府引导、政策支持与市场运作相结合、农业保险与其他农业收入保障政策相互协调与补充、统一制度框架与分散决策实施相结合、在中央和地方政府补贴条件下实行财务平衡等十大农业保险立法原则。[②]

庹国柱和朱俊生(2007)认为,政策性农业保险的立法目标应当是将政策性农业保险作为农业可持续发展政策、农村社会保障制度建设和农业自然灾害救助体系的重要组成部分,使之成为促进农业生产、保障食物安全和国家对农户进行转移支付的重要手段,但这个目标需要中央和地方都认可。[③]

张长利(2009)提出,农业保险立法原则包括国家主导与适度扶持原则、

[①] 李军:《农业保险的性质、立法原则及发展思路》,《中国农村经济》1996 年第 1 期。
[②] 庹国柱等:《农业保险:十大原则扎牢立法根基》,《中国保险报》2007 年 2 月 12 日。
[③] 庹国柱等:《正确选择政策性农业保险的立法目标》,《中国保险报》2007 年 2 月 5 日。

基本保障原则、多种保险机制相结合原则和不同主体利益统筹兼顾原则。①

王俊凤(2009)提出,农业保险具有政策性属性,涉及农户、农业保险经营机构与政府三者之间的利益关系,一般的民事和经济行政法律无法调整,应该制定单行的独立法以针对性地规范农业保险发展。②

王素(2017)建议,中国可以借鉴美国的经验,在《农业保险条例》中设置更多针对保险代理人、投保人、被保险人的民事和刑事处罚措施,以及对保险公司、国家财政造成损失的救济措施。③

综上,学者们普遍认为农业保险立法目标比较特殊(庹国柱和朱俊生,2007),立法原则也不同于商业保险(李军,1996;庹国柱和朱俊生,2007;张长利,2009),应该制定独立的单行法(王俊凤,2009),设置更多针对保险代理人、投保人和被保险人的民事和刑事处罚措施(王素,2017)。

3.关于农业保险与农业支持保护政策的研究

长期以来,我国学术界一直有一种误区,认为农业保险补贴都属于WTO农业支持保护政策的"绿箱"措施,但随着近年来研究的深入,这种误区慢慢得以纠正。

齐皓天,徐雪高,朱满德和袁祥州(2017)对美国利用农业保险补贴规避WTO规则约束的策略进行了研究,发现美国只对保费补贴按照"基于特定产品支持"进行通报,对保险公司的经营管理费补贴和超额赔付部分补贴按照"非特定产品支持"或"绿箱"措施通报,再保险补贴没有通报。建议我国农业保险补贴方式顶层设计要更加关注WTO规则以规避制度约束,要积极试点农作物收入保险补贴,因为在现行规则下该补贴在向WTO通报时可操作的

---

① 张长利:《农业保险立法问题浅探》,《调研世界》2009年第7期。
② 王俊凤:《论政策性农业保险立法的目的、模式与原则》,《东北农业大学学报(社会科学版)》2009年第7期。
③ 王素:《美国农业保险反欺诈法律机制及其启示》,《世界农业》2017年第10期。

空间较大。①

谢凤杰,宋宝辉和吴东立(2017)提出,我国应取消归属 WTO"黄箱"措施的目标价格保险,建立符合 WTO"绿箱"措施要求的收入保险制度。尽管当前我国农业生产仍以小规模生产为主,农场级或者农户个人历史单产数据稀缺,但建立以乡、县等区域为基础的区域收入保险制度是可行的,即覆盖粮食价格风险和区域产量风险的收入保险制度。②

胡月和田志宏(2018)认为,收入保险补贴属于 WTO"绿箱"措施,我国应加快研究种粮目标收入保险,通过指数保险的方式保障农民种粮收益,促进粮食生产。③

谭智心(2020)提出,财政支持下的农产品"保险+期货"模式,实际上给农业生产者提供了价格支持,对农产品价格形成造成一定影响,更接近"黄箱"措施。因此,需要对农产品"保险+期货"运行机制进行改进,使之与财政补贴、价格和生产脱钩,在"绿箱"措施框架下为我国农业增长、农民增收提供更多金融支持。④

朱晶,徐亮和王学君(2020)认为,按照 WTO《农业协定》相关规定,农业收入保险补贴只有在满足一定条件的前提下才算作"绿箱"措施,而我国目前正在试点的农业收入保险方案在很多方面与 WTO《农业协定》"绿箱"措施的规定有些出入,因此农业收入保险补贴很有可能被视为"黄箱"措施。⑤

何小伟等(2022)提出,我国农业保险补贴要受 WTO《农业协定》及我国

---

① 齐皓天等:《农业保险补贴如何规避 WTO 规则约束:美国做法及启示》,《农业经济问题》2017 年第 7 期。

② 谢凤杰等:《WTO 框架下粮食价格保险政策归属及其改进》,《农业现代化研究》2017 年第 2 期。

③ 胡月等:《我国农业补贴政策的"黄转绿"问题研究》,《当代农村财经》2018 年第 2 期。

④ 谭智心:《关于农产品"保险+期货""定箱"问题的思考》,《农村工作通讯》2020 年第 17 期。

⑤ 朱晶等:《WTO 框架下中国农业收入保险补贴的国际规则适应性研究》,《中国农村经济》2020 年第 9 期。

入世承诺协议的共同约束,核心约束是 8.5% 的微量允许政策,保费补贴被视作"绿箱"措施需要满足特定条件,种植业收入保险保费补贴的 WTO 合规风险总体有限并且可控,再保险支持并无合规风险。[①]

综上,学者们普遍认为农业保险补贴是一种对农业进行支持保护的重要手段,已有学者清楚地认识到并非所有农业保险补贴都属于 WTO "绿箱"措施,目标价格保险(谢凤杰等,2017)、"保险+期货"(谭智心,2020)、有些收入保险(朱晶等,2020;何小伟等,2022)等,都属于 WTO 规则中的"黄箱"措施。学者们建议在充分利用农业保险 WTO "绿箱"措施方面,应该发展收入保险(齐皓天等,2017;胡月和田志宏,2018),尤其是区域收入保险(谢凤杰等,2017)。

4. 关于农业保险管理体系的研究

张峭和徐磊(2009)提出,我国应参考借鉴美国设立农业风险管理局的经验,在农业部增设农业风险管理机构,协调各职能部门之间的关系和政策,制定和执行农业风险管理政策,组织研究农业风险评估、费率分区和风险管理工具创新,管理农业风险和农业保险财政补贴等。[②]

冯文丽和苏晓鹏(2019)认为,我国"协同推进、共同引导"的农业保险管理体系存在很多不足,管理效果和管理效率不理想,建议借鉴美国经验,在中央政府层面成立类似美国农业风险管理局那样的农业保险管理机构,专门负责政策性农业保险的顶层设计、协调推动、业务监管和理论研究等管理工作。[③]

---

① 何小伟等:《WTO 规则与我国农业保险补贴政策的合规风险评估》,《保险研究》2022 年第 9 期。

② 张峭等:《"开启中国农业保险的明亮窗口"之中国农业风险管理体系:一个框架性设计》,《中国禽业导刊》2009 年第 3 期。

③ 冯文丽等:《农业保险"协同推进、共同引导"管理体系的现状及优化》,《中国保险》2019 年第 2 期。

综上,农业保险管理体系是整个农业保险运行体系中非常重要的一环,但我国学者对此问题很少关注,目前只有张峭和徐磊(2009)提出在农业部增设农业风险管理机构,冯文丽和苏晓鹏(2019)提出在中央政府层面成立农业保险管理机构。

5. 关于农业保险产品体系的研究

蒲成毅(2006)提出,应该将农业风险"分类治理",运用不同的保险产品组合"划险而治",即将农业风险分为小型和大型两类风险,对于小型农业风险可采用商业保险、政策性保险或打包为整体的"三农"风险,对于大型农业风险可以采用巨灾风险转移方式。①

陈胜伟和张宪省(2014)认为,农业气象指数保险可以解决传统农业保险面临的技术与管理难题,并对农业气象干旱指数保险产品设计的理论框架进行构建。②

冯文丽和张丙洋(2016)提出,我国对农业保险产品创新缺乏知识产权保护,导致农业保险产品同质化严重,农业保险产品创新动力不足,进展缓慢,建议对农业保险产品创新采取行政保护、费率区间保护和技术性保护等措施。③

朱俊生(2017)提出,我国农户小规模分散经营,一家一户承保理赔的传统模式产生了成本高昂与违规行为严重的问题,损害了农户利益,违背了政府补贴农业保险的政策目标,建议发展普惠性指数保险,取代传统农险产品,免去"三到户"等环节,降低农业保险经营成本和违规风险。④

冯文丽和苗梦帆(2019)提出,我国新型农业经营主体和小农户并存,

---

① 蒲成毅:《农业保险制度模式与产品组合设计研究》,《重庆工商大学学报(西部论坛)》2006年第1期。
② 陈盛伟等:《农业气象干旱指数保险产品设计的理论框架》,《农业技术经济》2014年第12期。
③ 冯文丽等:《农业保险产品创新的知识产权保护》,《中国保险》2016年第9期。
④ 朱俊生:《指数保险破解农业保险产品难题》,《农村工作通讯》2017年第8期。

两者的生产方式、生产规模、风险特征和保险需求都不同,"一刀切"式的农业保险产品体系不符合两者需求,建议设计"普惠性基本险+高保障附加险"产品体系,以满足两者不同的保险需求。①

王鑫(2019)针对我国小农户和新型农业经营主体并存的实际情况,建议构建"普惠性农业巨灾保险+补充性农作物产量保险+补充性农作物完全成本保险+补充性农作物收入保险"的产品体系。这种"普惠性+补充性"的产品体系既能满足小农户基本的、免费的风险保障需求,又能满足新型农业经营主体更高的风险保障需求。②

余洋和王嘉惠(2021)认为多层次农业保险产品体系中存在特色产品有效供给不足、新型农业经营主体产品结构单一、互联网产品开发滞后等问题。③

庹国柱(2021)提出,我国农业保险产品体系应为"有财政补贴的基本险+有财政补贴的附加险和商业保险",可以有两条设计路径:一是分别设计单独的"基本险""附加险"和"商业险"产品,由农户根据需要自行选择;二是把同一种标的"基本险""附加险"和"商业险"设计在一张保单里,有不同的保障水平和补贴比例,由农户自行选择。④

综上,很多学者都认为我国农业保险产品结构单一,不能充分满足农户多元化风险管理需求,需要设计多层次农业保险产品体系(蒲成毅,2006;冯文丽和苗梦帆,2019;王鑫,2019;庹国柱,2021);有学者认为指数保险可以解决现有农业保险经营中的一些问题(陈胜伟和张宪省,2014;朱俊生,2017);还有学者建议对农业保险产品创新进行知识产权保护(冯文丽和张丙洋,2016)。

---

① 冯文丽等:《面向二元主体构建农险产品体系》,《中国保险报》2019年1月22日。
② 王鑫:《多层次农业保险产品体系设计及费率测算》,河北经贸大学学位论文,2019年。
③ 余洋等:《省域视角下多层次农业保险产品体系建设——以湖北省为例》,《中国保险》2021年第2期。
④ 庹国柱:《建立多层次多元化的农业保险产品体系》,《中国银行保险报》2021年6月21日。

6. 关于农业保险补贴制度的研究

皮立波和庹国柱(2000)提出,农业保险具有很多特殊秉性,应作为公共物品,由政府提供或对私人机构提供补贴。①

冯文丽(2004)认为,系统性风险、信息不对称和双重正外部性造成的农业保险市场失灵,是政府干预和补贴农业保险的原因。②

张晓云(2004)认为,对保险公司补贴经营管理费用容易产生责任淡化、效率不高的问题,应通过再保险、保费补贴等方式分担保险公司经营风险;政府经营的农业保险公司也必须自己承担经营责任,不宜采用财政"大兜底"的支持方式。③

张跃华和顾海英(2004)认为,对农业保险进行补贴的原因不在于正外部性和市场失灵,而取决于其比其他支农工具的优越性。④

于洋和王尔大(2009)认为,在农业保险发展初期,由政府提供保费补贴可以促进实现农业保险市场的良性循环。⑤

胡炳志和彭进(2009)认为,对农业保险进行直接补贴效率较低,应以再保险补贴为核心,即采取事后虚置补贴的办法,这样做有利于实现农业风险的跨区域和跨时间分散,有利于减少信息不对称和提高转移支付效率。⑥

王韧(2011)将我国 31 个省、自治区、直辖市分为四类地区,建议采取差

---

① 皮立波等:《庹国柱·建立农业政策性保险制度　迎接 WTO 的挑战》,《中国农村经济》2000 年第 5 期。

② 冯文丽:《我国农业保险市场失灵与制度供给》,《金融研究》2004 年第 4 期。

③ 张晓云:《外国政府农业保险补贴的方式及其经验教训》,《财政研究》2004 年第 9 期。

④ 张跃华等:《准公共品、外部性与农业保险的性质——对农业保险政策性补贴理论的探讨》,《中国软科学》2004 年第 9 期。

⑤ 于洋等:《政策性补贴对中国农业保险市场影响的协整分析》,《中国农村经济》2009 年第 3 期。

⑥ 胡炳志等:《政策性农业保险补贴的最优边界与方式探讨》,《保险研究》2009 年第 10 期。

别化保费补贴的方式,尤其对于县市财政收入较差的地区,应适当调低县市补贴水平,增加中央补贴水平。[1]

罗向明,张伟和丁继锋(2011)认为,政策性农业保险的损失分摊功能可以对农民群体进行收入调节,政府财政补贴具有转移支付作用,应加大中央财政对欠发达地区政策性农业保险的财政支持力度。[2]

袁祥州,程国强和黄琦(2016)认为,政府应通过差异化的保费补贴体系来提高农业保险的效率,主要有险种、保障水平和保险单位的差异化补贴。[3]

牛浩,陈盛伟和李志愿(2020)认为,地市县保费补贴压力是抑制我国农业保险速度增长的重要瓶颈,应根据地市县保费补贴压力的大小,实施"一县一比例"的差异化保费补贴政策。[4]

张祖荣(2020)认为,政策性农业保险保费补贴通过赔款形成对农户的转移支付,从而增加农户收入,保费补贴资金的平均利用效率偏低,但呈现逐年上升趋势。[5]

张峭(2020)提出优化我国农业保险补贴政策的具体思路,即加大农业保险补贴力度,细化农业保险产品和区域补贴政策,改革农业保险补贴结构,提高农业保险补贴弹性,统筹协调好农业保险与相关财政政策、产业政策和金融政策之间的关系。[6]

刘汉成和陶建平(2020)建议改革农业保险平均化补贴的做法,制定"因省而异"的财政差异化补贴政策,避免出现"农业贡献越大、地方财政负担越

① 王韧:《我国农业保险差异补贴政策研究——基于各省、直辖市、自治区的聚类分析》,《农村经济》2011 年第 5 期。

② 罗向明等:《收入调节、粮食安全与欠发达地区农业保险补贴安排》,《农业经济问题》2011 年第 1 期。

③ 袁祥州等:《美国农业保险财政补贴机制及对我国的借鉴》,《保险研究》2016 年第 1 期。

④ 牛浩等:《地市县保费补贴压力与农业保险发展:影响机理与实证》,《农村经济》2020 年第 7 期。

⑤ 张祖荣:《我国政策性农业保险保费补贴资金利用效率研究》,《甘肃社会科学》2020 年第 2 期。

⑥ 张峭:《农业保险财政补贴政策优化研究》,《农村金融研究》2020 年第 3 期。

重"的不公平现象。①

综上,农业保险补贴研究主要聚焦在三个方面。第一,政府为什么补贴农业保险。农业保险的公共物品特征(皮立波和庹国柱,2000)、市场失灵特征(冯文丽,2004)、与其他支农工具相比的更大优势(张跃华和顾海英,2004)是政府补贴农业保险的原因。第二,政府补贴农业保险的作用。政府补贴农业保险可以促进实现农业保险市场的良性循环(于洋和王尔大,2009),通过赔款形成对农户的转移支付,增加农户收入(张祖荣,2020)。第三,政府如何补贴农业保险。政府补贴农业保险应以保费补贴(张晓云,2004)、再保险补贴为核心(胡炳志和彭进,2009),不宜进行经营管理费用补贴(张晓云,2004),应采取差别化保费补贴方式(王韧,2011;袁祥州等,2016),加大对中西部地区农业保险的扶持力度(罗向明等,2011),制定"因省而异"(刘汉成和陶建平,2020)或"一县一比例"(牛浩等,2020)的差异化保费补贴政策。

7. 关于农业保险大灾风险分散机制的研究

王德宝(2011)提出,需要综合运用再保险、巨灾风险基金和巨灾风险融资机制等多种风险分散工具和手段构建农业保险大灾风险分散机制。②

赵晨(2012)认为,农业保险中的大灾风险是农业保险公司无法承受过高赔付率的风险。③

庹国柱等(2013)提出,可以用多元化融资授权来解决农业保险大灾风险问题,从省和中央两级建立农业保险大灾风险分散体系,省一级政府层面选择农业保险特种债券或政策性金融机构借款等市场化融资手段,中央一级政府

---

① 刘汉成等:《中国政策性农业保险:发展趋势、国际比较与路径优化》,《华中农业大学学报(社会科学版)》2020年第6期。
② 王德宝:《我国农业保险巨灾风险分散机制研究》,首都经济贸易大学学位论文,2011年。
③ 赵晨:《以再保险为基础的农业保险巨灾风险分散机制研究》,西南财经大学学位论文,2012年。

可以设立大灾风险准备基金和农业保险再保险机构。[①]

何小伟和王克(2013)认为,农业保险大灾风险分散机制的财政支持方式有补贴性支持方式(保费补贴、经营管理费用补贴和税收优惠等)、直接投入性支持方式(政府出资建立风险准备金或资助购买再保险)和担保性支持方式(政府利用财政收入提供担保帮助保险公司获得融资)三种。[②]

吕晓英,刘伯霞和蒲应龚(2014)提出从四个层面构建我国农业保险大灾风险分散体系:一是农险经营机构的大灾风险准备金,二是农业保险经营机构购买再保险,三是中央和地方政府的大灾准备金,四是贷款及农业保险大灾风险债券等融资方式。[③]

吕晓英,蒲应龚和李先德(2016)认为,可以用"财政兜底"和"融资预案"两种方式构建我国农业保险大灾风险分散体系,前者操作简单快捷,后者有利于提高资金运用效率,是更优模式。[④]

郑伟等(2019)建议将农险大灾分散体系经营主体实体化,整合地方政府建设的农业保险大灾分散体系和公司层面大灾风险准备金的职能,形成一套简单但涵盖全国的农险大灾分散体系。[⑤]

综上,上述学者都支持建立分层的、融资式农业保险大灾风险分散体系,基本上达成了共识:我国农业保险大灾风险分散体系应包括保险公司的大灾风险准备金、再保险、中央和地方政府的大灾准备金及贷款或融资等四个层面(何小伟和王克,2013;庹国柱,2013;吕晓英等,2014)。

[①] 庹国柱:《农业保险需要建立大灾风险管理制度》,《中国保险》2013 年第 1 期。

[②] 何小伟等:《农业保险大灾风险分散机制的财政支持依据及路径选择——以吉林、安徽、四川三省为例》,《农业经济问题》2013 年第 10 期。

[③] 吕晓英等:《农业保险大灾风险分散方式的模拟研究》,《保险研究》2014 年第 12 期。

[④] 吕晓英等:《中国农业保险"政府兜底"和"融资预案"大灾风险分散方式的模拟和比较》,《中国软科学》,2016 年第 4 期。

[⑤] 郑伟等:《农业保险大灾风险分散体系的评估框架及其在国际比较中的应用》,《农业经济问题》2019 年第 9 期。

8. 关于农业保险赔付率的研究

赔付率关系保险公司的赔付成本,也可以大致判断保险公司为农民支付了多少赔款。

韦剑锋和凌远云(2010)拟合出湖北省农业保险简单赔付率均值为0.9027,赔付率区间主要集中在[0.5,1.5]内,赔付率超过200%的概率很小,仅有3.65%。但由于赔付率分布具有厚尾特征,极端事件发生可能会对保险公司造成致命打击,因此需要利用再保险、多种经营和建立巨灾准备金等多种方式防范。[1]

叶明华(2015)的实证分析结果表明,我国农业保险整体赔付水平和赔付波动幅度都远高于财产保险,验证了农业保险具有高经营风险的特征。[2]

李士森、任金政和吴海平(2018)的研究结果表明,农业保险赔付的区域相关性显著提高了保险机构的赔付风险。[3]

庹国柱和韩志花(2019)的研究结果表明,2007—2018年某地绝收面积变异系数[4]为77.6%,而农业保险赔付率变异系数为39.6%,绝收面积变异系数是农险赔付率变异系数的1.96倍,该地赔付率波动过小,可能存在惜赔、封顶赔付、协议赔付等赔付不足问题。[5]

综上,关于农业保险赔付率的研究主要集中在三个方面:第一,农业保险赔付率较高,农业保险经营风险较大(叶明华,2015;李士森等,2018);第二,农业保险赔付率与自然灾害风险不相关,可能存在赔付不足问题(庹国柱和

---

[1] 韦剑锋等:《湖北省农业保险赔付率分布研究》,《农村经济与科技》2010年第4期。
[2] 叶明华:《中国农业保险的赔付风险:风险测度与应对策略》,《经济问题》2015年第4期。
[3] 李士森等:《区域相关性对农业保险赔付风险的影响——理论、实证及承保方案的优化研究》,《金融理论与实践》2018年第2期。
[4] 变异系数=标准差/均值。
[5] 庹国柱等:《农险经营中值得重视的几个问题》,《中国保险》2019年第7期。

韩志花,2019);第三,农业保险赔付率分布具有厚尾特征,极端灾害对保险公司经营的打击较大,需要采取多种措施防范(韦剑锋和凌远云,2010)。

9. 关于农业保险保障水平的研究

对于保障水平,理论界长期以来总是用保险金额进行量化衡量。但保险金额是一个绝对值指标,无法进行地区、品种之间的比较和分析。2016年以后,一些学者开始研究能够进行对比分析的农业保险保障水平相对数量化指标。

左璇和张峭(2016)引入农业保险保障指数,用农业保险保费水平、农业保险保障覆盖面水平、农业保险保障效益水平三个维度的指标构建了农业保险保障指标体系,发现北京市农业保险保障水平总体较高,但各区县差距悬殊。[1]

中国农业保险保障水平研究课题组(2017)第一次提出能够对比分析的农业保险保障水平的相对数量化指标,即农业保险总额与农业总产值的比值,该指标的含义是农业保险为农业产业提供了多少风险保障。[2]

王克等(2018)提出,相对免赔率和分阶段赔付系数对农业保险保障水平的影响比保额更显著,取消或调整分阶段赔付规定是提升农业保险保障水平的有效方式。[3]

冯文丽和苏晓鹏(2019)根据农业保险保障水平的计算公式,提出提高农业保险保障水平的实践思路。一是通过"扩面增品提标"提高农业保险的保障广度和保障深度,即扩大农业保险覆盖面、增加农业保险险种的种类和提高

---

[1] 左璇等:《基于保障指数的农业保险保障水平评价——以北京各区县为例》,《灾害学》2016年第4期。

[2] 中国农业保险保障水平研究课题组:《中国农业保险保障水平研究报告》,中国金融出版社2017版。

[3] 王克等:《农业保险保障水平的影响因素及提升策略》,《中国农村经济》2018年第7期。

农业保险金额;二是要缩小地区间农业保险保障水平的差异。[①]

冯文丽和段亚东(2019)对影响河北省农业保险保障水平的因素进行实证分析,结果表明,农业保险总保费收入、财政补贴力度和受灾程度对农业保险保障呈正向影响,农业人口对农业保险保障水平呈负向影响,农民人均可支配收入对农业保险保障水平的影响效果不显著。[②]

综上,中国农业保险保障水平研究课题组(2017)提出农业保险保障水平相对数指标,可以进行农业保险保障水平的地区间、险种间、国与国间比较,可以使财政部门大致判断政府的保费补贴到底购买了多少风险保障,还可以使保险公司判断哪些险种或地区的市场潜力还有待挖掘。在此基础上,其他学者对农业保险保障水平提升进行了进一步研究(王克等,2018;冯文丽和苏晓鹏,2019;冯文丽和段亚东,2019)。

(二)国外研究现状及述评

国外学者的研究主要集中在农业保险需求、农业保险效应、农业保险产品选择、农业保险补贴、信息不对称和再保险等方面,这些研究成果对本书实现研究目标、完成研究内容有很大帮助。

1.关于农户保险需求的研究

Barnett 和 Skees(1994)认为,没有证据表明随着保险费率的增加,农作物保险总赔付率可能会增加;也没有证据表明从农作物保险净收益较低的生产者获得的总保费收入会减少,即没有证据表明这些生产者的价格有需求弹性。[③]

---

① 冯文丽等:《农业保险保障水平提升途径》,《中国金融》2019 年第 10 期。
② 冯文丽,段亚东:《河北省农业保险保障水平影响因素的实证分析》,《农村金融研究》2019 年第 2 期。
③ B.Barnett & J.Skees, "An Empirical Analysis of the Demand for Multiple Peril Crop Insurance:Comment", *American Journal of Agricultural Economics*, Vol.76,1994,pp.948-951.

Just,Calvin 和 Quiggin(1999)利用全国农场层面的玉米和大豆数据,将参与美国多危险农作物保险的激励措施分解为风险规避激励措施(保险的传统理由)、精算或补贴激励措施(反映政府补贴)和非对称信息激励措施(反映农民的信息优势)。结果发现,农民参与农作物保险的风险规避动机较小,主要是为了获得补贴或逆选择。①

Makki 和 Somwaru(2001)研究了在各种经济和政策条件下,影响农民参与农业保险计划和选择保险合同的因素。结果表明,产量保险和收入保险合同的选择受到风险水平、预期赔偿收益、保险成本和保费补贴的影响,提出通过在更多领域提供保险产品满足不同农民的需求、设定与风险相称的保险费率以及合理地使用保费补贴等措施维持人们对保险计划的兴趣。②

Sherrick,Barry,Schnitkey,Ellinger 和 Wansink(2003)评估了农作物保险产品不同特征的相对重要性,发现农民对保险类型和保障水平的灵活性偏好占主导,那些生产规模更大、更年轻、农场更分散的人对收入保险需求更大。③

Finger 和 Lehmann(2012)分析了影响瑞士农民使用冰雹保险的决定因素,结果表明:农作物生产专业化、当地冰雹风险较大的大型农场更有可能采用冰雹保险;保险用户通常年龄较大,受教育程度较高;直接支付对农业总收入所占份额越大,保险作为风险管理策略对农民的吸引力就越小。因此,建议有关部门在设计农业支持政策时应考虑到这种相互依赖关系。④

Bulut,Collins 和 Zacharias(2012)认为,决定农民保险需求的主要因素为:保险费率、农民和区域的预期损失、农民和区域损失的标准差、农民和区域损

① R.E.Just,L.Calvin & J.Quiggin,"Adverse Selection in Crop Insurance:Actuarial and Asymmetric Information Incentives",*American Journal of Agricultural Economics*,Vol.81,1999,pp.834-849.

② S.S.Makki & A.Somwaru,"Farmers' Participation in Crop Insurance Markets:Creating the Right Incentives",*American Journal of Agricultural Economics*,Vol.83,2001,pp.662-667.

③ B.J.Sherrick,P.J.Barry,G.D.Schnitkey,P.N.Ellinger & B.Wansink,"Farmers' Preferences for Crop Insurance Attributes",*Review of Agricultural Economics*,Vol.25,2003,pp.415-429.

④ R.Finger & N.Lehmann,"The Influence of Direct Payments on Farmers' Hail Insurance Decisions",*Agricultural Economics*,Vol.43,2012,pp.343-354.

失之间的相关性以及农民的风险厌恶程度。当区域保险计划和个人保险计划的费率精算公平(等于预期赔偿)时,个人保险相对于地区保险更有吸引力。建议农作物保险应根据单个农户的经营特征和风险水平量身定做。[①]

Feng,Du 和 Hennessy(2013)研究了农民对玉米、大豆和小麦保险的保障水平和合同的偏好问题,认为在质量更好的农田和有利天气条件下生产的农民更有可能选择高保障水平(75%或更高)的保险合同;在土地质量等级为一级或二级和高温灾害较小的土地生产的农民更愿意选择收入保险;形成预期收入的方法不恰当可能会影响农民对收入保险和产量保险合同的选择。[②]

Lyskawa 和 Kaczała(2013)研究了影响干旱指数保险接受程度的因素,提出:居住面积和对新产品的兴趣之间存在相关性;农民的决定和许多其他特定变量之间几乎没有任何相关性,说明他们处理干旱的方法是非常个人化的;农民对指数结构的接受程度远高于购买意愿;政府以保费补贴的形式参与指数保险似乎是必不可少的。[③]

Falco,Adinolfi,Bozzol 和 Capitanio(2014)发现,农作物多样化和金融保险都是农场风险管理的重要工具。农作物多元化与购买保险的概率呈负相关,多样性程度较高的农民不太可能采用保险计划缓冲农作物种植风险,说明农作物多样性是金融保险的替代品。[④]

Gulseven(2014)对 200 名农民进行调查,研究价格和社会人口统计变量对农民决定购买农业保险的影响。结果表明,教育程度和家庭农业性收入对

---

① H.Bulut,K.Collins & T.Zacharias,"Optimal Coverage Level Choice with Individual and Area Plans of Insurance",2011 *Agricultural & Applied Economics Association Annual Meeting*,Pittsburgh,PA,July 24-26,2011.

② Feng H.,Du X. & D.A.Hennessy,"A Natural Resource Theory of U.S.Crop Insurance Contract Choice",*American Journal of Agricultural Economics*,2013(8),pp.1-21.

③ K.Lyskawa & M.Kaczała,"Factors Affecting the Demand for Index-based Agriculture Insurance in Poland",*Insurance Review*,Vol.4,2013,pp.77-93.

④ S.D.Falco,F.Adinolfi,M.Bozzol & F.Capitanio,"Crop Insurance as a Strategy for Adapting to Climate Change",*Journal of Agricultural Economics*,Vol.65,2014,pp.485-504.

购买保险的可能性有积极影响;保险需求与按保险金额支付的保险费呈负相关,说明保险是一种正常的商品;农民愿意为保障水平更高的合同支付更高的保费,但对于保障水平在70%以下的合同,支付意愿急剧下降。[1]

Hill,Magnan,Makhija,Nicola,Spielman 和 Ward(2017)评估了一种旨在帮助孟加拉国小农管理农作物产量风险和生产成本增加的创新指数保险产品的需求和有效性。他们把各村庄随机分为保险组或对照组,在不同的保险组中随机分配折扣和回扣方法鼓励农民购买保险,以此估计保险需求的价格弹性。结果表明,保险需求具有相当的价格弹性,在刺激需求方面折扣比回扣更成功。[2]

He,Rejesus,Zheng 和 Jr(2018)开发了一个理论模型,证明在多危险农作物保险或特定风险农作物保险计划中,有些农户被确定为有利选择的潜在来源,他们风险更小,更有可能购买农作物保险,不太可能出现损失。结果表明,较小的家庭规模、较高的认知能力、某个组织的成员(如农民组织、市民组织和宗教组织等)及种植面积较小等,都是潜在有利选择来源的特征。[3]

Ghosh,Gupta,Singh 和 Ward(2021)研究了印度农民在补贴背景下对农业保险的支付意愿及对特定农业保险特点(如保障期限、损失评估方法、赔偿支付时间和保险成本等)的偏好。结果表明,农民在某些条件下非常重视农作物保险,愿意为这种保险支付比补贴费率更高的费率,尤其在受到损失能够得到及时赔偿的农民,对农作物保险更加重视。农民对损失评估方法没有特别明显的偏好,但对保险期限很敏感。总之,只要能够优化保险合同,满足农民

[1] O.Gulseven,"Estimating the Demand Factors and Willingness to Pay for Agricultural Insurance",*Australian Journal of Engineering Research*, 2014(1),pp.13-18.

[2] R.V.Hill,N.K.N.Magnan,S.Makhija,F.Nicola,D.J.Spielman & P.S.Ward,"Insuring against Drought:Evidence on Agricultural Intensification and Demand for Index Insurance from a Randomized Evaluation in Rural Bangladesh",*2017 Agricultural & Applied Economics Association annual meeting*,July 30-August 1,2017.

[3] He J.,R.Rejesus,X.Zheng & J.Y.Jr,"Advantageous Selection in Crop Insurance:Theory and Evidence",*Journal of Agricultural Economics*, Vol.69,2018,pp.646-668.

的保险需求,发展中国家的农民对农业保险就会有相当大的需求。①

综上,农户的农业保险需求受到很多因素影响,风险水平、预期赔偿收益、保险成本和保费补贴等(Makki 和 Somwaru,2001)、保险类型和保障水平的灵活性偏好(Sherrick 等,2003)、土地质量(Feng 等,2013)、农作物多元化(Falco 等,2014)、教育程度和家庭农业性收入(Gulseven,2014)及损失补偿及时(Ghosh 等,2021)等都会影响农户对农业保险的需求。农民参与农作物保险的动机主要是为了获得补贴或逆选择(Just 等,1999)。农业保险具有相当大的价格弹性,在刺激需求方面折扣比回扣更成功(Hill 等,2017),但农作物保险净收益较低的生产者的价格没有需求弹性(Barnett 和 Skees,1994)。只要能够优化保险合同,农民的农业保险需求就会很大(Ghosh 等,2021)。

2. 关于农业保险效应的研究

Hazell(1992)认为,农业保险在有效管理农业风险方面发挥的作用似乎很有限。在协助低收入农村家庭应对灾难性收入损失方面,干旱或洪水彩票可以提供低成本援助,也可以让政府扩大直接援助方案,例如救济就业或口粮计划,如果目标谨慎,可能是一种比农作物保险计划更具成本效益的援助形式。②

Ramaswami(1993)认为农业保险的效应可分解为"风险降低效应"和"道德风险效应",这些效应的方向和幅度取决于保险合同的参数、生产者的风险偏好和基础技术。可以通过合理设计保险计划降低"道德风险效应",同时保持"风险降低效应"。例如,可以通过高免赔额或低价格选项降低保险金额来控制"道德风险效应",但较低的保险金额会影响"风险降低效应";基于地区而非个人产量的保险计划可以减少甚至消除道德风险,对单个生产者的"风

① R.K.Ghosh,S.Gupta,V.Singh & P.S.Ward,"Demand for Crop Insurance in Developing Countries:New Evidence from India",*Journal of Agricultural Economics*,Vol.72,2021,pp.293−320.

② P.B.R.Hazell,"the Appropriate Role of Agricultural Insurance in Developing Countries",*Journal of International Development*,Vol.4,1992,pp.567−581.

险降低效应"影响也较小。①

Mahul(2001)研究了存在区域产量保险时的最优生产者行为,认为区域产量保险与农民已经拥有的其他风险管理工具没有太大差别,可能会增加单个生产者的决策风险和系统性风险,由于存在与农业密切相关的其他金融工具,所以保险可能是多余的。②

Wu 和 Adams(2001)研究了生产风险、种植模式和收入保险计划之间的关系。结果表明,收入保险改变种植模式,产生面积变化,这些面积变化可能会影响环境。③

Goodwin,Vandeveermont 和 Deal(2004)认为,提高保费补贴从而提高农业保险参与率,对增加农作物种植面积的影响有限。在最极端的情况下,增加补贴导致保费下降30%,使种植面积增长从0.2%到1.1%不等。④

Raju 和 Chand(2008)认为印度国家农业保险计划(NAIS)保障的作物面积、农民数量和农业产值都非常小,如果要使农作物保险方案成为农业风险管理的一个重要工具,就必须提高目前的保障水平至少到3—4倍。这种扩张需要保险制度的系统改革及政府的财政支持,也会对现有的农业保险制度产生影响。⑤

Capitanio,Diaz-Caneja,Cafiero 和 Adinolfid(2011)研究了供给非竞争时农

---

① B.Ramaswami, "Supply Response to Agricultural Insurance:Risk Reduction and Moral Hazard Effects", *American Journal Economics*, Vol.75, 1993, pp.914-925.

② O.Mahul, "Optimal Insurance Against Climatic Experience", *American Journal of Agricultural Economics*, Vol.83, 2001, pp.593-604.

③ Wu J.& R.M.Adams, "Production Risk, Acreage Decisions and Implications for Revenue Insurance Programs", *Canadian Journal of Agricultural Economics*, Vol.49, 2001, pp.19-35.

④ B.K.Goodwin, L.Vandeveermont & J.L.Deal, "An Empirical Analysis of Acreage Effects of Participation in the Federal Crop Insurance Program", *American Journal of Agricultural Economics*, Vol.86, 2004, pp.1058-1077.

⑤ S.S.Raju & R.Chand, "A Study on the Performance of National Agricultural Insurance Scheme and Suggestions to Make it More Effective", *Agricultural Economics Research Review*, Vol.21, 2008, pp.11-19.

业保险风险溢价补贴的影响。结果表明,在供应竞争情况下,保险补贴将使农民受益;但在供应垄断情况下,供应者获得大部分保险补贴,削弱了农民广泛参与农业保险的潜在动机,农业保险的风险溢价补贴对农民参与影响有限。[1]

Smith 和 Glauber(2012)研究了发达国家私营和公共农业保险对经济福利、政治经济和贸易关系的影响。他们认为,补贴型农作物保险在鼓励农民减少使用化肥、除草剂和杀虫剂等化学品的同时,也减少了农业做法对环境的不利后果。由于农作物保险计划增加了对在生态脆弱土地上的作物生产和土壤侵蚀,所以农作物保险计划的经济、社会效应可能会受到质疑。[2]

Claassen,Langpap 和 Wu(2015)评估联邦农作物收入保险计划如何影响美国玉米带地区的土地使用、耕作制度和环境质量。结果表明,农作物保险对非农田转化为农田的影响较小,对作物选择的影响较大,这些作物组合的变化对农业污染的影响很小。[3]

Hill,Magnan,Makhija,Nicola,Spielman 和 Ward(2017)的研究结果表明,购买保险产生对农业投入品的事前风险管理效应和事后收入效应。风险管理效应使人们在水稻种植季节增加了对现代农业投入品的支出,特别是对化肥、灌溉和杀虫剂等提高生产力投入品的增加。收入效应使水稻种植季节的种子和肥料支出增加。[4]

① F.Capitanio,M.B.Diaz-Caneja,C.Cafiero & F.Adinolfid,"Does Market Competitiveness Significantly Affect Public Intervention in Agricultural Insurance:the Case in Italy",*Applied Economics*,Vol.43,2011,pp.4149-4159.

② V.H.Smith & J.W.Glauber,"Agricultural Insurance in Developed Countries:Where Have We Been and Where Are We Going?",*Applied Economic Perspectives and Policy*,Vol.0,2012,pp.1-28.

③ R.Claassen,C.Langpap & Wu J.,"Impacts of Federal Crop Insurance on Land Use and Environmental Quality",*2015 Agricultural & Applied Economics Association and Western Agricultural Economics Association Annual Meeting*,San Francisco,CA,July 26-28,2015.

④ R.V.Hill,N.K.N.Magnan,S.Makhija,F.Nicola,D.J.Spielman & P.S.Ward,"Insuring against Drought:Evidence on Agricultural Intensification and Demand for Index Insurance from a Randomized Evaluation in Rural Bangladesh",*2017 Agricultural & Applied Economics Association annual meeting*,July 30-August 1,2017.

Freudenreich 和 Mußhof(2018)研究保险计划是否可以增加杂交种子的采用,同时也控制风险厌恶。他们通过测试不同保障水平和保费补贴的保险计划发现:所有计划都显著增加了高产量杂交种子的采用;部分保险计划的表现比全保险差;具有地理基差风险的天气指数保险并不比传统的补偿性保险差;保费补贴显著提高了补偿性保险的采用效果而非指数保险。[①]

Fadhliani,Luckstead 和 Wailes(2019)研究了风险厌恶型印尼稻农的农作物保险需求。结果表明,购买农作物保险使农户的投入要素下降,进而导致预期产量下降,更高的补贴比例放大了投入要素和产量的下降。[②]

Roll(2019)研究了农作物和牲畜保险对投入要素和产量的影响。结果表明,保险提高了产量和效率,改变了要素投入组合,购买较多保险的农民使用更多的饲料和更少的资本。[③]

He,Zheng,Rejesus 和 Jr(2020)研究农作物生产成本保险对农民化学投入的影响。结果表明,农作物生产成本保险对化学投入品投入的影响可以是积极的,也可以是消极的,其结果取决于传统的保险道德风险效应(即投入品减少)和边际激励效应(即投入品增加)的对比。一项菲律宾玉米种植户的调查数据显示,农作物生产成本保险增加了化学投入品的使用,这意味着积极的边际激励效应超过了消极的道德风险效应。[④]

Shi,Wu 和 Olen(2020)评估了联邦作物保险计划中的道德风险和逆选择对加州主要特种农作物面积和产量的影响。研究结果表明,联邦作物保险可

---

① H. Freudenreich & O. Mußhof, "Insurance for Technology Adoption: An Experimental Evaluation of Schemes and Subsidies with Maize Farmers in Mexico", *Journal of Agricultural Economics*, Vol.69, 2018, pp.96-120.

② Z.Fadhliani, J.Luckstead & E.J.Wailes, "The Impacts of Multiperil Crop Insurance on Indonesian Rice Farmers and Production", *Agricultural Economics*, Vol.50, 2019, pp.15-26.

③ K.H.Roll, "Moral hazard: The Effect of Insurance on Risk and Efficiency", *Agricultural Economics*, Vol.50, 2019, pp.367-375.

④ He J., Zheng X., R.Rejesus & J.Y.Jr., "Input Use Under Cost-of-production Crop Insurance: Theory and Evidence", *Agricultural Economics*, Vol.51, 2020, pp.343-357.

以改变特种农作物种植者对气候和土壤条件的生产决策。道德危害效应倾向于增加特种农作物的面积和产量,而逆选择效应则产生相反的效果,所以联邦农作物保险计划对特种农作物面积和产量的影响总体上是中性的。[1]

Ye,Hu,Barnett,Wang 和 Gao(2020)利用中国的农场产量数据评估了区域产量保险(AYCI)和农场产量保险(FYCI)的绩效,重点关注它们对农民福利的影响及在政府补贴方面的成本效益。由于充足的补贴率可以产生政治上比较满意的参与水平,AYCI 的价格优势可能抵消不了其较高的基差风险,因此农民可能更喜欢 FYCI。从政府的角度来看,AYCI 是保持农民充分参保率的最便宜的选择,但并不一定是最划算的选择,国家农业保险方案结构的决定应以仔细考虑当地条件为基础。[2]

上述文献可以总结为三类观点:农业保险对农业生产具有积极的正效应;农业保险对农业生产影响有限;农业保险对农业生产具有消极的负效应。

(1)农业保险对农业生产具有积极的正效应。可以通过合理设计农业保险计划降低"道德风险效应",同时保持"风险降低效应"(Ramaswami,1993);农作物生产成本保险积极的边际激励效应超过了消极的道德风险效应(He 等,2020);购买农业保险可以提高产量和效率,改变要素投入组合(Roll,2019),产生对农业投入品的事前风险管理效应和事后收入效应(Hill 等,2017),可以增加杂交种子的采用(Freudenreich 和 Mußhof,2018)。

(2)农业保险对农业生产影响有限。农业保险在有效管理农业风险方面发挥的作用似乎很有限(Hazell,1992;Raju 和 Chand,2008);区域产量保险与其他风险管理工具没有太大差别,保险可能是多余的(Mahul,2001);提高保费补贴对增加农作物种植面积的影响有限(Goodwin 等,2004);农业保险风险

[1]　Shi J.,Wu J.& B.Olen,"Assessing Effects of Federal Crop Insurance Supply on Acreage and Yield of Specialty Crops",*Canadian Journal of Agricultural Economics*,Vol.68,2020,pp.65-82.

[2]　Ye T.,Hu W.,B.J.Barnett,J.Wang & Y.Gao,"Area Yield Index Insurance or Farm Yield Crop Insurance? Chinese Perspectives on Farmers' Welfare and Government Subsidy Effectiveness",*Journal of Agricultural Economics*,Vol.71,2020,pp.144-164.

溢价补贴在垄断供应情况下对农民参与影响有限(Capitanio 等,2011);农作物保险对非农田转化为农田的影响较小(Claassen 等,2015);联邦农作物保险计划对特种农作物面积和产量的影响总体上中性(Shi 等,2020)。

(3)农业保险对农业生产具有消极的负效应。收入保险可能会通过影响种植模式和种植面积进而影响环境(Wu 和 Adams,2001);农作物保险计划增加了生态破坏,经济和社会效应可能会受到质疑(Smith 和 Glauber,2012);购买农作物保险使农户的投入要素和预期产量下降(Fadhliani 等,2019);区域产量保险是保持农民充分参保的最便宜、但不一定是最划算的选择(Ye 等,2020)。

3.关于农业保险产品选择的研究

Goodwin 和 Ker(1997)认为,保险公司可以将农场级别的保险打包为团体风险计划(GRP),这类保单有三方面的好处:一是可以减少基差风险,为政府参与农作物保险市场提供了一种模式;二是农民对系统性风险事件得到更多保障,同时对其他随机产量损失提供农场级别的保障;三是保险公司通过团体风险计划保单避免其遭受灾难性损失,为更独立的事件提供保险。①

Mahul(2001)提出,可变参与保险合同(完全参与保单和非参与保单的线性组合)是一种巨灾风险的最优对冲工具。个人通过参与合同为其损失风险敞口的特殊部分投保,然后通过金融市场提供的证券化产品对系统部分进行对冲。创新的对冲工具,如区域产量保险期货和期权合约,提供了这样的机会。②

Mahul 和 Wright(2003)认为,最佳农作物收入保险的赔偿计划不仅取决

① J.R.Skees,J.R.Black & B.J.Barnett,"Designing and Rating an Area Yield Crop Insurance Contract",*American Journal of Agricultural Economics*,Vol.79,1997,pp.430-438.

② O.Mahul,"Managing Catastrophic Risk Through Insurance and Securitization",*American Journal of Agricultural Economics*,Vol.83,2001,pp.656-661.

于总收入指数,还取决于价格指数和产量指数,这为组合现有的收入保险合同、农作物保险保单及价格和产量对冲工具提供了理论依据。①

Gervais 和 Doyon（2004）研究了魁北克生猪生产者参与政府补贴收入保险计划的最优对冲策略。该计划为生猪生产者以非常优惠的价格提供看跌期权,生产者可以通过利用金融市场出售看跌期权提高利润的预期效用。由于收入保险方案形成的利润函数的非线性,期权对管理价格风险具有吸引力。②

Deng,Barnett 和 Vedenov（2007）利用农场一级的产量数据,比较区域产量保险和农场多危险农作物保险的精算公平费率、实际无补贴费率和补贴费率。结果表明,在异质生产地区,区域产量保险可能是农场保险的替代品。③

Breustedt,Bokusheva 和 Heidelbach（2008）评估天气指数保险、区域产量保险和农场产量保险降低产量风险的情况。结果表明,所分析的保险计划都没能为单个农场显著地降低风险,天气指数保险比区域产量保险降低风险的效果稍好。④

Glauber（2013）认为,随着农产品价格的上涨,基于预期价格的农作物收入保险比传统的基于固定价格的农业支持计划（例如反周期支付和市场援助贷款等）能为农户提供更多保障。⑤

Vincent,Smith 和 Nkonya（2014）利用实验方法研究马拉维小农对减少土壤侵蚀和提高产量激励性措施的偏好选择,可供选择的实验激励措施包括理

① O.Mahul & B.D.Wright,"Desighing Optimal Crop Revenue Insurance",*American Journal of Agricultural Economics*,Vol.85,2003,pp.580-589.

② J.Gervais & M.Doyon,"Developing Hedging Strategies for Québec Hog Producers under Revenue Insurance",*Canadian Journal of Agricultural Economics*,Vol.52,2004,pp.35-53.

③ Deng X.,B.J.Barnett & D.V.Vedenov,"Is There a Viable Market for Area-based Crop Insurance?",*American Journal of Agricultural Economics*,Vol.89,2007,pp.508-519.

④ G.Breustedt, R.Bokusheva & O.Heidelbach, "Evaluating the Potential of Index Insurance Schemes to Reduce Crop Yield Risk in an Arid Region", *Journal of Agricultural Economics*, Vol.59, 2008,pp.312-328.

⑤ J.W.Glauber,"The Growth of the Federal Crop Insurance Program,1990-2011",*American Journal of Agricultural Economics*,Vol.79,2013,pp.482-488.

想的指数作物保险合同、具有基差风险的指数保险合同、现金支付和化肥补贴。实验结果表明,尽管指数保险合同提供了更高的预期回报,但大多数农民更喜欢现金,越厌恶风险的农民越喜欢现金支付。[1]

Leibniz 和 Osberghaus(2017)研究了引入费率较低的指数型洪水保险能否吸引高收入国家如德国的保险新客户。结果表明,指数型洪水保险与传统的损失保险都能吸引新客户,而后者则是首选,说明指数型洪水保险在吸引新客户方面作用有限。[2]

综上,上述成果对农业保险产品的研究结论主要集中在三个方面:(1)团体保险具有较大优势。Goodwin 和 Ker(1997)认为团体风险计划具有减少基差风险、对系统性风险提供保障等好处,Deng 等(2007)认为区域产量保险可能是农场级别保险的替代品。(2)农业保险应与金融市场工具组合应用。区域产量保险期货和期权合约可以对冲巨灾风险(Mahul,2001),收入保险计划结合看跌期权可以有效管理价格风险(Gervais 和 Doyon,2004)。(3)指数保险的效果。天气指数保险比区域产量保险降低风险的效果稍好(Breustedt 等,2008);尽管指数保险回报较高,农户还是更喜欢现金支付(Vincent 等,2014);指数型洪水保险在吸引新客户方面作用有限(Leibniz 和 Osberghaus,2017)。

4. 关于农业保险补贴的研究

在 1980 年以后,美国政府开始补贴农业保险,有关农业保险补贴的研究逐渐丰富。Goodwin 和 Smith(1995)认为,补贴性农作物保险所需的资金由税收提供,这些负担对整个经济会造成较大扭曲,向农民和保险公司提供巨额补贴也可能会造成潜在扭曲。没有令人信服的证据表明农业保险是市场失灵,国

---

① P.M.Vincent,H.Smith & E.Nkonya,"Relative Preferences For Soil Conservation Incentives Among Smallholder Farmers:Evidence From Malawi",*American Journal of Agricultural Economics*,Vol. 96,2014,pp.690-710.

② M.A.Leibniz & D.Osberghaus,"The Demand for Index-Based Flood Insurance in a High-Income Country",*German Economic Review*,Vol.20,2017,pp.217-242.

际金融市场有一系列的风险分担机制,完全可以容纳与美国农业相关的系统性风险。从长远来看,农业保险补贴这类的公共政策不太可能提高社会福利。①

Goodwin(2001)认为,美国农作物保险计划是一个政府计划,旨在向经济的特定部分——美国农业部门传送经济利益,农民每支付 1 美元保险费,就能得到大约 1.88 美元的赔偿。农作物保险中固有的系统性风险可能使私人保险成本昂贵,甚至无法获得。农民并非是风险厌恶者,可能对支付私人保险费用的意愿有限。②

Young,Vandeveer 和 Schnepf(2001)认为,政府补贴农作物保险降低了生产者购买保险的成本,提高了每英亩的预期收益,这可能会改变生产者的行为,有动力扩大农作物种植面积。但由于主要作农作物的需求缺乏弹性,产量增加导致市场价格较低,农民的市场回报将会减少,从而抵消了农作物保险的补贴福利。③

Wang 和 Zhang(2003)采用空间统计方法,检验小麦、大豆和玉米三种作物保险的风险池在相关性下的有效性。结果表明,当两个县相距较远时,三种作物的产量呈零或负相关,说明有效的风险汇集是可能的,因此在美国建立私人农作物保险市场有很大的可能性。④

Goodwin 和 Vado(2007)认为,无法找到有说服力的理由让政府提供巨额补贴鼓励人们参与风险管理和保险计划。在没有政府参与的情况下,私人保险市场也能为美国农业提供可行的保险,这类保险市场可能会比目前的联邦全风险保险市场规模更小、更专业化。持续提供灾难援助可能会扭曲自愿保

① B.K.Goodwin & V.H.Smith,"What Harm Is Done By Subsidizing Crop Insurance?",*American Journal of Agricultural Economics*,Vol.95,2013,pp.489-497.

② B.K.Goodwin,"Problems With Market Insurance in Agriculture",*American Journal of Agricultural Economics*,Vol.83,2001,pp.643-649.

③ C.E.Young,M.L.Vandeveer & R.D.Schnepf,"Production and Price Impacts of U.S.Crop Insurance Programs",*American Journal of Agricultural Economics*,Vol.83,2001,pp.1196-1203.

④ Wang H.H. & Zhang H.,"On the Possibility of a Private Crop Insurance Market:A Spatial Statistics Approach",*The Journal of Risk and Insurance*,Vol.70,2003,pp.111-124.

险计划的参与,导致参与的被保险人都是风险更高的人。①

Donoghue,Roberts 和 Key(2009)研究了《1994 年联邦农作物保险改革法》大幅提高保费补贴、保险公司提高保障水平后农场主的多元化变化程度。结果表明,保险补贴对农民提高专业化和效率的作用不太大,预计提高的效率远低于补贴成本。②

Yi,Richardson 和 Bryant(2016)研究了农作物保险保费补贴对各保障水平玉米保险需求的影响。结果表明,虽然玉米保险需求是缺乏价格弹性的,但每美元净保费的需求弹性在保险水平、保险计划和地区之间差异很大,例如,风险较高地区、较高保障水平玉米保险的需求弹性更大。如果联邦农作物保险费补贴减少 10 个百分点,南部平原地区生产者购买 75%保障水平玉米保险的预期下降水平将是玉米带 80%保障水平的 3 倍。③

Yu,Smith 和 Summer(2018)认为,保险费补贴增加农作物种植面积基于两个方面效应:一是假定保险责任范围不变,保费补贴直接增加预期利润,由此增加了很多保险作物的种植面积(直接利润效应);二是保费补贴鼓励农场增加农作物保险的保险责任范围,从而获得更多补贴,以及由于保险赔款弥补了收入损失,使农场收入波动变小,保险作物的种植面积可能因此会增加(间接覆盖效应)。④

Yua 和 Sumner(2018)研究了有补贴的农作物保险如何影响作物选择。结果表明,当农场主是风险厌恶型的,与高成本的投入补贴和自保相比,保险

---

① B.K.Goodwin & L.Vado,"A.Public Responses to Agricultural Disasters: Rethinking the Role of Government",*Canadian Journal of Agricultural Economics*,Vol.55,2007,pp.399-417.

② E.J.O.Donoghue,M.J.Roberts & N.Key,"Did the Federal Crop Insurance Reform Act Alter Farm Enterprise Diversification?",*Journal of Agricultural Economics*,Vol.60,2009,pp.80-104.

③ Yi J.,J.W.Richardson & H.Bryant,"How Do Premium Subsidies Affect Crop Insurance Demand at Different Coverage Levels? the Case of Corn,Selected Poster",2016 AAEA Annual Meeting,July 31-August 2,2016.

④ Yu J.,A.Smith & D.A.Summer,"Effects of Crop Insurance Premium Subsidies on Crop Acreage",*American Journal of Agricultural Economics*,Vol.100,2018,pp.91-114.

补贴对风险作物投资的影响更大。[1]

Duncan 和 Myers(2000)认为,严重的巨灾风险会降低保障水平,增加保费,使保险公司表现为风险厌恶,对旨在提高保障水平和促进均衡的政府保单产生重要影响。无补贴的再保险可以帮助提高保障水平,降低保费,但不会扩大可用均衡的机会集。补贴再保险可以通过扩大可用均衡集促进平衡,提高保障水平,降低均衡保费,但经济效益是否能超过补贴成本仍需研究。[2]

综上,国外学者对农业保险补贴是否必要分歧很大。有一派学者认为农业保险补贴没有必要,认为补贴政策不会提高社会福利(Goodwin 和 Smith,1995),只是政府向农业部门传送利益的一个政府计划(Goodwin,2001),主要作农作物需求缺乏弹性会抵消农作物保险补贴的福利(Young 等,2001),保险补贴对农民提高专业化和效率的作用不太大,预计提高的效率远低于补贴成本(Donoghue 等,2009),在美国建立私人农作物保险是有可能的(Wang 和 Zhang,2003;Goodwin 和 Vado,2007)。另一派学者认为补贴有必要,他们认为补贴可以改变农户的农业保险需求弹性(Yi,Richardson 和 Bryant,2016),可以增加农作物种植面积(Yu,Smith 和 Summer,2018),影响农户的风险作物投资(Yua 和 Sumner,2018),对农作物再保险也有必要进行保费补贴(Duncan 和 Myers,2000)。

5. 关于农业保险信息不对称的研究

Smith 和 Goodwin(1996)发现,已购买小麦保险的种植者有减少化肥和化学投入的倾向,说明存在降低投入要素的道德风险。[3]

---

① J.Yua & D.A.Sumner,"Effects of Subsidized Crop Insurance on Crop Choices",*American Journal of Agricultural Economics*,Vol.49,2018,pp.533-545.

② J.Duncan & R.J.Myers,"Crop Insurance Under Catastrophic Risk",*American Journal of Agricultural Economics*,Vol.82,2000,pp.842-855.

③ V.H.Smith & B.K.Goodwin,"Crop Insurance, Moral Hazard, and Agricultural Chemical Use",*American Journal of Agricultural Economics*,Vol.78,1996,pp.428-438.

Coble,Knight,Pope 和 Williams(1997)提出使用预期赔偿而非投入要素来衡量多危险农作物保险中的道德风险,并用堪萨斯州一个小麦农场五年的生产和保险面板数据对道德风险进行测试。结果表明,多危险农作物保险的赔偿在灾年存在道德风险,但在丰年则没有发生大的道德风险。[1]

Ker 和 McGowan(2000)从保险公司视角研究农业保险道德风险问题,通过模拟保险公司 1978 至 1997 作物年的再保险决策,发现保险公司可能通过基于天气的逆选择来获得经济和统计上的超额回报。[2]

Turvey,Hoy 和 Islam(2002)发现,综合利用保障范围和监测要素投入可以大幅减少道德风险,建议通过相关法律规定农户的最低要素投入,实施这种法律规定的成本比全流程要素监控的投入要低得多。[3]

Roberts,Key 和 Donoghue(2006)通过实证分析发现在得克萨斯州的小麦和大豆保险中存在道德危险的迹象,农民可能根据保险补贴改变他们的投入要素,但没有发现他们的产量分布发生变化。[4]

Walters,Shumway,Chouinard 和 Wandschneider(2014)提出,由于信息不对称或计划本身的设计问题,很多地方的生产者在联邦中作物保险计划中通过可选单位、附加保险或过渡产量等方式获得超额回报。[5]

---

① K.H.Coble,T.O.Knight,R.D.Pope & J.R.Williams,"An Expected-Indemnity Approach to the Measurement of Moral Hazard in Crop Insurance",*American Journal of Agricultural Economics*,Vol.79,1997,pp.216-226.

② A.P.Ker & P.McGowan,"Weather-Based Adverse Selection and the U.S.Crop Insurance Program:The Private Insurance Company Perspective",*Journal of Agricultural and Resource Economics*,Vol.25,2000,pp.386-410.

③ C.G.Turvey,M.Hoy & Z.Islam,"The Role of Ex Ante Regulations in Addressing Problems of Moral Hazard in Agricultural Insurance",*Agricultural Finance Review*,2002(11),pp.103-126.

④ M.J.Roberts,N.Key & E.O.Donoghue,"Estimating the Extent of Moral Hazard in Crop Insurance Using Administrative Data",*Review of Agricultural Economics*,Vol.28,2006,pp.381-390.

⑤ C.G.Walters,C.R.Shumway,H.H.Chouinard & P.R.Wandschneider,"Asymmetric Information and Profit Taking in Crop Insurance",*Applied Economic Perspectives and Policy*,Vol.37,2015,pp.107-129.

Yu 和 Sumner(2018)发现,政府补贴型农作物保险会使农户选择种植风险更高的作物。[①]

综上,学者们普遍认为农业保险经营中存在道德危险问题。农民因为购买了农业保险,减少化肥等生产要素投入(Smith 和 Goodwin,1996),种植风险较高的农作物(Yu 和 Sumner,2018),通过合同选择方式获得超额收益(Walters 等,2014),保险公司在再保险决策中也有逆选择行为(Ker 和 McGowan,2000),有学者建议通过法律规定农户的最低生产要素投入来避免道德风险可能成本较低(Turvey 等,2002)。

6. 关于农业保险再保险的研究

Miranda 和 Glauber(1997)发现,系统性天气导致的农场间产量高度相关性破坏了保险公司在各农场分散风险的能力,如果没有再保险,私人农作物保险市场注定要失败。农作物保险公司的业务风险比传统保险公司高得多。区域产量再保险合同能覆盖农作物保险公司大部分系统性风险,把风险暴露水平降低到与传统保险公司相当的水平。有了区域产量再保险,联邦政府就可以将费率制定责任及边际承保损益完全转移给私人保险公司。私人保险公司就有动力和办法积极监测道德风险和逆选择问题来改善精算表现。如果私人保险公司成功地降低了逆选择和道德风险成本,联邦政府就可以完全退出农作物保险市场。[②]

Turvey,Nayak 和 Sparling(1999)建立了一个评价农作物保险公司风险因素和计算再保险保费的模型。该模型显示了保险人的风险和回报是如何由被保险人的个人收益风险、负荷因素、行政成本、缓冲账户及被保险人在不同作

① Yu J.& D.A.Sumner,"Effects of Subsidized Crop Insurance on Crop Choices",*Agricultural Economics*,Vol.49,2018,pp.533-545.

② M.J.Miranda & J.W.Glauber,"Systemic Risk,Reinsurance,and the Failure of Crop Insurance Markets",*American Journal of Agricultural Economics*,Vol.79,1997,pp.206-215.

物类型和作物种植区域的分布所决定的。[①]

Coble,Dismukes 和 Glauber(2007)分析表明,公司在把农业保险保单分保给分配风险基金时会考虑保单持有人的一些信息,例如保单持有人与所在县同行相比的历史精算表现等,说明保险公司在做资金分配决策时会考虑保单潜在的盈利能力。保险公司目前采用的分配策略优于利用全县赔付率等综合指标的简单操作策略,通过更仔细地估计保单的预期赔付率和区分保单的差异性,可以获得一些额外的承保利润。[②]

综上,上述成果主要集中在两方面:一是说明农业保险再保险的作用,尤其是区域产量再保险,可以把农业保险的风险暴露水平降低到与传统保险公司相当的水平,政府甚至可以退出农业保险市场(Miranda 和 Glauber,1997);二是研究了保险公司的再保险业务决策,主要是在再保险费的计算(Turvey 等,1999)、分保业务时对保单持有人特征进行细分可以获得更多的承保利润(Coble 等,2007)等。

三、思路和架构

本书以解决我国农业保险探索中存在的制度问题作为研究目的,研究内容共分为四个部分(详见图 1-1):

(一)我国农业保险制度探索历程、成就与问题

这部分对我国自 20 世纪 30 年代国民政府时期开始的农业保险探索历程和取得的成就进行总结,用实践探索的历史证明,农业保险纯商业化经营在我

[①] C.Turvey,G.Nayak & D.Sparling,"Reinsuring Agricultural Risk",*Canadian Journal of Agricultural Economics*,Vol.47,1999,pp.281-291.

[②] K.H.Coble,R.Dismukes & J.W.Glauber,"Private Crop Insurance and the Reinsurance Fund Allocation Decision",*American Journal of Agricultural Economics*,Vol.89,2007,pp.582-595.

国无法实现,只有在政府高度重视、试点和实施保费补贴等一系列支持政策后,我国农业保险才得以蓬勃发展,取得举世瞩目的成就,我国在 2020 年农业保险保费规模超过了美国,已成为全球农业保险规模最大的市场。

尽管我国农业保险发展速度很快,十几年走完了其他国家几十年甚至上百年的路,但由于发展时间较短、缺乏牵头主管部门等原因,制度建设速度跟不上实践推进的速度,在发展过程中也暴露出很多制度问题。例如:农业保险立法还不完善,立法层次比较低,立法内容比较简单;农业保险顶层设计与 WTO 规则结合还不紧密,农业保险作为重要支农政策工具的作用发挥得还不充分;"协同推进"的农业保险管理体系多年缺乏明确的牵头管理部门,各部门"铁路警察各管一段",管理效果和管理效率都有待提高;农业保险产品体系结构单一,费率和保额测算不精准,不能充分满足农业生产者多元化的风险管理需求;农业保险财政补贴制度还不完善,在一定程度上制约农业大省和经济落后地区农业保险的进一步发展;农业系统性风险给保险公司造成的潜在威胁越来越大,但中央财政支持的、全国范围的农业保险大灾风险分散机制还未建立;发挥农业保险代理人作用的基层协保员的相关制度还不明确;农业保险作为重要支农工具应有的政策效应还没有充分发挥。

这部分是本书"提出问题"的部分,其余章节围绕这些问题分专题分析,并提出解决对策。

(二)农业保险制度的国际比较与启示

本书总结出我国农业保险制度探索中存在的问题,需要科学借鉴其他国家解决这些问题的经验。第三章选取美国、加拿大、日本和法国这四个农业保险历史比较悠久、制度比较健全的国家,对其农业保险立法、经营管理体系、补贴制度和大灾风险分散机制等四方面的内容进行分析和借鉴,这四个方面也是农业保险制度的核心组成部分。

（三）我国农业保险制度优化研究专题

针对我国农业保险制度探索中存在的问题,本书在借鉴美国、加拿大、日本、法国四国农业保险制度经验的基础上,从第三章开始对上述问题进行专题研究并提出相应的对策建议,全书共有九个专题:第一,我国农业保险立法现状与优化;第二,WTO《农业协定》与我国农业保险制度顶层设计;第三,我国农业保险管理体系现状与优化;第四,河北省农业保险产品体系现状与优化;第五,我国农业保险补贴制度现状与优化;第六,我国农业保险大灾风险分散机制现状与优化;第七,我国农业保险基层协保员队伍建设现状与优化;第八,我国农业保险保障水平现状与区域差异实证分析;第九,我国农业保险赔付率现状及影响因素实证分析。

（四）结论与对策建议

第十三章对全书的研究结论进行归纳:第一,农业保险商业化经营很难成功;第二,政府支持是我国农业保险试点成功的根本原因;第三,农业保险高质量发展的关键在于制度优化。

本章对制度优化研究专题中提出的对策建议进行了总结:完善政策性农业保险法律法规,颁布《政策性农业保险法》,丰富农业保险立法内容,并根据农业发展变化进行法律法规修订;农业保险制度顶层设计应该对标 WTO 规则,充分利用"绿箱"措施和"模糊地带",以农业保险补贴为手段加大对农业的支持力度;构建完善的农业保险管理体系,在中央政府层面明确指定财政部为农业保险牵头管理机构,由"中国农再"承担类似美国农业部风险管理局或FCIC 的职责;优化农业保险产品体系,提供多种保障水平选择,积极发展区域收入保险、特色农业保险、天气指数保险和互联网保险,积极推进费率和保险金额分区;优化农业保险补贴制度,扩大补贴规模,增加补贴品种,优化补贴比例,简化补贴层级,解决补贴拖欠问题等;完善农业保险大灾风险分散机制,建立中央一级财政支持的国家大灾风险基金,在全国范围内分散风险,减轻地方政府财政负担;加强基层协保员队伍建设,积极探索政府组建和公司组建两种模式;提高农业保险保障水平,关注农业保险赔付率水平。

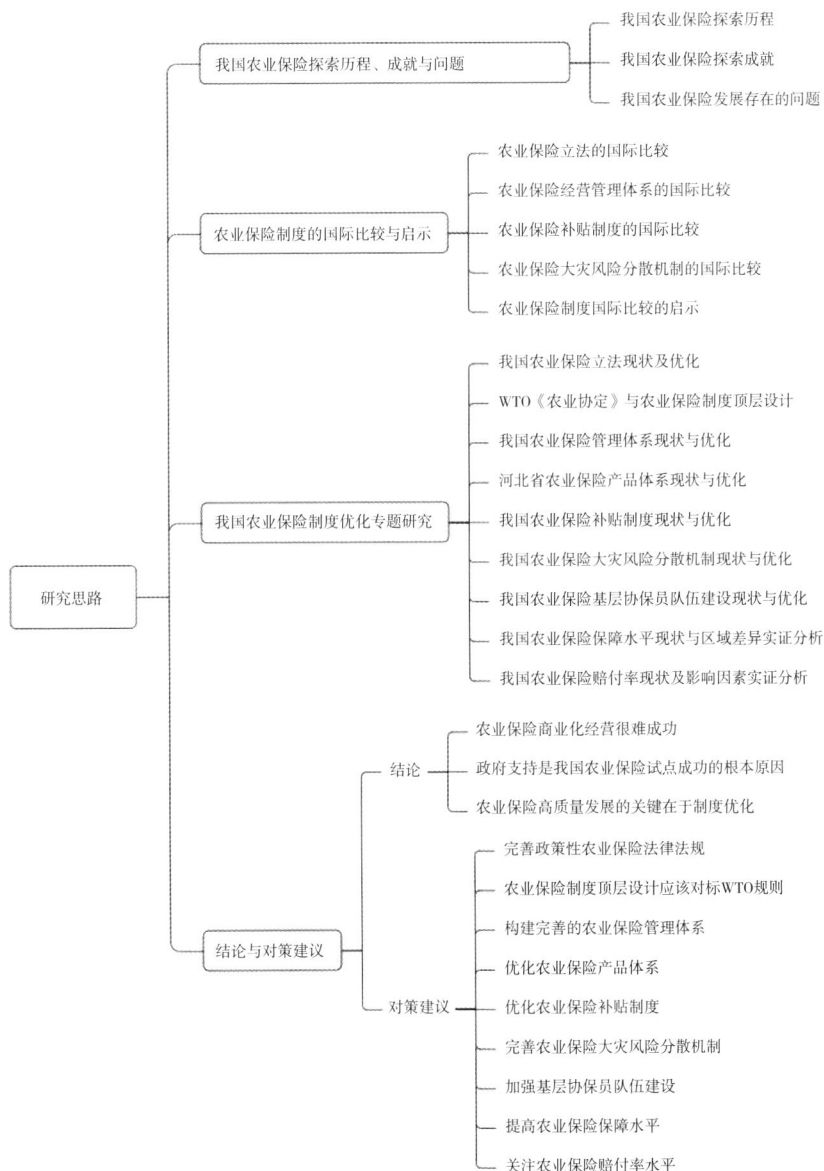

图1-1　研究思路与篇章结构

四、研究方法和本书特点

（一）研究方法

本书综合应用文献研究法、案头调研法、社会调查法、实证研究法和专家访谈法等多种研究方法。

（1）文献研究法。充分利用多种渠道搜集中外农业保险研究文献，对我国农业保险发展现状及制度问题、国外农业保险研究现状和发展现状进行全面了解。

（2）案头调研法。通过官方网站、统计年鉴、保险年鉴、向主管部门索要等途径，搜集农业保险相关数据，为理论分析和实证分析提供数据支撑。

（3）社会调查法。采用访问调查法和个案分析法分析我国农业保险发展现状、存在的制度问题及产生原因。四年来，我们一方面实地走访调查上海市、山西省、山东省、甘肃省、内蒙古自治区等省区的农业保险主管部门、监管部门、保险公司和农户；一方面邀请农业保险主管部门、监管部门和保险公司的工作人员参加 25 场农业保险实务沙龙，向他们了解和请教农业保险制度建设中存在的现实问题，并一起探讨解决对策，以期提出的对策建议更加符合实际需要。

（4）实证研究法。对农业保险赔付率影响因素和农业保险保障水平区域差异等问题的分析，都采用实证研究方法。

（5）专家访谈法。在课题研究不同阶段，走访和咨询相关政府部门、各农险公司及高校保险专家，组织小型专家论证会，征求他们对问题分析和制度设计的看法和建议。

（二）本书特点

采用"问题导向"研究思路，关注农业保险实践问题。四年间我们走访调查了相关政府部门、多家保险公司和广大农户,寻找我国农业保险实践探索中存在的突出制度问题,列为专题进行研究。本书的 9 个研究专题,都可以作为独立的研究报告,提供给农业保险主管部门或保险公司,以期解决我国农业保险制度优化中的实际问题。

本书提出了一些比较新颖的观点。例如,建议在中央政府层面明确农业保险牵头管理部门,成立专门的管理机构,发挥类似美国联邦农作物保险公司的职责;农业保险制度顶层设计应对标 WTO《农业协定》要求,借鉴美国利用 WTO 农业保险规则的经验,采用区域收入保险方式,而非"保险+期货"方式,对棉花等农产品进行支持保护;构建"普惠性基本险+高保障附加险+补充性商业险"的农业保险产品体系,进行费率和保险金额的分区确定,并及时进行动态调整,充分满足小农户和新型农业经营主体多元化的风险管理需求;建立仅由中央财政支持的国家大灾风险基金,不主张建立省级层面的大灾风险基金;提出了农业保险协保员队伍建设的具体思路;关注和考核保险公司在经营地区的农业保险保障水平和赔付率指标,防止保险公司经营急功近利,不按照合同如实赔付;等等。

第二章 我国农业保险探索
历程、成就与问题

我国农业保险探索最早出现于 20 世纪 30 年代,经历过商业性农业保险经营探索阶段、政策性农业保险方向选择阶段、政策性农业保险试验和高速发展阶段及政策性农业保险确立和高质量发展阶段四个阶段。

一、我国农业保险探索历程

(一)商业性农业保险经营探索阶段(20 世纪 30 年代—2003 年)

1. 国民政府时期的初步探索阶段(1928—1949 年)

国民政府时期,尽管农业在国民经济中占主导地位,但很多农民没有土地,承担高昂地租,农业生产效率低下,自然灾害频发。受自然灾害和世界经济危机的双重影响,我国农村危机爆发,城市依赖进口粮食。国民党政府在完成全国统一之后,开始重视农业和农村复兴问题,发动了一场农村复兴运动,使农业保险具备发展所需要的土壤和环境。[①] 国民政府对农业保险的探索开

---

① 林君杰:《民国时期农业保险问题研究》,赣南师范大学,2018 年。

始于 20 世纪 30 年代,有私营农业保险、国营农业保险和合作性农业保险三种模式。

(1)私营农业保险探索

1933 年,在安徽和县乌江镇由上海银行和金陵大学联合指导农民创办的耕牛会和耕牛合作保险,是我国近现代农民自发建立的、最早的相互保险组织之一。乌江耕牛会虽然具有牲畜保险的雏形,但主要目的是为了保证银行放款的安全。由于农民非常贫困、风险意识差及保障不足等原因,乌江耕牛会并没有发展起来。[①]

20 世纪 30 年代初,民营太平保险公司在江苏一带经营过农业保险业务,通过相关银行为其代理业务,险种包括水险、火险、畜牧险、茧纱险、棉花险等。1945 年,民营泰安保险公司在四川内江、自贡及富顺地区试办役牛保险业务。[②]

(2)国营农业保险探索

自 20 世纪 30 年代末期以后,国民党政府的农业机构和银行,也曾以不同形式参与农业保险的经营。

1939 年,国民党政府的农本局和四川省政府农业改进所合作,在北碚三峡试验区开展家畜保险,不久因为投保标的少、赔付率高等原因而停办。

1941 年,官僚资本的中国农民银行信托处开业后不久,开始试办农业保险、农产品运销保险及其他各项信托业务。1944 年 3 月,中国农民银行在重庆开办的中国农业特种保险股份有限公司(1947 年更名为中国农业保险股份有限公司),主要经营火险、水险、运输险及牲畜险等业务,保险办法及收费标准均仿照欧美各国牲畜保险条例执行。1948 年,由于国统区通货膨胀严重,国民党政府指令中国农业保险股份有限公司停办了农业保险业务。

[①] 朱华雄等:《国民政府时期农业保险合作思想与实践》,《经济思想史评论》2007 年第 12 期。

[②] 唐金成:《现代农业保险》,中国人民大学出版社 2013 年出版,第 69—70 页。

（3）合作性农业保险探索

中华人民共和国成立前，占主导地位的个体农业经济御灾能力极差，因此，合作经济方式在各地很受欢迎。与此相适应，不少省区的农民也创办了多家农村保险合作社，使之成为 20 世纪三四十年代农业保险组织的主要形式。

在 1933 年乌江耕牛会成立后不久，江西省第七区在临川鹏溪也开展耕牛保险合作社试验，但养牛户投保积极性不高。直到 1938 年合作社开展耕牛抵押贷款业务，允许耕牛保险证充当借款抵押品，耕牛保险业务才开始活跃起来，后因抗日战争全面爆发而中止。[①]

（4）农业保险探索总结

国民政府时期，农业生产萧条，农民极度贫困，保险意识淡薄，对农业保险没有内在需求，农业保险探索都是由农民之外的"外力"，甚至政府强制力推动。农业保险业务不完全独立，与"喧宾夺主"的信贷业务捆绑在一起，甚至信贷业务成为主营业务。只顾追逐高额利润的官僚资本和外国保险公司对亏损严重的农业保险没有兴趣，商业保险公司也不愿冒亏本风险去探索，农业保险合作社既缺乏技术能力和管理能力，也缺少稳定的保费来源。政府对农业保险不重视，农业保险发展缺乏供给主体、需求主体和技术、政策等支撑。方方面面的原因导致这一时期农业保险试办活动大多昙花一现，很快夭折。

2. 新中国成立初期农业保险起步阶段（1950—1958 年）

新中国成立后，党和政府非常重视农业发展。新成立的中国人民保险公司（以下简称"中国人保"）为了配合农村经济的恢复和发展，把机构延伸到广大农村，积极试办了各种农作物保险和牲畜保险，但其业务发展两起两落，道路坎坷艰难。

---

① 朱华雄等：《国民政府时期农业保险合作思想与实践》，《经济思想史评论》2007 年第 12 期。

（1）农作物保险的试办

20世纪50年代的农作物保险，由于受当时农民小生产习惯势力及国家农业政策的制约，开展的范围比较小，主要是为配合国家扩大种植经济作物的政策而开办的。1950年初，中国人保首先在北京郊区试办成功了棉花保险。1951年初，中国人保在山东、辽宁等省36个点相继试办棉花保险，河北、河南试办小麦保险，少数地区试办水稻、油菜、芝麻、大豆、葡萄等保险业务。1952年，中国人保鉴于上一年江苏苏北、启东等地区棉花损失较大，提出农作物保险试办要依"以经济作物为主，点多、面小、种类少"的原则加以限制。1953年，由于国家政策原因，中国人保的农作物保险被迫整顿并停办。

在1956年第五次全国保险工作会议以后，中国人保曾计划对全国农作物实施法定保险，但该方案未获得国务院批准。1958年1月，在第六次全国保险工作会议上，中国人保提出"重点试办农作物保险"，获得国务院批准。会后，中国人保即在河北、河南、吉林省的几个县试办。但随着"大跃进"和"人民公社化"运动的到来，农作物上报产量虚数很大，人民公社交不起保费，保险公司也不敢保，农作物保险当年底就试办不下去了，随后停止试办。

（2）牲畜保险的试办

1950年初，中国人保在山东商河、北京郊区、重庆北碚试办养猪和牲畜保险。当时收取实物保险费，即农民每年只要拿出十几千克小米，就可换得一头牛的保障。1952年，中国人保提出"普遍办理牲畜保险"的方针，并制订承保全国牲畜总头数的25%（即1250万头）的计划，全面开展牲畜保险。为了赶任务、上规模、消灭牲畜保险空白点，大部分地区发生了强迫命令、突击承保及业务经营混乱等现象。1953年4月，在中央纠正农村"五多"的情况下，经中央批准，中国人保决定停办农业保险并决定"一律退保，限期退完"。到1953年底，基本上完成了停办工作。到停办时，全国有效保险牲畜为1480万头。1953年，收入保费仅404亿元，支付赔款1773亿元，赔款超过保费四倍多。

1954年11月，在第四次全国保险工作会议上，中国人保再次明确了农村保险是今后国家保险发展的主要方向,并重点恢复了农村保险。到 1955 年底,已有 13 个省开办了牲畜保险。[①] 1956—1957 年,农业保险业务在整顿、调整中开展,保险制度也有所改进,有 26 个省、自治区、直辖市恢复办理了牲畜保险。当时,为了落实国家大力发展养猪事业的方针,在 37 个县还试办了养猪保险。正当农业保险稳步发展之时,国家决定停办国内保险。

(3)农业保险探索总结

20 世纪 50 年代,中国农业保险试办历时八年,初步发挥了农业保险损失补偿、防灾防损的作用,提高了农民的保险意识。试点中也有很多教训,如政策制定脱离实际,片面追求保费收入,经营管理漏洞较多等。虽然无论从宏观管理角度还是从微观经营角度,无论是从理论上还是从实践上来看,这一时期的农业保险都是非常幼稚的,但对当时恢复发展农业生产的贡献非常明显,社会效益显著,也为后来建立中国农业保险制度提供了宝贵的经验和思考空间。[②]

3. 特殊时期的农业保险停办阶段(1959—1980 年)

在社会主义改造基本完成、农村合作化进程完成后,社会各界普遍认为保险已失去存在和发展的必要性:在城市,保险是财政资金在全民所有制企业之间的无谓转移;在农村,人民公社已经承担起防范风险、分担损失、保障农业生产的职能。

1958 年 10 月,西安全国财贸工作会议提出:人民公社化以后,保险的作用已经消失,除国外保险业务必须继续办理外,国内保险业务应立即停办。同年 12 月,武汉全国财政会议正式作出决定:立即停办国内保险业务。这时,农业保险作为国内保险业务的组成部分也被停办了,一直持续到 1981 年,长达

---

① 1955 年 3 月 1 日以后,我国开始启用第二套人民币,人民币的面额和单位价值有了较大变化。

② 唐金成:《现代农业保险》,中国人民大学出版社 2013 年版,第 72—76 页。

22年,造成的损失是巨大的,教训也是深刻的,值得我们反思和重视。

4. 市场化改革时期的恢复与发展阶段(1981—1993年)

十一届三中全会作出实行改革开放的重大战略决策为农业发展提供了良好条件,联产承保责任制激发了农民生产的积极性,农村出现了很多种植专业户和养殖专业户,需要独自面对生产中的各种风险。为了对农业生产提供新的经济补偿机制,党中央、国务院及时决定发展农业保险。

(1)1981年中国人保开始恢复试办农业保险

1980年,中国人保开始逐步恢复停办了22年的国内保险业务。1980年12月和1981年6月,中国人保南宁市分公司、安徽省分公司分别获得试办养兔保险的资格。随后,奶牛、养猪及大牲畜保险相继在一些地区试点。到1983年底,全国已有25个省、自治区、直辖市进行了各类畜禽保险的试点,陕西等个别省份也开始试办种植业保险。

1984年,中国人保为加强对农业保险业务的领导,设立了农业保险处,又于1987年将其扩展为农业保险部。各省级分公司相应成立了农业保险处,市级公司成立农业保险科,县级公司设立农业保险股,从事农业保险的专业队伍发展到9000多人。为了支持农业保险的发展,财政部对农业保险给予免征工商税(营业税)的政策优惠。

1981—1986年五年间,在各级政府的重视和支持下,各地先后试办的农业险种达100多个,承保对象既有耕牛、奶牛、猪、羊、鸡等畜禽,也有小麦、玉米、水稻、棉花、烟叶、甜菜、西瓜、亚麻等粮食作物和经济作物。此外,还试办了森林、果树保险。试办区域遍及除人保西藏分公司以外的各省级分公司,业务遍及约800个县。

这一时期保险业务发展很快,但经营状况却不理想。虽然保费收入从1982年的23万元猛增至1986年的7803万元,但赔款增长得更快,从22万元增加到10637万元,业务经营连年亏损,1986年的经营亏损率高达56%。造成经营亏损的主要原因是：第一，条款设计不严密，不易控制道德风险；第二，业务布局分散，大数法则难以发挥作用；第三，从事农业保险的干部缺乏农业专业知识，理赔水分大。

针对上述问题和农业保险领域的竞争趋向，中国人保在1987—1990年期间对农业保险业务进行了治理整顿，使农业保险逐渐稳步发展。1987年中国人保农业保险保费收入首次突破了1亿元大关，到1993年则达到了8.29亿元。

（2）1986年新疆生产建设兵团农牧业生产保险公司成立

1986年7月15日，中国人民银行（当时的金融监管机构）批准设立新疆生产建设兵团农牧业生产保险公司，这是新中国保险史上成立的第二家具有独立法人资格的国有商业性保险公司，打破了国内保险业独家垄断经营的局面，也为农业保险发展输入了新鲜血液，标志着保险市场竞争的出现。

新疆生产建设兵团农牧业生产保险公司成立初期，专营新疆生产建设兵团内部种、养两业保险，发展速度非常快，发挥了经济保障作用。1993年2月，新疆生产建设兵团农牧业生产保险公司更名为"新疆兵团保险公司"，经营范围也随之扩大到新疆全域，为公司发展奠定了基础。

（3）1987—1999年民政部探索农村救灾合作保险

1987年，民政部选择一些县试点"农村救灾合作保险"，在政府救灾领域引入保险机制。保障对象仅限农民，保障目标为农民受灾后取得基本生存条件，以农作物、农房、农业劳动力意外伤害和大牲畜为承保对象，采取统筹收费、统一保障项目和保障标准的办法，保险费由国家、集体、个人共同承担，以个人为主，形成中央、地方、农民三结合的低标准保障体系。一户农民约交保费10—30元，就可以得到3000元以上的保险保障，大大高于政府救济资金，在当时被称作"救灾救济工作的改革方向"。

1987年试验之初，民政部门仅选择了福建省沙县等9个县、市进行试点，到1989年试点县扩大到102个。据最初5年的统计，其经营成果令人鼓舞。

但后来,大部分试点县赔付率连年很高,亏损严重。1999 年,民政部正式发文结束了这项难以持续的改革。①

(4)农业保险探索总结

这个时期,农业保险探索活动有以下特点:第一,中央政府对农业保险开始重视,一些文件都提到要发展农业保险;第二,这一时期的农业保险由国营保险公司经营,注重社会效益,尽管业务经营每年亏损,但保险机构建设较快,保费规模逐年增加;第三,政府对农业保险虽有支持但是力度不大,如只是对农业保险业免征了营业税,还没有形成权威性的法律规范和系统化的支持制度,与建立完善有效的农业保险制度相比远远不够,相关政策变动频繁影响农业保险发展,这也是下一阶段农业保险进入徘徊萎缩的重要原因。

5. 市场机制确立时的徘徊萎缩阶段(1994—2003 年)

1992 年,中国共产党第十四次全国代表大会明确提出建立社会主义市场经济体制。这一时期,"三农"问题逐步受到中央政府重视。2001 年,我国加入了世贸组织。

(1)商业化改制后的中国人保开始收缩业务

1993 年以后,国家推进把国营企业推向市场的改革,财政部开始考核中国人保的利税指标,保险公司全面向商业化转轨,农业保险的非营利性与保险公司追求盈利的经营目标发生冲突。

1996 年,中国人保实行了财产保险、人身保险和再保险分业体制改革,成立中保财产保险有限公司(以下简称"中国人保财险")、中保人寿保险有限公司和中保再保险有限公司。农业保险业务由中国人保财险按照一般财产保险业务来经营。

这一时期,开始商业化运作的中国人保财险公司继续承担为国家试办农

---

① 庹国柱等:《中国农业保险与农村社会保障制度研究》,首都经济贸易大学出版社 2002 年版,第 51—52 页。

业保险的历史使命,但强调社会效益和企业经济效益并重,采取收缩农业保险机构、停办长期亏损险种的做法,将原来的 100 多个险种调整为主要经营 30 多个险种。

(2)商业化改制后的新疆兵团保险公司进入低速发展期

2000 年 7 月,新疆兵团保险公司再次更名为"新疆兵团财产保险公司",逐步转化为商业性保险公司,其农业保险业务也进入了低速发展时期。2022 年,该公司更名为中华联合财产保险公司。

(3)一些互助合作性农业保险组织小范围试点

在中国人保财险因为向商业化改制造成农业保险业务逐渐萎缩的背景下,一批新兴的互助合作性质的农业保险组织开始小范围试点,以不同于商业化的方式适应农业、渔业、林果业等产业化发展和农民对灾害补偿的需求。例如 1991 年成立的黑龙江农垦总局互助保险部,主要开办黑龙江垦区内农作物、奶牛和财产保险,2005 年后经国务院批准转变为阳光农业相互保险公司。此外,还有内蒙古、浙江、河北、陕西等地开展了各种互助保险。这些试点都规模较小,但作为试点得到了一些政策上的许可。①

(4)农业保险探索总结

第一,没有政府支持的农业保险商业化经营难以持续。1995 年实施的《保险法》第一百四十九条规定:"国家支持发展为农业生产服务的保险事业,农业保险由法律、行政法规另行规定。"这条规定正式以法律形式明确农业保险不属于商业保险范畴,但这一时期国家并没有颁布专门的农业保险法律法规,也没有出台支持农业保险发展的政策,商业化转制的中国人保财险只能按照商业保险模式经营农业保险。为了提高农业保险经营效益,中国人保财险减少了农业保险机构和工作人员,停办了亏损险种,农业保险赔付率终于降了下来,但同时农业保险保费收入也逐年萎缩,从 1993 年的 8.29 亿元下降到 2003 年的 2.36 亿元。

---

① 李丹等:《农业风险与农业保险》,高等教育出版社 2017 年版,第 265—266 页。

第二,农业保险商业化经营结束了长期亏损的局面。1982—1993年,中国人保的农业保险综合赔付率几乎每年都在100%以上,最高达到156%。商业化转轨的中国人保财险停办大多数亏损险种后,赔付率开始下降,业务收支基本平衡。到2000年,总赔付率已经降为88%,初步实现了"收支平衡,略有结余,以备大灾之年"的经营目标,结束了农业保险长期亏损的局面(见表2-1)。

表2-1 中国人保1994—2003年农业保险经营状况 （单位:万元）

年份	保费收入	赔款支出	净赔付率（%）	管理费用（毛保费的20%）	总赔付率（%）
1994	50404	53858	106.9	10080.8	127
1995	49620	36450	73.5	9924	93
1996	57436	39481	68.7	11487.2	89
1997	71250	48167	67.6	14250	88
1998	61721	47681	77.3	12344.2	97
1999	50820	35232	69.3	10164	89
2000	45200	30700	67.9	9040	88
2001	39800	28500	71.6	7960	92
2002	34064	25041	73.5	6812.8	94
2003	23585	20840	88.4	4717	108

资料来源:庹国柱等:《农业保险》,中国人民大学出版社2005年版,第121页。

第三,采用行政手段强制农民投保起了反作用。这一阶段,一些地方在发展农业保险过程中采取通过行政手段强制农民投保的方式,向农民强行收取保险费,加重农民负担,引起农民抵触。1996年12月,中共中央、国务院发布了有关减轻农民负担的文件后,农险业务全面下滑,中国农业保险进入将近10年的萎缩期。

（二）政策性农业保险方向选择阶段(2004—2006年)

这一阶段虽然只有三年时间,却是我国农业保险由商业性保险向政策性保险转化的准备和过渡阶段,发挥着重要的承前启后作用。

1. 中央政府开始重视农业保险

党中央、国务院自党的十六大开始重视农业保险发展问题。2003 年,党的十六届三中全会通过的《中共中央关于完善社会主义市场经济体制若干问题的决定》明确提出"探索建立政策性农业保险制度",这是我国政府文件中首次提出政策性农业保险的概念。2004—2006 年,连续三年的中央一号文件都对农业保险发展提出了具体要求。2004 年中央一号文件《中共中央 国务院关于促进农民增加收入若干政策的意见》提出:"加快建立政策性农业保险制度,选择部分产品和部分地区率先试点,有条件的地方可对参加种养业保险的农户给予一定的保费补贴。"2005 年中央一号文件《中共中央 国务院关于进一步加强农村工作 提高农业综合生产能力若干政策的意见》提出:"扩大农业政策性保险的试点范围,鼓励商业性保险机构开展农业保险业务。"2006 年中央一号文件《中共中央 国务院关于推进社会主义新农村建设的若干意见》进一步提出:"稳步推进政策性农业保险试点工作,加快发展多种形式、多种渠道的农业保险。"

2. 学者呼吁发展政策性农业保险

2001 年,中国加入世贸组织后,农业保险作为世界贸易组织允许各国支持农业发展的重要工具,在我国却遭遇即将停办的境地,这一现象引起了一些学者的重视。他们经过研究认为,农业保险不是普通的保险,而是一种介于私人物品和公共物品之间的准公共物品(庹国柱和王国军,2002),农业保险经营存在市场失灵(冯文丽,林宝清,2003),农业保险与其他支农工具相比具有更大优越性(张跃华和顾海英,2004),农业保险完全商业化经营的道路走不通,建议国家借鉴国际通行的做法,采取财政、金融、税收等手段支持政策性农业保险发展。

3. 保监会启动农业保险试点

2003 年 11 月,保监会提出了一个农业保险试点方案,目标是建立政策性农业保险制度,试点原则为:不完全依靠财政,不搞"一刀切",不简单照搬国外模式,逐步建立多层次体系、多渠道支持、多主体经营的符合中国国情的农业保险制度。建立政策性农业保险制度这一目标在当时还不具有可行性,需要有步骤地实施,启动农业保险模式试点工作是第一步。2004 年,保监会在黑龙江、吉林、新疆、内蒙古、上海、湖南、安徽、四川和浙江九个省、自治区、直辖市启动了农业保险试点。①

4. 逐步形成农业保险经营主体"1+4"格局

从 2004 年开始,在 9 个省、自治区、直辖市的试点过程中,分别建立了 4 家专业性农业保险公司,开启了我国农业保险经营主体"1+4"格局。"1"指中华财险这 1 家综合性保险公司,这一时期中国人保财险受股东影响,曾短暂离开农业保险市场。"4"指新成立的四家专业性农业保险公司。这四家专业性农业保险公司分别是:2004 年 9 月成立的我国第一家专业性股份制农业保险公司——安信农业保险股份有限公司(以下简称"安信农保");2004 年 4 月首家进入我国农险市场的外资保险公司——法国安盟保险公司(以下简称"安盟保险");2005 年 1 月成立的我国第一家相互制农业保险公司——黑龙江阳光农业相互保险公司(以下简称"阳光相互");2005 年 7 月成立的安华农业保险股份有限公司成立(以下简称"安华农保")。2007 年中国人保财险再次回归农业保险,2008 年国元农业保险公司批准开业,形成之后的"2+5"格局。

5. 经营主体探索保费补贴方式

这一时期,虽然对农业保险需要补贴已初步达成共识,但政府和实务部门

---

① 李施筱:《我国农业保险试点全面启动》,《中国金融家》2005 年第 3 期。

对到底由谁补贴、怎样补贴等问题并不明确。2004年中央一号文件提出"加快建立政策性农业保险制度,选择部分产品和部分地区率先试点,有条件的地方可对参加种养业保险的农户给予一定的保费补贴",2006年的一号文件也提出"通过龙头企业资助农户参加农业保险"。由此可见,中央政府当时还没有认识到应由其作为农业保险补贴的主要承担者,而是希望地方政府和龙头企业提供农业保险补贴,这与当时的农业保险实践探索也相吻合。这一时期成立的四家专业性农业保险公司,都是寻求地方政府或农业龙头企业对农业保险予以保费补贴。例如,"安信农保"由上海市政府提供补贴;"安华农保"最初由吉林省政府财政支持,肉鸡加工企业也对养鸡保险提供1/3保险费的补贴;"阳光相互"由黑龙江农垦局进行支持,补贴农户15%的保险费。

6. 农业保险发展总结

(1)人们开始认识到农业保险的政策性属性

这一阶段虽然时间很短,但在我国农业保险发展历史上是一个重要的转折期。社会各界对农业保险的政策性属性逐渐认识,并开始摸索农业保险补贴方式;学者呼吁农业保险是具有"准公共产品"性质的、与商业性保险不同的保险,兼具农业生产风险转嫁财务手段和支农转移支付政策途径两种功能,政府应该对农业保险进行补贴;中央政府提出"探索建立政策性农业保险制度";保监会在九省、自治区、直辖市推动以建立政策性农业保险制度为目标的试点活动;农业保险经营主体开始寻求政府和农业龙头企业的保费补贴,等等。

(2)政府支持和企业补贴扭转了农业保险持续下跌的局面

这个时期的实践探索活动表明,农业保险只要得到政府或企业补贴,就能蓬勃发展起来;相反,如果单靠保险公司单打独斗,农业保险经营窘境很难改变。由于国家重视、政府推动和地方政府及龙头企业进行保费补贴,农业保险保费收入在2004年时达到3.77亿元,首次改变了从1993年以来逐年萎缩的局面;2005年,农业保险保费收入激增到7.29亿元,同比增长93.4%;2006年农业保险保费收入 8.46 亿元,同比增长 16%。

(三)政策性农业保险试验和高速发展阶段(2007—2019 年)

在 2007 年中央一号文件明确了农业保险补贴原则后,同年 4 月,财政部发布《中央财政农业保险保费补贴试点管理办法》,由中央财政对农业保险进行保费补贴,开启了我国政策性保险试点的历程。按照"政府引导、市场运作、自主自愿、协同推进"的原则,在农户和地方自愿参加的基础上,中央财政为投保农户提供一定保险费补贴,引导和支持其参加农业保险。鉴于我国各地经济和社会状况差异悬殊,对农业保险的财政支持采取"先试点—后定规—再推广"的谨慎做法,在逐步增加保费补贴标的品种和试点区域的同时,逐步加大了补贴力度,力争所制定的新政策或制度尽可能符合各地实际且具有较高的可操作性。

这一阶段,在各级政府大力支持下,我国农业保险高速发展,取得了举世瞩目的成就:政策地位逐步提升,专门法规颁布实施,各项制度逐步建立,经营管理体系初步形成,呈现快速增长态势,基础设施不断完善,重要作用初步显现。详情见本章第二部分"我国农业保险探索成就"。

(四)政策性农业保险制度确立和高质量发展阶段(2020 年—现在)

自 2007 年开始,中央一号文件多次提及"政策性农业保险",我国各级政府也一直在进行中央财政保费补贴试点等一系列政策性农业保险制度的实践探索,但由于一些政府部门工作人员的认知偏差,"政策性农业保险"的概念还没有得到社会的广泛认可和接受。2019 年以后,中央政府在重要文件和法律中明确了政策性农业保险制度的重要地位,农业保险步入高质量发展阶段。[①]

---

① 由于《关于加快农业保险高质量发展的指导意见》公布时间为 2019 年 10 月,较接近 2020 年,因此这一阶段的开始时间从 2020 年算起。

1.政策性农业保险制度的确立

(1)《关于加快农业保险高质量发展的指导意见》明确农业保险政策性属性。2019年5月29日,中央全面深化改革委员会第八次会议审议并原则同意《关于加快农业保险高质量发展的指导意见》(以下简称《意见》),并于2019年10月9日由财政部等四部门联合印发。《意见》赋予农业保险一定的政策功能,明确农业保险具有"推进现代农业发展、促进乡村产业振兴、改进农村社会治理、保障农民收益"等政策目标,提出"推进政策性农业保险改革试点",明确了农业保险的政策性属性,为农业保险发展提供了重要依据。

(2)《中华人民共和国乡村振兴促进法》明确农业保险政策性属性。2021年4月29日第十三届全国人民代表大会常务委员会第二十八次会议通过《中华人民共和国乡村振兴促进法》。该法第六十六条对农业保险发展提出要求:"国家建立健全多层次农业保险体系,完善政策性农业保险制度,鼓励商业性保险公司开展农业保险业务,支持农民和农业经营主体依法开展互助合作保险。县级以上人民政府应当采取保费补贴等措施,支持保险机构适当增加保险品种,扩大农业保险覆盖面,促进农业保险发展。"我国以法律形式明确了农业保险的政策性属性,强调了农业保险制度的重要地位。

2.我国农业保险步入高质量发展阶段

《意见》明确了农业保险的政策性属性和政策目标,提出了农业保险的发展原则、发展目标、发展方向、支持政策和实施举措等,是我国中央政府就单一保险品种印发的纲领性文件,是推进农业保险发展的最高层面的政策安排和战略部署,这在我国保险发展史上是非常少见的,可见农业保险制度在国家顶层设计中的重要性。以《意见》出台为标志,我国农业保险进入了高质量发展的新阶段,政策性农业保险将逐步成为农业支持保护体系的基石和核心,农业保险的功能和作用会进一步增强,政府对农业保险支持力度会进一步加大,农业保险的地位会进一步提高。①

二、我国农业保险探索成就

自从 2007 年我国开展政策性农业保险试点工作以来,取得了举世瞩目的成就,具体表现为以下七个方面。

(一) 农业保险政策地位逐步提升

1. 历年中央一号文件都提出发展农业保险的政策意见

2007—2023 年,中共中央、国务院发布了 17 个关于指导我国农业和农村发展的中央一号文件,无一例外都对发展农业保险提出了政策指导意见,实时指出农业保险的具体政策要点和发展方向,具有极强的针对性和导向性,体现出中央政府对农业保险的高度重视。例如,2007 年的中央一号文件提出发展农业保险的"政府引导、政策支持、市场运作、农民自愿"原则,并提出各级财政对农业保险给予保费补贴;2008 年一号文件提出"稳步扩大试点范围""支持发展主要粮食作物的政策性保险""建立健全生猪、奶牛等政策性保险制度";2009 年一号文件提出"开展政策性森林保险试点";等等。

2. 明确了农业保险的政策性属性

2003 年,党的十六届三中全会提出"要探索建立政策性农业保险制度",历年的中央一号文件也对发展政策性农业保险提出指导意见。但在中央财政补贴保费试点工作初期,一些政府部门官员不同意"政策性农业保险"的提法,认为在发生较大灾害的时候"政策性农业保险"可能会让政府承担无限责

---

① 财政部:《财政部就推进落实〈关于加快农业保险高质量发展的指导意见〉答问》,2019 年 10 月 16 日,见 http://www.scio.gov.cn/xwfb/bwxwfb/gbwfbh/czb/202207/t20220715_218104.html。

任,把财政拖进"无底洞"。

庹国柱(2011)提出,"政策性农业保险是一个科学的概念",对政策性农业保险的概念、制度含义及依据进行阐述。[①] 其他学者和专家发表了不少观点,认为农业保险应该分为商业性农业保险和政策性农业保险,政府通过财政补贴来实现农业发展目标,这种农业保险已经不是商业性农业保险了。经过这次讨论,大多数学者认可政策性农业保险的概念,并且把政府提供保费补贴的农业保险及其一整套制度称为"政策性农业保险"。

2012年5月,国务院法制办在网上公开征求意见的《农业保险条例(草案)》,通篇中没有"政策性"字样,但2012年11月正式公布的《农业保险条例》中增加了第三条第一款"国家支持发展多种形式的农业保险,健全政策性农业保险制度"。《农业保险条例》把"政策性农业保险"的概念正式写入法规,对发展"政策性农业保险制度"作了全面规划和安排,提出了一系列原则和政策。[②]

2019年公布的《意见》明确提出农业保险政策目标和"推进政策性农业保险改革试点"。2021年实施的《乡村振兴促进法》提出"完善政策性农业保险制度"。这些法律法规和重要文件,明确了农业保险的政策性属性,为未来农业保险获得更大支持提供了法律和政策依据。

(二)农业保险专门法规颁布实施

2013年1月1日,国务院颁布的《农业保险条例》开始实施。尽管《农业保险条例》在立法层次上仅仅是行政法规,还不是法律,但实现了我国农业保险专门法规从无到有的重要突破,标志着农业保险业务发展进入了有法可依的阶段,对我国农业保险未来发展进行"政策性"和"国家支持的保险制度"的定位,是我国农业保险发展史上的重要里程碑。

[①] 庹国柱:《政策性农业保险是一个科学概念》,《保险研究实践与探索》2011年第8期。
[②] 庹国柱:《对农业保险性质的再认识》《中国保险报》2019年8月5日,2019年8月6日。

《农业保险条例》的颁布,使经营机构对农业保险的态度发生了根本性变化,对经营农业保险有了确定性预期和积极性;使农户对农业保险的了解和认识有了一定提升;使政府的作用有了定位,行为有了准则;使监管执法有了依据。另外,《农业保险条例》还指出农业保险经办机构不仅限于保险公司,还包括互助保险组织,这为以多种形式开展和健全政策性农业保险制度提供了法律依据。

(三)农业保险各项制度逐步建立

从 2007 年以来,我国中央政府、保险监管机构和相关部门根据农业保险市场发展状况,陆续出台了很多促进和规范农业保险发展的制度文件,主要包括农业保险保费补贴制度、业务管理制度和税收优惠制度。

1.农业保险保费补贴制度

我国地域广阔,各地经济和社会状况差异悬殊,为了防止政策制定失误,我国对农业保险补贴制度的探索按照"先试点——后定规——再推广"的谨慎做法,逐步制定和完善一系列保费补贴政策。十几年来政策演化结果为:(1)中央财政补贴试点区域从最初的六省(自治区)扩展到全国;(2)中央财政保费补贴品种由最初的 6 种增加到 17 种;(3)保费补贴的保障水平从保物化成本提升到保完全成本和保收入;(4)逐步提高中央财政的保费补贴水平;(5)逐步减少和取消产粮大县的保费补贴负担;(6)中央对地方优势特色农产品保险进行奖补试点;(7)农业保险补贴规模逐年增加。具体农业保险保费补贴政策演化过程详见第八章。

2.农业保险业务管理制度

自 2008 年以来,我国保险监管机构和财政部出台了很多农业保险管理文件和制度。2008 年,保监会对保险公司农业保险业务的承保、理赔、核算、管理、内控等方面提出要求;2009 年,保监会规定了拟经营政策性农业保险业务的保险公司的设立条件、农业保险产品开发和报备原则及农业保险承保理赔"五公开""三到户"原则;2010 年,保监会出台文件严禁农业保险经办机构套取国家财政补贴或费用,严禁侵占、挪用农业保险理赔款;2011 年,保监会要求农业保险的被保险人对保险标的必须具有保险利益,集体投保的保险单后应附有农户签字清单或分户投保清单;2103 年,保监会对农业保险经办机构条款和费率报备提出要求,规定农业保险条款中不得有封顶赔付、平均赔付等损害农户合法权益的内容,规定保险公司只有经过保监会审批才能经营政策性农险业务,并对其偿付能力充足率、基层农业保险服务网络及大灾风险应对预案等方面做出要求;2015 年,保监会发布《农业保险承保理赔管理暂行办法》,首次对保险公司承保、理赔、协办和内控等关键环节确立规范;2020 年,银保监会从总公司和省级分公司两个层面分别制定农险业务经营条件,明确凡符合经营条件的保险机构均可在本地开展农险业务,无须向监管机构提出经营资格申请;2020 年,财政部发文对政策性农业保险承保机构遴选工作做出具体规定;2022 年,银保监会发布《农业保险承保理赔管理办法》,进一步规范农业保险承保理赔管理,加强农业保险监管。

3. 农业保险税收优惠制度

1988 年和 1993 年,我国对农业保险就有免征印花税和营业税的税收优惠政策。2008 年以后,先后制定了对农业保险业务免征营业税(2008 年)、对按不超过补贴险种当年保费收入 25% 的比例计提的农业巨灾风险准备金准予在企业所得税前据实扣除(2009 年和 2012 年)、免征增值税(2016 年)、对不超过财政部规定比例计提的农业保险大灾风险准备金准予在企业所得税前据实扣除(2016 年)、对保险公司种植业养殖业保险的保费收入按 90% 计算应纳税所得额(2017 年和 2020 年)、免征印花税(2021 年)等优惠政策。

（四）农业保险经营管理体系初步形成

1. 农业保险经营体系初步形成

自 2007 年以来,在农业保险保费补贴等政策的激励下,越来越多的保险公司开始进入农业保险市场。农业保险经营机构由 2004 年最初的 3 家增加到 2020 年的 38 家,包括 5 家专业农业保险公司和 33 家综合性保险公司。同时,农业保险经营机构的服务区域也不断延伸。例如,中国人保财险农业保险业务范围已覆盖全国 31 个省份,中华财险覆盖 22 个省份,太平洋产险覆盖 29 个省份,平安财险覆盖 31 个省份。截至 2022 年底,我国绝大部分省份都有 2 家以上农业保险经营机构,河南、四川、山东等省有 10 家左右的农险经营机构。[①]

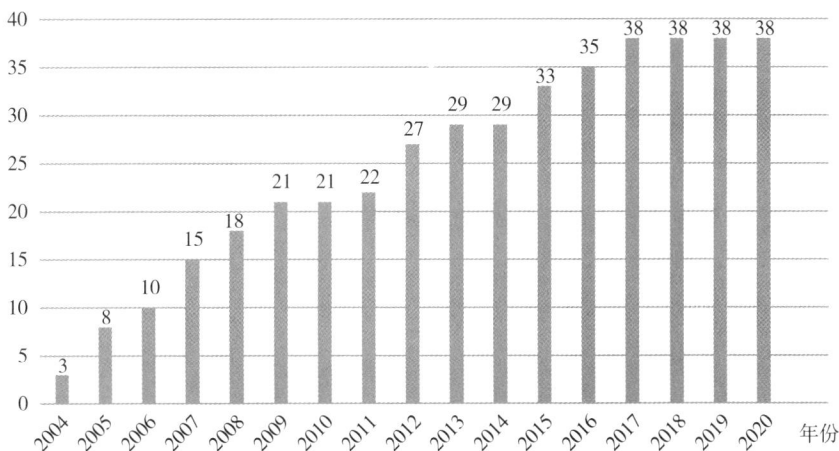

图 2-1　2004—2020 年我国农业保险经营主体数量

资料来源:中国保险年鉴。

[①]　中国平安财产保险股份有限公司等:《科技助力农业保险高质量发展白皮书(2022)》2022 年。

2. 农业保险管理体系初步形成

在《农业保险条例》所确定的"政府引导、市场运作、自主自愿、协同推进"原则性框架下,我国形成了独特的"横向上多部门协同推进,纵向上多层级政府共同引导,保险公司自主经营,基层组织协作落实"的农业保险管理体系。

"横向上多部门协同推进"表现为财政部、农业部、银保监会、国家发改委、国家税务总局、民政部、国土资源部、气象局和水利部等部门分别承担相应的农业保险工作任务,协同推进农业保险发展;"纵向上多级政府共同引导"表现为中央、省、市、县四级政府在政策性农业保险中共同发挥引导作用。

2020 年 8 月,银保监会批复同意筹建中国农业再保险股份有限公司(以下简称"中国农再")。"中国农再"由财政部、中国再保险(集团)股份有限公司等 9 家单位共同发起,将成为未来我国农业再保险市场的核心主体和财政支持的农业大灾风险分散机制的重要组成部分,在一定范围内发挥重要的农业保险管理职责。

(五)农业保险呈现快速增长态势

1. 农业保险保费规模快速增长

自 2007 年我国开展中央财政农业保险保费补贴试点以来,农业保险步入快速增长态势。如图 2-2 所示,农业保险保费收入从 2007 年的 53.33 亿元逐年增加到 2022 年的 1219.43 亿元,2022 年农业保险保费收入是 2007 年的22.87 倍,年均增长率为 23.20%。2020 年,美国农业保险纯保费 103.63 亿美元,按 2020 年美元汇率平均值 6.90 换算为 715.05 亿元人民币,低于我国2020 年农业保险保费的 814.93 亿元。2020 年,我国农业保险保费第一次超过美国,成为全球保费规模最大的农业保险市场。

（单位：亿元）

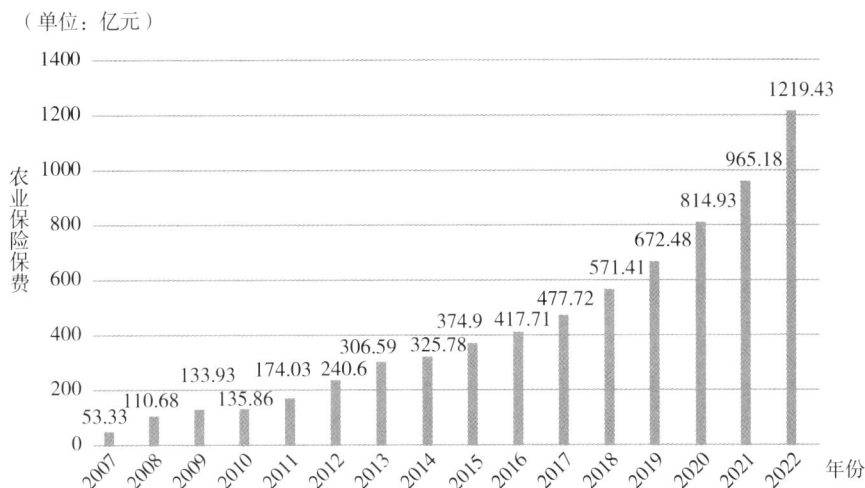

图 2-2　2007—2022 年我国农业保险保费收入

资料来源：原银保监会。

2. 农业保险风险保障不断增加

如图 2-3 所示，2007—2022 年，农业保险对农业生产提供的保险金额即风险保障从 1720.22 亿元增长到 4.57 万亿元，2022 年保险金额是 2007 年的 26.54 倍，年均增长率为 24.43%。

（单位：亿元）

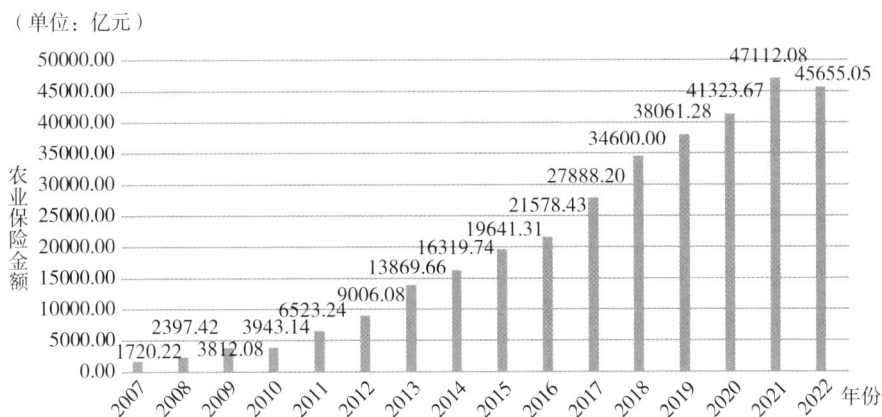

图 2-3　2007—2022 年我国农业保险风险保障水平

资料来源：原银保监会。

3. 农业保险赔偿水平不断提高

如图 2-4 所示,农业保险对农业生产提供的保险赔款即损失补偿从 2007 年的 29.75 亿元增长到 2022 年的 869.06 亿元,2022 年保险赔款是 2007 年的 29.21 倍,年均增长率为 25.23%。

（单位：亿元）

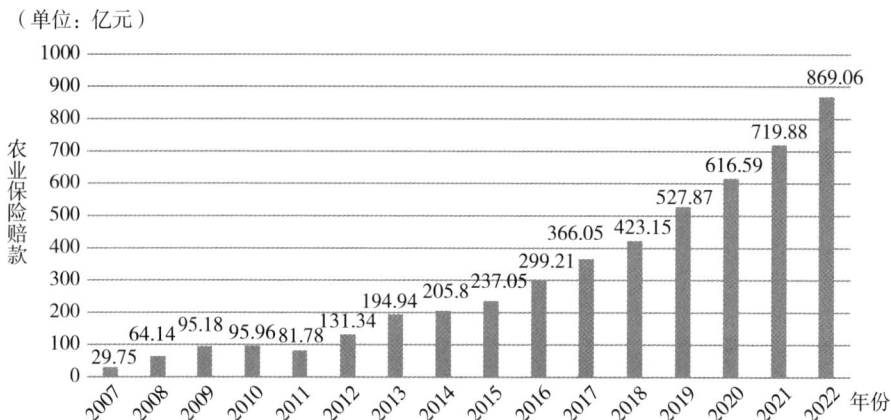

图 2-4　2007—2022 年我国农业保险赔款

资料来源：原银保监会。

农业保险的赔偿水平也可用农业保险简单赔付率来说明。农业保险简单赔付率,即农业保险赔款与农业保险保费收入的比例,反映了保险公司收取的每 1 元保费中用于赔款的比例。简单赔付率越高,说明农民获得的赔款越多。

如图 2-5 所示,2007—2022 年,我国农业保险简单赔付率逐步上升,最高达到 78.50%（2019 年）,平均为 66.82%。特别是 2015 年保监会、财政部、农业部开展了以扩责任、提保额、降费率、简理赔为核心的农业保险产品改革后,赔付率快速提高,2016—2022 年,赔付率都在 70% 以上。2015 年辽宁特大旱灾,农业保险支付赔款 14.3 亿元,简单赔付为 133.3%;2016 年黑龙江洪涝灾害,农业保险支付赔款 43 亿元,简单赔付率为 148.3%。

（单位：%）

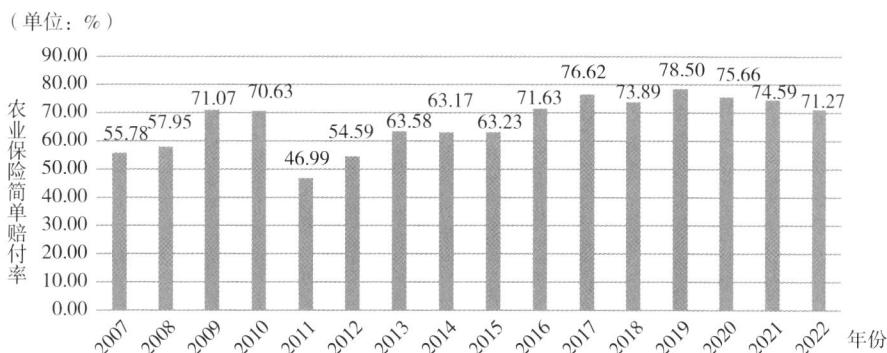

图 2-5　2007—2022 年我国农业保险简单赔付率

数据来源：原银保监会。

（六）农业保险基础设施不断完善

截至 2020 年底,全国已建成县级农险服务机构 14161 个,乡、村级服务网点 40.64 万个,农业保险工作人员 64644 人,协保员 47.13 万人。不少保险公司与气象部门、林业部门共建气象信息预警服务平台和人工干预天气队伍,定期向参保农户发送气象预警信息,通过人工降雨、人工防雹等方式,帮助农户开展防灾防损工作。有的保险公司和林业部门共同建立森林防火监测体系,引入卫星定位、无人机巡航等高新科技手段,建立从空中到地面的监测网络。例如,中国财产再保险公司,自主研发了我国农业保险巨灾模型、气象指数模型和农作物损失评估模型,研究开发了水稻、小麦、玉米等九种主要农作物和干旱、洪涝等五种主要灾因的农业气象指数模型,为行业开发标准的气象指数保险产品奠定了基础。中国财产再保险公司还成立了巨灾研究中心,建立了大数据平台、云平台,这对于农业保险的管理和服务来说,都是必不可少的基础性工作,表明农业保险正在不断迈向科学化。①

（七）农业保险重要作用初步显现

近年来,农业保险经营主体充分发挥风险管理、资金管理、服务网络等方

---

①　袁纯清:《让保险走进农民》,人民出版社 2018 年版,第 58—63 页。

面的专业优势,与政府部门通力合作,利用保险机制进行社会治理创新,在政府脱贫攻坚、财政救灾机制创新等方面充分发挥了"稳定器""润滑剂"的作用,减少了社会摩擦,维护了社会稳定,提高了社会运行效率和管理效率。

尤其在脱贫攻坚战中,农业保险为各地扶贫产业提供风险保障,发挥了重要的助力作用。例如,2015年之后,河北省阜平县利用农业保险为扶贫产业提供风险保障和融资支持,实现了食用菌、核桃、大枣种植业和肉牛、肉羊养殖业等多元化扶贫产业发展,特别是食用菌产业从无到有,成为阜平县精准扶贫"一号"富民产业。①

三、我国农业保险发展存在的问题

尽管自2007年以来我国农业保险发展突飞猛进,但毕竟发展时间较短,与美国等农业保险发达国家相比,仍处于发展的初级阶段,法律法规和各项制度还不完善,仍存在以下问题:

(一)农业保险立法还不完善

2012年11月,国务院颁布了我国历史上第一部专门的农业保险行政法规——《农业保险条例》,这是我国农业保险发展史上一个重要里程碑,结束了农业保险长期无法可依的局面,标志着农业保险进入规范化、法制化发展的新阶段,开启了农业保险发展的新纪元。

《农业保险条例》颁布已近10年,其间只在2016年修订过一次,修改了第十七条,放宽了农业保险准入门槛。目前,《农业保险条例》的很多方面已不适应高速发展的农业保险,逐渐暴露出一些不完善的方面。第一,立法层次较低。我国《农业保险条例》是《农业法》和《保险法》的配套法规,不像其他

---

① 冯文丽等:《农险扶贫的阜平模式》,《中国金融》2018年第18期。

国家农业保险法是与保险法平行的、独立的专门法规。第二,立法内容比较简单。我国《农业保险条例》共有 33 条规定,主要包括总则、农业保险合同、经营规则和法律责任四部分,只是规定了农业保险制度的总体框架,大部分内容规定得比较笼统,对农业保险的政策目标、管理机构等重要内容没有提及。第三,缺乏相应的实施细则。《农业保险条例》农业保险经营规则、财政补贴范围和标准、再保险问题、税收优惠、监管细则、大灾风险准备金等内容倡导性或原则性规定比较多,缺乏详细、具体和可操作性的配套规范。[1]

(二) 政策功能发挥还不精准

农业保险具有双重政策功能,一是处理农业非系统风险的重要财务手段,二是收入转移政策途径(冯文丽,2004)。[2] 农业保险之所以成为政策性保险的一个重要原因,就是与其他支农手段相比更有效率。近年来,我国开始认识到农业保险在农业支持保护体系中的重要作用,把农业保险作为农业支持保护的一种制度和手段。《意见》对农业保险发展提出比较明确的要求——"紧紧围绕实施乡村振兴战略和打赢脱贫攻坚战,立足深化农业供给侧结构性改革,按照适应世贸组织规则、保护农民利益、支持农业发展"。我国理论界、实务界和政府部门都认为农业保险是 WTO 规则下农业支持保护的重要手段,但对如何补贴农业保险才能符合 WTO 规则的"绿箱"措施要求这个问题,研究还不深入,认识还不准确,很多人简单地认为农业保险补贴都是"绿箱"措施,导致农业保险政策功能发挥还不精准。

(三) 经营管理体系仍不健全

《农业保险条例》原则性地规定:"农业保险实行政府引导、市场运作、自

---

[1]　张涛:《我国农业保险立法的制度构建》,《西北农林科技大学学报(社会科学版)》2016年第 3 期。

[2]　冯文丽:《中国农业保险制度变迁研究》,中国金融出版社 2004 年版,第 64—65 页。

主自愿和协同推进的原则。"在《意见》发布之前,在我国中央政府层面,缺乏明确的农业保险牵头管理机构。财政部门负责制定农业保险财税支持政策、划拨财政资金对保费予以补贴、制定农业保险大灾风险分散制度等;银保监会负责农业保险市场准入、条款审批备案、业务监管及合规检查等;农业农村部负责农业保险组织推动、开展疫病防治以及提供农业技术支持等。在农业保险"协同推进"机制中,横向有十多个政府部门,纵向有中央、省、市、县、乡镇五级政府参与。面对如此复杂的组织和协同推动,中央政府层面却没有一个明确统一的牵头管理部门,导致上述"协同推进"部门都与农业保险有关,但都不最终负责。在中央政府层面牵头管理部门不明确的情况下,地方政府层面的农业保险牵头管理机构也不统一,管理效率相对较低。

(四)财政补贴制度有待优化

尽管自 2007 年中央财政保费补贴试点以来,我国各级财政提供的农业保险保费补贴已占总保费的比例高达 75% 左右,这在全球也是比例最高的,但我国农业保险补贴仍然存在补贴规模较小、补贴品种较少、补贴方式单一、补贴层级太多、补贴比例不合理、补贴拨付不及时等问题。

(五)农业保险产品体系还不合理

保险产品体系还不合理,主要体现在两方面,一是产品结构不符合投保人需求,二是产品定价没有充分反映风险水平。

1. 农业保险产品结构不符合投保人需求

我国农业生产经营者分小农户和新型农业经营主体两大类。两者的生产规模不同,对待风险和农业保险的态度不同,对农业保险产品的需求也就不同。小农户生产规模小,有些还是兼职从事农业生产,农业损失在收入中所占比重较小,对农业风险不敏感,对农业保险需求不高,但对哪怕几十元的保险费却比较敏感。新型农业经营主体生产规模较大，农业损失影响较大，对农业风险比较敏感，对农业保险需求相对迫切，也愿意承担较高的保费转嫁风险。但目前，我国农业保险产品大多是"低保障广覆盖"的物化成本保险，一般是"一省一保额"，保障水平较低，缺乏多样化选择，难以满足新型农业经营主体转嫁风险的需求。同时，小农户对这种低保障的农业保险产品也没有太大兴趣，哪怕每亩几元的保费也不愿意承担。因此，目前的农业保险产品对两种农业生产者的保险需求都没有满足。[①]

2. 农业保险产品定价没有充分反映风险水平

《农业保险条例》对于农业保险产品定价规定为："属于财政给予保险费补贴的险种的保险条款和保险费率，保险机构应当在充分听取省、自治区、直辖市人民政府财政、农业、林业部门和农民代表意见的基础上拟订。"

《农业保险条例》的立法初衷是，一方面充分利用保险公司的精算专业技术，另一方面由地方政府和监管部门对保险公司的定价进行监督管理以保证定价公平合理性。但在实践中，由于精算数据缺乏、监管力量薄弱、地方政府强势等原因，我国农业保险定价模式逐渐演化成"精算定价＋协商定价"，博弈成分较多。地方政府担心保险公司定价过高或者由于财力有限，会在精算定价的基础上进行"砍价"，而保险公司由于担心地方政府"砍价"，也会在精算定价的时候留有余地，导致费率定得普遍偏高。例如，有保险公司在地方特色农业保险创新项目上报出的费率高达18%。

此外，由于精算数据缺乏等原因，目前大多数省份农业保险费率基本上都是"一省一费率"，没有充分考虑省内各地区地形地貌、气象和土壤等条件的差异性，没有充分反映各地区的实际风险水平，导致投保人费率负担不公平。例如，河北省地形地貌兼有高原、山地、丘陵、平原、湖泊和海滨，气象和土壤等

---

① 冯文丽：《农业保险转型升级需要科技支撑》，《中国保险报》2018 年 6 月 2 日。

条件差异显著,风险水平差距较大,灾害的经济损失程度差异巨大。在河北省 50 年一遇的旱灾中,大多数地区经济损失为零,但少数地区的经济损失高达 1345 万元/km²。[①] 在 2021 年以前,全省对每个地区的每一种农作物都使用统一的费率,这显然是不科学,也是不合理的。

保险公司和地方政府之间的博弈、定价不考虑各地区的风险差异,使农业保险费率没有充分反映实际风险水平,产生了投保人保费负担不公平、保险公司风险累积较大、财政资金浪费、协议赔付等问题。

(六)农业保险大灾风险问题仍未解决

根据 Miranda 和 Glauber(1997)的统计模型模拟测算,农业保险人面临的系统性风险是经营一般业务保险人的 10 倍左右。[②] 农业保险经营机构始终面临农业巨灾风险的威胁,这是全球农业保险经营面临的普遍难题。2013年,财政部出台《农业保险大灾风险准备金管理办法》,规定农业保险经营企业要按照农险保费收入和农险业务超额利润的一定比例提取农业保险大灾风险准备金。但这仅是保险公司层面的大灾风险基金,国家层面的农业保险大灾风险分散机制还不完备。保险公司仅靠再保险和大灾风险准备金来转移分散风险,力量较为单薄,一旦发生区域性或大面积灾害,只好不足额赔付甚至赖账不赔,使保险合同失去严肃性,侵害了投保人的合法权益和保险机构的信用声誉,也影响了农业保险的可持续发展。[③]

(七)保障作用尚未充分发挥

经过十几年的高速发展,我国农业保险虽然发挥了较大的风险补偿作用,

---

① 《河北省气象灾害风险地图集》编辑委员会:《河北省气象灾害风险地图集》,科学出版社 2018 年版,第 97 页。

② Mario J.Miranda & Joseph W.Glauber,"Systemic Risk,Reinsurance,and the Failure of Crop Insurance Markets",*American Journal of Agriculture Economics*,1997(2),pp.209–212.

③ 庹国柱:《农业保险需要建立大灾风险管理制度》,《中国保险》2013 年第 1 期。

但由于产品体系不符合农业生产者需求、小农户保险意识薄弱等因素影响,农业保险的风险保障作用还没有充分发挥。如图 2-6 所示,2022 年,我国农业保险保障水平为 29.25%,重庆市、江苏省、河南省、浙江省、山东省、湖北省和海南省 7 省、市的农业保险保障水平在 20% 以下,最低的海南省只有 10.85%。这说明,我国农业总产值中只有 29.25% 得到了农业保险提供的风险保障,剩余 70.75% 的部分还处于"风险裸露"状态,农业保险的保障作用还有待进一步挖掘。①

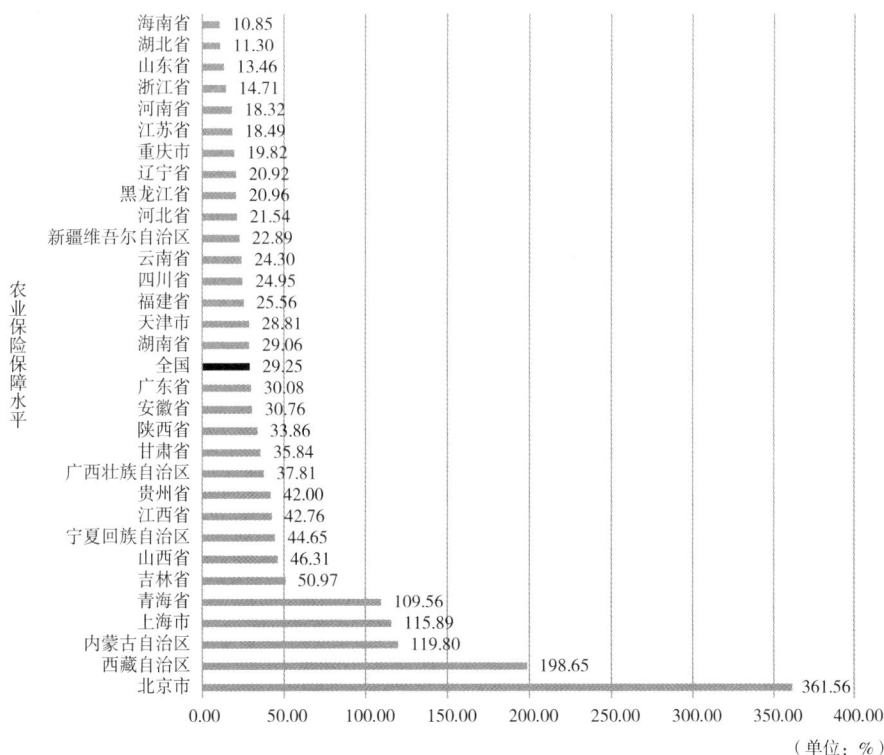

图 2-6　2022 年各省、自治区、直辖市农业保险保障水平

资料来源:根据原银保监会、国家统计局网站数据整理。

---

①　本书所计算的农业保险保障水平=2022 年农业保险金额/2022 年各省农林牧渔业总产值×100。

第三章　农业保险制度的
国际比较及启示

美国、加拿大、日本和法国农业保险发展历史比较悠久，政府对农业保险提供了大量的政策支持和财政补贴，制度建设比较完善。本章针对第二章提出的我国农业保险探索中存在的问题，分析四国的农业保险立法、经营管理体系、补贴制度和大灾风险分散机制。这四部分内容是各国农业保险制度的核心组成部分，以期对我国农业保险制度建设提供启示。

一、农业保险立法的国际比较

农业保险立法在美国、加拿大、日本和法国四国农业保险制度体系中都具有举足轻重的地位和作用。这四个国家在最初启动政府农业保险计划时，都是通过立法先行提供制度保障，而后在经营环境发生变化、农业保险需要进行重大变革时，也都通过修订法律加以推动。

（一）美国的农业保险立法

在美国，"政策性农业保险"叫做"联邦农作物保险"（Federal Crop Insurance），以区别于普通的商业保险。"联邦农作物保险"是通过1938年颁布的专门法律《联邦农作物保险法》来规范的。随着美国联邦农作物保险计划从逐步试验到全面实施,美国政府对该法进行了 20 次修订,最新版本是 2018 年《联邦农作物保险法》。

1938 年 2 月 16 日,美国政府颁布《1938 年联邦农作物保险法》,是《美国农业调整法》的第五编。依据该法在农业部内部组建了联邦农作物保险公司(Federal Crop Insurance Corporation,FCIC),授权联邦政府建立联邦农作物保险计划(Federal Crop Insurance Program,FCIP),为农户提供一种新的风险管理工具——多危险农作物保险(Multiple Peril Crop Insurance,MPCI)。当时被保险农作物只有小麦一种。后来陆续增加了棉花(1942 年)、玉米和烟叶(1945 年)和食用干豆(1948 年)等,到 1980 年以前,FCIC 为全美半数地区的30 多种作物提供农作物保险。

1980 年,美国政府颁布了《1980 年联邦农作物保险法》,该法的重大变化是在农业保险经营中引入私人保险公司,政府为私营保险公司和农场主提供补贴。主要内容有:(1)商业保险公司可以通过两种方式申请参与联邦农作物保险和再保险,一种是要独立承担保险损失责任,根据每年的业务量到FCIC 领取管理费和保费补贴,一种是只拿佣金不承担保险损失责任的"主人销售商"(代理人);(2)政府确定农业保险费率,通过对农场主的保费补贴、对保险公司的经营管理费用补贴、经办农业保险业务人员的薪金补贴、税收减免等政策吸引商业保险公司参与农业保险经营,吸引农场主投保农业保险;(3)该法将联邦农作物保险计划扩大到美国所有重要的农业县,并提出逐步由农业保险计划代替灾害援助计划。《1980 年联邦农作物保险法》颁布之后,美国政府加大了对农业保险的支持力度,农业保险步入高速发展阶段。

1994 年,克林顿政府颁布了《1994 年联邦农作物保险改革法》,主要包括以下改革措施:(1)为了提高农作物保险计划的参与率,取消执行了几十年的、但对农作物保险计划具有挤出效应的"特别灾害救济计划"。(2)建立"农作物巨灾保险"(Catastrophic Crop Insurance),承保的农业巨灾风险有干旱、涝、洪水、冰雹、大风、火灾、病虫害等,保障水平很低,按照农场该作物平均产量的 50% 和预期价格的 60% 计算,政府全额补贴保费,只需向每个农场每种作物收取 50 美元的管理费,种植多种作物时最多交 200 美元。该保险可以单独投保或与联邦农作物保险公司出售的"多风险农作物保险"同时投保。(3)对大麦、燕麦、棉花、饲料、高粱、花生、大豆、小麦等 8 种作物实行"区域保险计划",即以县平均产量为基准的农作物保险,只有县平均产量低于事先确定的县平均产量时,投保农户才可能获得赔偿。(4)对农作物保险公司不承保的农作物(包括蘑菇、芹菜、芦笋、胡萝卜、蜗居、胡桃、阿月浑子树、北美甜瓜、红薯、花椰菜、苗圃、甜樱桃、树蜜、草莓、菜花、西瓜、薄荷、甘草、菠萝、栗子、南瓜等)提供"非保险救济计划",保障水平为正常年份平均产量的 65%、预期价格的 60%。

1996 年,美国颁布《1996 年联邦农业完善与改革法》,联邦政府依据该法建立了专门的农业保险监管机构——风险管理局(Risk Management Agency,RMA),该局下设保险服务、产品管理和合规风险三个部门。保险服务部门负责执行方案和管理地方计划,产品管理部门负责监督保险产品开发;风险合规部门负责监督商业保险公司和农场主。该法明确规定,FCIC 不再直接经营农业保险业务,只承担监管职责。自此,美国农业保险制度正式进入政府负责监管、商业保险公司单独经营的时期。该法还要求试办包括产量风险和价格风险在内的收入保险。[①]

2000 年,美国国会通过《2000 年农业风险保护法》,政府规划设计了产量保险和收入保险等新类型产品,开始对畜牧业及其他尚未被农作物保险覆盖的农产品进行保险试点,进一步增加保费补贴比例,扩大保险覆盖区域,为保险公司、高校、科研机构及第三方商业机构等提供保险产品开发资金支持。

2008 年,美国国会通过了《2008 年食品、资源保护及能源法》,提出将农

---

① 李俊杰等:《美国农业保险政策的发展及展望》,《农业展望》2017 年第 10 期。

业灾害救助作为农业保险的补充,只有投保了农业保险的农民才能获得被救助资格;[①]对产量保险和收入保险调整保费补贴比例;提高农作物巨灾保险(CAT)的管理费用;修正再保险协议,为有机作物生产提供保险业务。[②]

2014 年,美国国会通过了《2014 年食品、农场及就业法》,对农业支持保护政策做出重大调整,取消了农业直接补贴,明确了农业保险在美国农业安全网中的核心地位。具体包括:一是以价格损失保险计划(PLC)和农业风险保障计划(ARC)代替传统的直接支付计划;二是增加了联邦农作物保险计划的种类,增加了补充保险选择计划、叠加收入保障计划、全农场计划、毛利润保险等,为水果、蔬菜等数据缺乏的农产品提供气象指数保险产品;三是减少了灾害援助计划的数量,为农业保险发展预留了充足空间。[③]

2018 年 12 月 20 日,美国最新的农业法——《2018 年农业提升法》正式生效,对 2019—2023 年农业补贴、农业保险、资源环境、贸易、科技等农业政策进行规定。2019—2023 年,美国农业法总经费预算为 4000 亿美元左右,农业保险仍然是仅次于营养项目的第二大支出,占总经费比例为 9%。《2018 年农业提升法》根据新的发展形势对农业保险部分内容进行了修改。具体变化有:(1)对特色农作物保险政策进行修订,允许联邦作物保险公司(FCIC)为工业大麻提供保单,在每个风险管理局区域办事处中安排特色作物联络员,创建专门的特色作物网站等;(2)保单方面出现新的变化,允许企业单位包含跨县的土地,创建退伍军人农牧场主群体以使其获得更多福利等;(3)将农作物巨灾保险的管理费由 300 美元提高到 655 美元等;(4)鼓励新保险产品的研发,包括热带风暴或飓风保险、质量损失保险、柑橘保险、啤酒花保险、谷物高粱改进保险、温室保险、地方作物保险,以及密西西比河下游河滩地上的玉米、棉花和

①　陈文辉等:《中国农业保险发展改革理论与实践研究》,中国金融出版社 2015 年版,第80 页。

②　Wallace G. Aanderud, "Federal Crop Insurance", *Economics Commentary*, 1982 (178), pp.1–3.

③　李琼等:《美国农业再保险体系运行模式及启示》《保险理论与研究》2018 年第 9 期。

大豆保险等。

表 3-1　美国主要农业保险法及其内容

时间	农业保险法名称	主要内容
1938 年	1938 年联邦农作物保险法	设立联邦农作物保险公司（FCIC），授权联邦政府建立联邦农作物保险计划；为农户提供一种新的风险管理工具（Multiple Peril Crop Insurance，MPCI）。
1980 年	1980 年联邦农作物保险法	在农业保险经营中引入私人保险公司合营，为农业私营保险经营公司和农场主提供补贴。
1994 年	1994 年联邦农作物保险改革法	对农业保险和灾害救助进行调整，重构农产品安全网：只保留联邦农作物保险未覆盖的农作物灾害救助计划；建立并强制推行农作物巨灾保险计划；政府提供保费补贴鼓励农场主购买高保障水平的补充保险。
1996 年	1996 年联邦农业完善与改革法	创建农业保险监管机构——风险管理局（RMA）；FCIC 从农业保险直接业务中撤出，不再从事保险经营工作；试办收入保险。
2000 年	2000 年农业风险保护法	设计了产量保险和收入保险等新保险类型，并开始对畜牧业及其他尚未被农业保险覆盖的农产品进行保险试点。
2008 年	2008 年食品、资源保护及能源法	提出将农业灾害救助作为农业保险的补充；对产量保险与收入保险调整保费补贴比例；为有机作物生产提供保险业务。
2014 年	2014 年食品、农场和就业法	确立了农业保险在美国农业安全网中的核心地位；取消每年 50 亿美元的直接补贴项目；增加联邦农作物保险种类；减少灾害援助计划数量。
2018 年	2018 年农业提升法	根据新的发展形势对农业保险部分内容进行了修改：对特色农作物保险政策进行修订；允许企业单位包含跨县的土地；创建退伍军人农牧场主群体以使其获得更多福利；将农作物巨灾保险的管理费由 300 美元提高到 655 美元等；鼓励新保险产品的研发；等等。

资料来源：作者整理。

（二）加拿大的农业保险立法

1959 年，加拿大联邦政府经过长达 30 多年对农作物保险的可行性研究后，通过了《农作物保险法》（Crop Insurance Act），于 1960 年正式实施。这部法律只是对开展农作物保险的制度框架作出规定，各省可根据该法规定和规划，自行设计保险计划。联邦政府根据该法与建立农作物保险计划的省份达成合作协议。1960年,马尼托巴省第一个实施了农作物保险计划,到1967年,加拿大10个省全都开展了农作物保险计划。

1991年,加拿大通过了《农业收入保障法》,取代了《农作物保险法》,强调了农户收入稳定的重要性,呼吁全社会向农民家庭提供更多支持。在2007—2008财政年度,联邦政府方面把农作物保险计划(Crop Insurance Program)演变成生产保险计划(Production Insurance Program)和农业保险计划(AgriInsurance Program)。目前,加拿大农业保险法律法规主要有四部分。

(1)《农场收入保障法》(Farm Income Protection Act)。该法于1991年4月11日生效实施,最新一次修订是2013年3月1日。该法是"授权加拿大政府和各省之间达成协议以保护农产品生产者收入,并使加拿大政府能够为此目的采取额外措施的一项法律"。该法规定了政府授权的农业保险计划、建立农业保险计划应遵循的原则、保护生产者收入的协议要素、信息披露、特别措施、农作物再保险基金账户、净收入稳定账户、收入保险基金等内容,还允许制定相关实施细则(Regulations)将法律规定进一步细化。

(2)《加拿大生产保险实施细则》(Canada Production Insurance Regulations)。该实施细则对生产保险计划中合格农产品、最大保障水平、保险危险、费率厘定方法、农产品单位产值确定方法和保险记录的保存与分享等内容进行了详细规定,以确保各省开发和销售的保险产品在精算上科学并且在财务上可以自我维持,保证政府的资金在各省与各种商品之间公平分配。

(3)加拿大农业伙伴关系(Canadian Agricultural Partnership,CAP)。加拿大农业伙伴关系是一项为期五年(2018—2023年)的30亿加元投资,由联邦、省和地区(FPT)政府投资。该项目自2018年4月1日起生效,成为政府用于刺激农业和农产品行业增长的主要财政支持机制。

(4)操作文件(Operational Documents)。这是各省每年签署的农业保险操作文件,明确规定联邦政府支持的保险计划的具体内容,包括生产者的参保条件和农产品的参保标准、投保的截止日期、保险保障水平、风险区域、确定保险价格的方法、精算的更新与数据等。

加拿大是联邦制国家,各省自主设计、实施和管理农业保险计划。各省的农业保险法律、法规和制度的整体框架基本一致,但具体法规文本有所不同。图 3-1 是加拿大曼尼托巴省农业保险的法律、法规和制度框架,上述四个方面的法律法规是必选项,只是增加了曼尼托巴省的法规条例规定。[①]

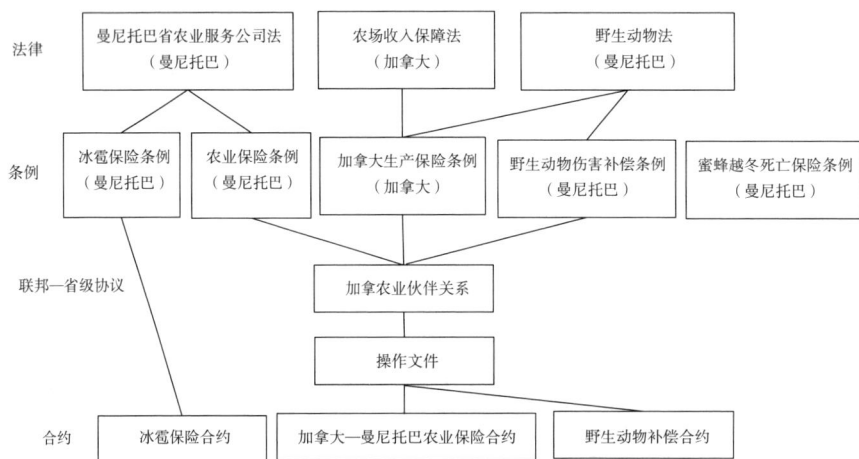

图 3-1　加拿大曼尼托巴省农业保险法律法规制度框架

资料来源:中国保险学会:《农业保险服务"三农"发展研究》,中国金融出版社 2021 年版,第 413 页。

(三)日本的农业保险立法

日本的农业保险比较特殊,是一种共济制度,即同一组织的会员共同出资抵御风险的互助保障制度,不以营利为目的,称作"农业共济保险"。

日本的农业保险最早从家畜保险开始发展。1929 年,日本政府根据牲畜在国计民生中的重要性,颁布了《家畜保险法》和《家畜再保险特别会计法》,对牛和马的死亡保险作了具体规定,在农林水产省畜产局设立家畜保险科,正式开始实施家畜共济保险。《家畜保险法》是日本最早的农业保险法律规范。

---

① 中国保险学会:《农业保险服务"三农"发展研究》,中国金融出版社 2021 年版,第 413 页。

1939 年,为了缓和地主制社会的阶级矛盾,稳定佃农,日本政府在家畜共济保险运营经验的基础上,相继推出和实施了《农业保险法》和《农业再保险特别会计法》,将水稻、小麦、桑树等农作物加入农业共济保险范围内,建立由村镇农业协会、市级农业共济组合、道府县农业共济组合联合会、政府再保险机构组成的四层次农业共济保险运营模式,分别负责协会共济、农业共济组合保险、联合会再保险和政府再保险业务。1943 年,日本将农作物共济保险和家畜共济保险合并,并把农作物共济保险作为强制保险要求农户加入。①

1947 年,为了解决二战后日本农业面临的自然灾害损失、粮食生产不足、保护自耕农和稳定粮食价格等问题,日本将《牲畜保险法》和《农业保险法》修订合并,颁布了《农业灾害补偿法》。该法进一步扩大了农业保险标的范围,增加了多种农作物和畜禽险种,加大了农作物类保险的政府支持力度,将共济费补贴由原来的 15% 提高到 50%;将四层次农业共济保险运行模式调整为市町村农业共济组合共济、都道府县联合会保险和政府再保险三层,明确规定政府在农业产业中的职责、农业保险操作程序和农户的投保权利等内容。该法的内容体系比较完善,具有较强的可操作性,为日本政府全面施行农业保险制度提供了重要的法律依据,是日本农业保险法的代表。②

1952 年,日本政府针对农业保险中损失赔偿资金额度过少的问题,制定《农业共济基金法》,设立农业共济基金账户,对农业共济基金的赔偿、使用、增值等问题进行详细规定,用市场手段解决赔偿金额不足问题。

随后,日本根据农业产业的发展变化和农业保险发展的需要,于 1957 年、1963 年、1966 年、1972 年、1978 年、1985 年、2003 年和 2017 年对《农业灾害补偿法》进行了多次修订,增设了建筑物、农机具、果树、旱田、园艺设施等五种农业共济保险,进一步整合农业共济组合和联合会,确定一县一组合的基本方

---

① 李文阔:《日本农业共济保险制度及对我国农业保险的启示》,《西南金融》2022 年第 6 期。

② 郑军等:《日本农业保险的制度演变与运行机制》,《宏观经济研究》2016 年第 5 期。

针,逐步推动由都道府县农业共济组合共济和政府保险两层次农业共济保险组成的运营模式。2017年,随着逐步探索农业收入保险,农作物共济保险由强制加入转变为任意加入。

2017年,日本政府将修订后的《农业灾害补偿法》重新命名为《农业保险法》(2018年4月1日实施),并于2019年1月正式实施农业收入保险制度,对农业收入保险以立法形式进行确立。[①]

(四)法国的农业保险立法

法国农业保险发展历史悠久,早在18世纪末19世纪初就有互保协会办理农作物雹灾保险。1840年,农民自发建立了农业相互保险组织和相应的保险基金。

1900年,法国政府颁布《农业互助保险法》,明确规定农业互助保险社是法国农业保险的主要基层组织,并规定了其权益和风险责任范围。该法规定,互助保险社承保火灾、冰雹、牲畜意外死亡等风险,政府和社会承担洪灾、旱灾等巨灾风险。政府对互助保险社的收入和财产免征赋税,对其行政支出和办公费用提供财政补贴。该法为法国农业保险的发展奠定了法律基础,也是世界上最早的农业保险立法。

1960年,法国政府颁布《农业指导法》,明确规定了法国农业保险的发展方向和具体运营形式。

1964年,法国政府颁布《农业灾害法》,将农业保险公司的经营范围扩展至农民财产保险和寿险业务。实践中,各级互助保险公司可以开展财产险、责任险、农业生产保险、农机保险、人身险等各类农村保险业务和再保险。

1964年,法国政府颁布《农业灾害补偿法》,建立国家农业灾害保险基金,由国家农业风险管理委员会负责管理,承担干旱、霜冻、洪涝、长期阴雨等自然

---

① 肖帆等:《日本农业保险发展研究》,《特区经济》2021年第11期。

灾害造成的超常损失。

1976 年,法国将近 100 年来颁布的有关保险的法律法规编纂为《保险法典》,详细规定了农业互助保险的责任和权利。

1982 年,法国政府颁布《农业灾害救助法》。该法明确农业保险计划是法定项目,并规定了保险责任、保险费率、再保险和理赔计算等方法,对关系国计民生的主要农作物(水稻、小麦、大麦、果树等)和主要饲养动物(牛、羊、马、猪、蚕等)实行强制保险,主要是针对这些农产品的自然灾害保险。①

二、农业保险经营管理体系的国际比较

农业保险经营管理体系是各国农业保险法律法规和制度的实施主体,经营管理体系是否合理,关系整个农业保险制度的执行效果。各国农业保险经营机构因国情不同而有所不同,有些国家由国有保险机构专营,有些国家委托商业保险公司经营,有些国家则由合作性保险组织经营。美国、加拿大、日本和法国四国,针对政策性农业保险计划,在中央政府层面都成立或指定专门的管理机构,承担制订农业保险计划、厘定费率、业务监管、拨付保费补贴和经营管理费用补贴、提供再保险等职责。

(一)美国的农业保险经营管理体系

目前,美国的农业保险运作模式采取的是 PPP 公私合营模式(Public-Private Partnership),即联邦政府委托商业保险公司经营的方式。双方以《标准再保险协议》作为行为规范,由联邦政府负责管理项目,商业保险公司负责经营项目。《标准再保险协议》由联邦政府和商业保险公司协商谈判而成,每五年左右更新一次,以适应情况和条件的变化。美国的农业保险经营机构是商业

---

① 王铭:《农业保险大灾风险分散机制的法国经验》,《现代经济信息》2017 年第 21 期。

保险公司,管理机构是农业部风险管理局(Risk Management Agent,RMA)和联邦农作物保险公司(Federal Crop Insurance Corporation,FCIC),如图3-2所示。

1. 美国农业保险的经营机构——私人保险公司

美国的联邦农作物保险,也就是我们所说的政策性保险,是由联邦政府授权给被称为"经许可经营农作物保险的公司"(Approved Insurance Providers,AIPs)的私人保险公司经营。AIPs负责向生产者出售保单和提供理赔服务。

对于商业性保险公司来说,因为美国政府对农作物保险提供相对丰厚的保费补贴、管理费用补贴和再保险支持,并且税收优惠幅度较大,只要公司妥善经营就可以获得不菲利润,所以绝大部分商业保险公司都愿意承保农作物保险业务。但是,并非所有的保险公司都有资格经营农业保险,只有经过风险管理局严格审核的公司,才可以成为AIPs。RMA负责对保险公司的运营进行监管,不符合监管要求的保险公司会被清退出联邦农作物保险市场。在每个再保险年度,RMA都会更新各州的AIPs名单,各州的AIPs数量也不相同。2020再保险年度,共有14家AIPs经营联邦农作物保险,11家AIPs经营联邦畜牧业价格保险。

AIPs于1981年成立了美国农业保险人协会(American Association of Crop Insurers),于1989年恢复了全国农业保险服务协会(National Crop Insurance Services)。前者代表商业保险公司的利益与联邦政府沟通、谈判并游说国会,后者则为商业保险公司经营提供技术支持和服务。[1]

2. 美国农业保险的管理机构——风险管理局和联邦农作物保险公司

美国农业保险由依法成立的联邦农作物保险公司和农业部风险管理局

---

① 张玉环:《美国、日本和加拿大农业保险项目比较分析》,《中国农村经济》2016年第11期。

（Risk Management Agent，RMA）共同负责。这两个机构实行"两块牌子、一班人马"的合署办公体制，凭借健全的组织体系和丰富的人力资源，有效协调各方面的关系，整合各方面的资源，全面管理农业保险相关事宜。

RMA 的总部位于华盛顿特区，在密苏里州的堪萨斯城有一个国家运营办公室，在全国各地设有 6 个合规办事处和 10 个保险服务区域办事处，每个办事处负责 3—4 个州的农业保险业务。RMA 主要负责制定农业保险法规和政策、起草联邦农作物保险条款、厘定农作物保险费率和对 AIPs 进行监管等。RMA 各地区办事处主要负责确保农作物保险计划公正公平实施，如开展地区农业生产经营风险的评估、与农业保险经营主体和投保人建立专业联系、向地区公众解释保险条款、推荐保险品种等。RMA 对农业保险运营的监管方式有四种：一是对 AIPs 的经营过程进行监督，如参加超过 50 万美元索赔案件的现场调查；二是评估再保险协议、运营计划的可行性，确保承保机构的履约能力，若出现财务或者其他的问题，及时采取补救措施；三是通过加大保险查勘核损调查力度，以实现对过高赔付的纠正和对保险不当行为的强力监管；四是优化保险产品设计，以规避各类保险欺诈、浪费行为。

FCIC 主要负责 RMA 的资金管理。联邦政府通过 FCIC 向 AIPs 提供一定比例的保费补贴、经营管理补贴和再保险保障。FCIC 对农业保险监管方式有两种：一是通过举报方式进行监管。若农业保险机构或再保险机构、投保人发现农业保险经营中存在欺诈和滥用行为，均可向 FCIC 进行举报。二是主动监测。FCIC 对农业保险赔付金额进行监测，如果发现保险代理人或查勘核损人员处理的索赔金额超出同一地理区域平均索赔金额的 150%，则对此项目开展反欺诈调查。一旦被证实投保人、保险中介机构存在故意向 FCIC 或保险机构提供虚假信息的，可适用美国《农业保护法》的民事和刑事制裁条款进行相应处罚。[①]

---

① 陶振：《美国农业保险不当行为治理及其启示》，《湖南农业大学学报（社会科学版）》2018 年第 8 期。

美国农业保险经营机构与管理机构之间的关系见图3-2。

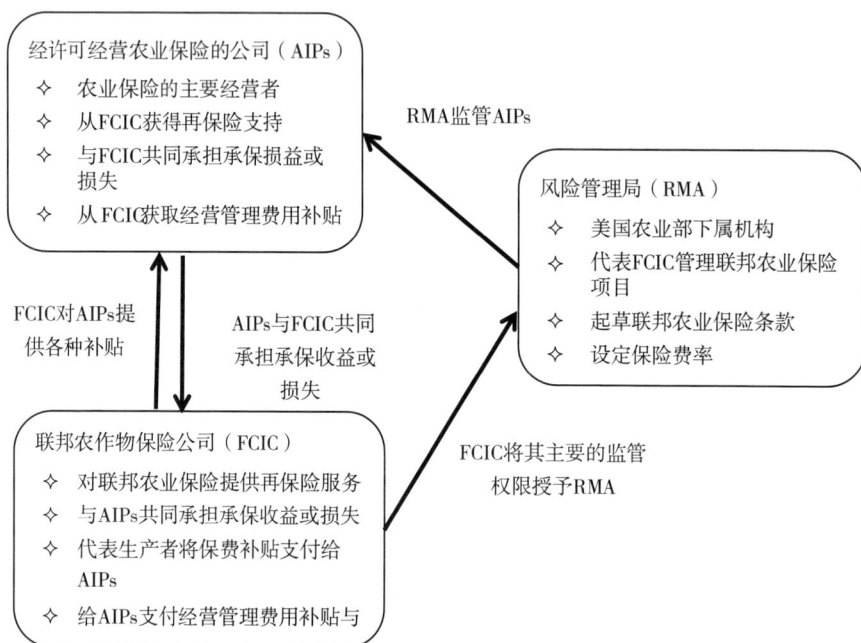

图 3-2　美国联邦农作物保险经营管理体系示意图

资料来源:中国保险学会:《农业保险服务"三农"发展研究》,中国金融出版社2021年版,第372页。

(二)加拿大的农业保险经营管理体系

与美国不同,加拿大的农业保险计划采取"三方缔约"模式,即联邦政府、省级政府和农户之间的缔约。由于加拿大是联邦制国家,联邦对各省的管理约束和财务约束相对较弱,只能通过协议约定双方在农业保险计划中的责任和义务。加拿大农业保险体系的特点是"政府主导,联邦和省级政府负责,省政府成立专门机构运作"。

1.加拿大农业保险经营机构

在加拿大的每个省,只有一家由政府出资设立的"农作物保险公司"(在阿尔伯塔省、曼尼托巴省、安大略省和魁北克省叫皇冠公司,在萨斯喀彻温省叫皇冠农业保险公司)垄断经营农业保险业务,其经营管理费用由省财政和联邦财政按比例全额提供,从投保农户那里收取的是纯保费,也由中央和省两级财政给予60%左右的补贴。[1]

2. 加拿大农业保险管理机构

加拿大农业保险计划由联邦政府和省政府联合资助,共同管理,不与商业保险公司及其监管部门发生任何关系。联邦政府负责管理农业保险的机构是加拿大农业和食品部生产保险和风险管理局(Production Insurance and Risk Management Division,PIMD)。省政府负责管理农业保险的机构是各省的农业厅。

联邦政府的职责包括:一是制定农业保险全国标准,如最高保障水平、农业保险精算认证指导原则;二是监督各省农业保险运营,监管的重点是保障水平设置的合理性、保险费率的精算平衡、保险价值的确定以及各省农业保险财务可持续性;三是提供60%的保费补贴和经营管理费补贴,并对再保险进行支持;四是对省级保险公司的精算结果进行审核和批准,更新操作文件。

省政府的职责包括:一是提供剩余40%的保费补贴和经营管理费补贴;二是设计并推动本省农业保险计划;三是厘定保险费率,雇用精算团队对农业保险费率厘定方法进行评估和修改;四是开展农业保险承保理赔业务;五是评估本省农业保险的可持续发展能力。

需要指出的是,虽然加拿大农业保险是由国有的保险公司具体运营,但联邦政府和省政府并不干预公司的日常经营,只是根据双方的合同协议对农业保险开展情况进行监管,确保农业保险惠民可持续。[2]

---

[1]　庹国柱:《美国加拿大农业保险政策和监管的经验借鉴》,《中国保险职业学报》2014年第2期。

[2]　王克:《加拿大农业支持政策和农业保险:发展和启示》,《世界农业》2019年第3期。

（三）日本的农业保险经营管理体系

日本是亚洲国家中较早开展农业保险的国家之一，其农业保险制度比较独特，通过中央政府与农民组织合作来实施。中央政府负责开发保险产品，确定保险费率和合同条款，指导和监督农民组织的经营管理，为农户提供保费补贴，为农民组织提供经营成本补贴和再保险。

日本现行的农业保险经营管理体系是一种由1947年确立的三层次农业共济保险运营架构和2010年基于"一县一组合"方针确立的两层次农业共济保险运营架构并存的双重运营体系，如图3-3所示。

1.三层次农业共济保险运营架构

1947年，日本政府颁布《农业灾害补偿法》，在加大农业保险支持力度的同时，确立了由市町村级农业共济组合、都道府县农业共济组合联合会和政府再保险机构组成的三层次农业共济保险运营模式。

在这种模式下，农业共济组合是农业共济保险的基层实施主体，是一种互助保险组织，由辖区内可保农作物达到法定最低限度的农户自动组成。农业共济组合负责向农户收取共济费，向受灾农户支付保险赔款，经营的农业保险有农作物保险、家畜保险和果树保险等。1955年，日本农业共济组合共有10979个，随着市町村合并和农业从业人员减少，1965年农业共济组合数量锐减至2835个，2022年进一步减少到49个。在农业共济组合运作过程中，每个村落选出一个共济部长，负责接受会员加入申请、收缴共济费、发票返还等业务。全国共有17万名共济部长，平均每15名农业共济组合会员中就有一个共济部长。

由于农业共济组合规模较小，难以分散风险，因此，农业共济组合与都道府县的共济组合联合会签订保险合同，农业共济组合将收取共济费的70%—80%交到联合会，由联合会对农业共济组合及共济会员提供保险和运营保障服务。联合会的保障能力有限,又将农业共济组合上缴的共济费扣除基础责任保险费后约95%的共济费上交到政府食料安定专项部门,由政府提供农业再保险服务。

在三层次运营架构中,政府对农户提供共济费补助,对农业共济组合和联合会提供办公经费补助。图3-3左半部分就是三层次运营架构。

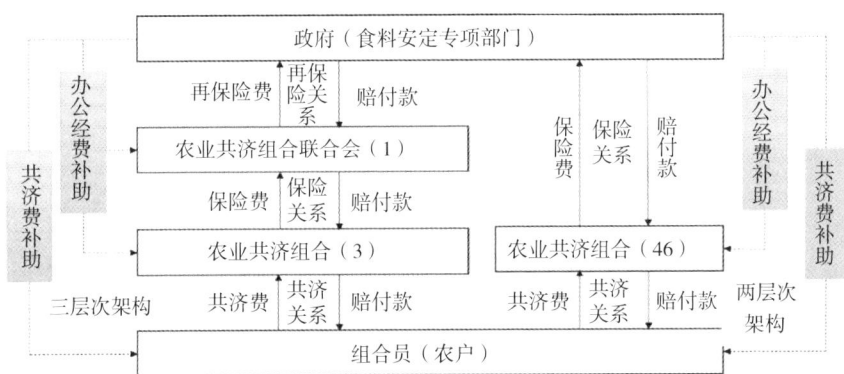

图3-3 日本农业保险经营管理体系示意图

资料来源:李文阔:《日本农业共济保险制度及对我国农业保险的启示》,《西南金融》2022年第6期。

2.两层次农业共济保险运营架构

进入21世纪后,随着日本人口老龄化、过疏化、农户数量持续减少等特征加剧,农业共济组合和联合会也面临运营成本过高的问题。自2010年开始,为了提高农业共济组合和联合会的运营效率,日本农林水产省对三层次农业共济保险运营架构进行改革,发起"一县一组合"的基层农业共济保险优化运动,将同一都道府县内的农业共济组合合并,取消联合会,由合并后的农业共济组合承担共济业务。农业共济组合将其收取的共济费中约95%上交到政府食料安定专项部门,由政府提供保险服务。截至2022年4月,共有46个都道府县已形成"一县一组合"的两层次农业共济保险运营架构。两层次农业共济保险运营架构参见图3-3右半部分。

3. 成立专门的农业保险监督管理部门

在日本中央政府层面,1929 年农业共济保险实施之初就设立了家畜保险科全程参与、政策引导和监督管理农业保险运营。后来在家畜保险科等部门的基础上,成立了食料安定专项部门,负责对农业共济保险提供政策引导和监督管理,设立全国统一的农业保险产品,为农业共济组合和联合会提供再保险。

4. 农户参与农业保险运营管理

比较特殊的是,在日本的农业共济保险中,保险机构运营、保费收取、定损等业务操作均以农户为主要参与主体,尤其是对争议较大的定损环节,定损员全部由农户和共济组合职员担任。农户既是投保人也是保险人,能够充分发挥农业共济保险组织成员的内部监督作用,再加上共济组合职员一同查勘定损、上级部门和政府部门的审核及抽样检查机制,能够有效防控农业保险经营中的信息不对称问题和骗保行为。[①]

(四)法国的农业保险经营管理体系

1. 法国的农业保险经营机构

法国农业保险的主要经营机构是互助保险组织,历史比较悠久。

1840 年,法国农民自发设立第一家地区性相互保险公司,主要承保农作物雹灾、风灾和火灾保险。1900 年政府颁布《农业互助保险法》,为相互保险组织和再保险机构定期提供一定补贴,为农业互助保险社快速发展创造了良好环境。20 世纪 40 年代,法国已经拥有 4 万多家农业互助保险社。

---

① 李文阔:《日本农业共济保险制度及对我国农业保险的启示》,《西南金融》2022 年第 6 期。

为了进一步加大对各级农业互助保险社的财政扶持力度和监管力度,法国政府牵头成立了中央互助保险组织。1965年,成立了农业互助保险总公司,该公司由火灾、冰雹、意外和牲畜四家互助保险公司合并而成。这四家公司后来组建为法国安盟保险公司。

1966年,为了提高互保组织的承保能力以及更好地分散风险,法国在大区范围内创立再保险机构,并建立起逐级分保的再保险体系。

1986年,法国成立了农业互助保险集团公司,下设四个保险公司,即农业互助保险公司、非农业财产保险公司、农民寿险公司与农业再保险公司。该公司由政府和社会联办,专门经营农业保险及相关业务,极大地促进了法国农业保险的发展。①

如图3-4所示,目前法国农业保险组织形式呈三层"金字塔"型:(1)"金字塔"底部为农业互助保险社,直接向农民提供保险服务,全国有9000多家,一般一个乡镇设立一家或几个小乡镇共同设立一家。(2)"金字塔"中部为大

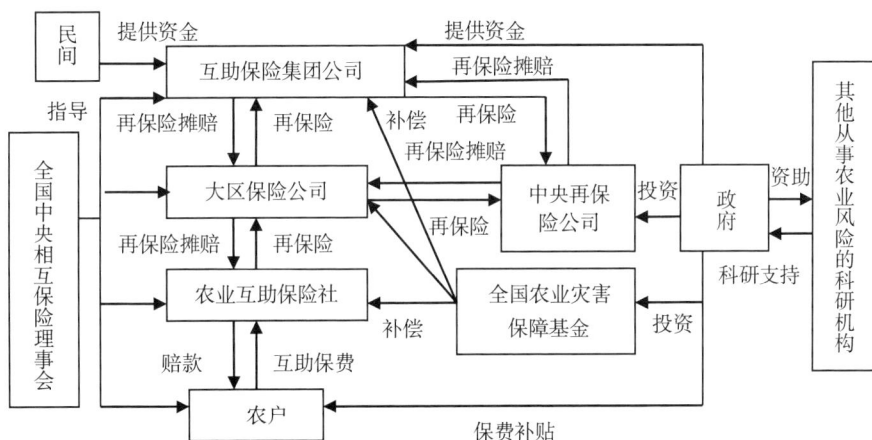

图3-4 法国农业保险经营管理体系

资料来源:作者整理。

---

① 王铭:《农业保险大灾风险分散机制的法国经验》,《现代经济信息》2017年第21期。

区保险公司,在全国设有营业网点,自主经营农业保险,也为农业互助保险社提供再保险。(3)"金字塔"顶端为互助保险集团公司,公司董事会成员由大区保险公司代表组成,负责制订经营方针并为大区保险公司提供再保险。[1]

除了农业互助保险体系外,还有一些商业保险公司自主开展业务,主要经营赔付率相对较低的冰雹灾保险、某种特定风险的农作物保险和传统的牲畜保险业务。商业保险公司开展的农业保险业务自负盈亏,实行商业化运作,没有政府补贴,主要通过保险代理人进行销售。

2. 法国农业保险管理机构

如图 3-4 所示,在法国农业保险经营管理体系中,承担管理、分散风险和服务功能的组织机构有互助保险集团公司、中央再保险公司、全国农业灾害保障基金和全国中央相互保险理事会。

互助保险集团公司负责制定整个互助农业保险体系的经营方针,对新设置的保险险种进行可行性分析和试点,试点成功后推广至全国。互助保险集团公司还对大区保险公司提供再保险。

中央再保险公司(CCR)创立于 1946 年,是法国再保险体系中的顶层机构,它代为行使政府职能,负责为大区保险公司和互助保险集团公司提供再保险,承担农业保险经营风险的最终责任,降低相互保险机构因巨灾赔偿倒闭的风险。

全国中央相互保险理事会将防灾与保险很好地结合,对各级互助保险机构提供业务指导。[2]

---

[1] 龙文军:《法国农业保险制度及经验》,《世界农业》2003 年第 5 期。
[2] 杨铁良:《法国农业互助保险制度经验与借鉴》,《世界农业》2017 年第 1 期。

三、农业保险补贴制度的国际比较

政府对农业进行保费补贴等财政支持,是政策性农业保险区别于商业保险的重要特征。农业保险补贴制度,是农业保险制度体系中的核心制度。

(一)美国的农业保险补贴制度

为促进政府、保险公司和参保农民三方主体积极参与农业保险并有效协作,确保财政补贴资金的公平与效率,美国建构了针对农民和保险公司的双向补贴机制:对农民进行纯保费补贴,补贴内容由美国农业法和联邦农作物保险法规定;对保险公司进行经营管理费用补贴和再保险支持,补贴和支持机制遵循《标准再保险协议》。

1.纯保费补贴

美国政府对农民的纯保费补贴,从保险险种、保障水平和保险单位三个维度进行差异化补贴。

(1)基于保险险种的差异化补贴。美国农业保险产品种类很多,有很多分类标准。按照保障目标可分为产量保险和收入保险,按照赔偿的触发机制可分为个体保险和团体保险。农业保险险种不同,美国政府提供的保费补贴比例也不一样。产量保险的保费补贴比例比收入保险高,团体保险的保费补贴比例比个体保险高。如表3-3所示,同样是保障水平为85%的险种,美国政府对个体产量保险的保费补贴比例为38%,对团体产量保险的保费补贴比例为55%,对团体收入保险的保费补贴比例为49%,其中团体产量保险的保费补贴比例是最高的。

表 3-2　基于保险险种和保障水平的差异化保费补贴　　（单位:%）

保险险种 保障水平	个体保险产品 （YP & APH 等）	团体产量保险 （GRP）	团体收入保险 （GRIP 等）
农业巨灾保险(CAT)	100	100	
50	67	—	—
55	64	—	—
60	64	—	—
65	59	—	—
70	59	59	59
75	55	59	55
80	48	55	55
85	38	55	49
90	—	51	44

数据来源:美国农业部风险管理局。

（2）基于保障水平的差异化补贴。美国农业保险产品的保障水平最低为50%,最高为90%,按照5%一个档次递增。政府对不同保障水平的农业保险产品提供不同的保费补贴比例,保障水平越高,保费补贴比例越低。如表3-2所示,同样是个体保险产品,对于保障水平最低的农作物巨灾保险(CAT),政府保费补贴比例为100%;对于保障水平为50%—85%的补充保险,政府提供的保费补贴比例为67%—38%。

（3）基于保险单位的差异化保费补贴。《2008年食品、资源保护及能源法》对不同的保险单位规定不同的保费补贴比例。保险单位按照规模从小到大的顺序,依次是选择性单位(optional units)、基本单位(basic units)、企业单位(enterprise units)和全农场单位(whole farm unit)。基本单位指参保农民在某县种植某种作物的全部自有土地和现金租赁土地,或是通过收成共享地租(share rent)租种的全部土地;选择性单位指将一个基本单位按不同乡镇分割成若干更小的单位;企业单位指参保农民在某县种植某种作物的全部土地,不论土地是自有还是租赁,也不考虑土地租赁形式,企业单位至少包含两个基本单位;全农场单位指参保农民在某县种植至少两种作物的全部土地,至少由两个企业单位组成。

保险单位覆盖的土地规模越大,地理位置越分散,农作物品种越多,越有利于风险分散,因此获得的保费补贴比例越高。基本单位和选择性单位的保费补贴比例是基准补贴比例,企业单位和全农场单位由于规模更大、能更有效分散风险,从而享有更高的保费补贴比例。如表 3-3 所示,在同一保障水平下,全农场单位的保费补贴比例最高,企业单位次之,基本单位和选择性单位最低。①

表 3-3　基于保险单位的差异化保费补贴　　　　(单位:%)

保险单位 保障水平	基本单位和选择性单位	企业单位	全农场单位
农业巨灾保险(CAT)	100	—	—
50	67	80	—
55	64	80	—
60	64	80	—
65	59	80	80
70	59	80	80
75	55	77	80
80	48	68	71
85	38	53	56

注:1. 只针对个体种植业保险产品。
　　2. 价格保障水平均为预期价格的 100%。
数据来源:美国农业部风险管理局。

(4)美国农业保险纯保费补贴总额。表 3-4 列示了美国 2021 农事年农业保险保费补贴的数据:签发 117 万张保单,农户支付保费 54.5 亿美元,政府

---

① 袁祥州等:《美国农业保险财政补贴机制及对我国的借鉴》,《保险研究》2016 年第 1 期。

提供保费补贴 89.8 亿美元,总保费为 144.3 亿美元。政府纯保费补贴比例占 62.23%。

表 3-4　2021 农事年美国农业保险保费补贴数据

指标	2021 农事年(预计)
保单数量(百万)	1.17
农户支付的保费(亿美元)	54.5
保费补贴(亿美元)	89.8
总保费(亿美元)	144.3
保险赔款(亿美元)	134.2
赔付率(%)	93
保险保障(亿美元)	1501.2

数据来源:FCIC/RMA 财务报表(2020 和 2021 财政年度)。

2. 经营管理费用补贴

为调动 AIPs 经营农作物保险的积极性,FCIC 代表政府对 AIPs 报销一定比例的经营管理费用(包括日常经营费用、代理佣金和销售费用及核损理赔费用三部分),报销比例是保险费的一定比例,具体报销比例在《标准再保险协议》中规定。

2021 年,FCIC 对 AIPs 的经营管理费用补贴总额为 19 亿美元,对不同保险计划和保障水平的保险产品规定了经营管理费用补贴比例的上限:农业巨灾保险 6%,区域风险保险 12.0%,牧草和饲料保险 20.1%,收入保险 18.5%,其他高保障保险 21.9%(见表 3-5)。当年度全部 AIPs 的收入保险及其他高保障保险经营费用总补贴金额超过或未达到一定金额时,FCIC 将会对总体补贴金额进行控制或补偿。此外,当某一州农业保险业务整体赔付率超过120%时,FCIC 将补偿总保费的 1.15% 作为额外的经营费用补贴。

表 3-5　FCIC 对 AIPs 提供的经营管理费用补贴比例

保险计划	经营管理费用补贴比例（取决于保障水平）
巨灾保险	6.0%
区域风险保险	12.0%
牧场和饲料保险	20.1%
收入（收获价格期权）保险	18.5%
其他高保障保险	21.9%

资料来源：FCIC/RMA 财务报表（2020 和 2021 财政年度）。

3. 再保险补贴及亏损补贴

FCIC 按照 SAR 协议给 14 家 AIPs 提供再保险补贴及农业保险经营亏损补贴。除了上述三种补贴之外，还有一些其他的成本补贴，但补贴比例比较小。

按照 RMA 的数据，在过去十余年时间内，美国联邦政府的保费补贴及经营管理费用补贴出现了较大幅度的增长，从 2006 年的 36.9 亿美元增长到 2021 年的 108.8 亿美元，农业保险补贴额度占到美国农业国内支持预算的 70%—80%。

（二）加拿大的农业保险补贴制度

加拿大的农业保险补贴主要由保费补贴和经营管理费用补贴构成。

1. 保费补贴

加拿大农业保险的保险费由联邦政府、省政府与农业生产者共同分担。目前，保费分担比例为：联邦政府补贴 36%，省级政府补贴 24%，农业生产者自己承担 40%。

2. 经营管理费用补贴

对于各省农业保险公司的经营管理费用,由联邦政府和省政府按比例全额分担,比例分别为 60% 和 40%。符合条件的经营管理费用种类包括资本支出、工资和福利支出、旅行、邮资、快递和电信费用、广告、出版和印刷费用、计算机系统开发、法律与精算服务费用、设备、材料和供应品等。[①]

(三)日本的农业保险补贴制度

日本的农业保险补贴主要包括保费补贴和经营管理费用补贴。

1. 保费补贴

日本政府提供保费补贴的共济保险有五类:(1)农作物共济保险,对水稻、陆稻、小麦、大麦等农作物因自然灾害造成的损失进行补偿;(2)家畜共济保险,对牛、马、猪三种家畜在生长过程中因病因灾导致的经济损失进行补偿;(3)水果和果树共济保险,对苹果、葡萄等水果及果树因自然灾害、病虫害等引起的水果的产量、质量下降和果树死亡等损失进行补偿;(4)经济作物共济保险,对大豆、甜菜、甘蔗、甜玉米、洋葱、南瓜、茶树、桑蚕等因自然灾害造成的损失进行补偿;(5)园艺设施共济保险,对玻璃体温室或塑料温室大棚、大棚关联设施及大棚中的农作物因自然灾害、病虫害等引起的损失进行补偿。

根据《农业灾害补偿法》,日本政府对不同农产品、相同农产品不同的费率执行差异化保费补贴比例。一般来说,农业保险费率越高,政府提供保费补贴的比例也越高。农作物共济保险中,水稻和陆稻的保费补贴比例为 50%,麦类基准保险费率 3% 之内的保费补贴比例为 50%,超过 3% 费率的部分补贴 55%。家畜共济保险中,肉猪和良种猪的保费补贴比例为 40%,马、肉用牛、乳

---

① 中原农业保险公司加拿大农业保险考察团:《加拿大农业保险制度发展模式(上)》,《保险理论与实践》2016 年第 6 期。

用牛的保费补贴比例为 50%。经济作物共济保险的保费补贴比例为 55%(桑蚕共济保险的保费补贴比例为 50%)。水果和果树共济保险、园艺设施共济保险的保费补贴比例为 50%。

2. 经营管理费用补贴

除了为上述五种共济保险提供保费补贴外,日本政府还为农业保险经营机构提供经营管理费用补贴,以降低其经营风险,提高经营积极性和稳定性。日本政府对联合会承担全部经营成本,为共济组合提供大约 50% 的经营管理费用补贴,尤其对在共济机构里任职的公务员工资福利支出进行补贴,这对共济组合成员起到了重要的维护与激励作用。依据《农业灾害补偿法》,这笔补贴由中央政府提供,地方政府不用承担,从而大大减轻了地方政府的财政负担,有利于激励地方政府积极推进农业保险。[1]

(四)法国的农业保险补贴制度

1. 保费补贴

2005 年,法国开始实行多风险农作物保险计划(MPCI),当年对参保农民提供 35% 的保费补贴,对初次从事农业生产的青年农民的补贴比例提高至 40%,养殖业受气候影响小不享受保费补贴。补贴资金来自中央政府,地方政府可视情况提供补贴。近年来法国政府对农业保险的保费补贴比例约在 50%—80%,农民只需负担 20%—50%。

2. 经营管理费用补贴

一切互助农业保险机构、互助农业保险协会的行政支出和办公费用都由国家财政进行补贴。

---

① 刘玮等:《日本农业保险补贴方式及其经验借鉴》,《华北金融》2021 年第 7 期。

四、农业保险大灾风险分散机制的国际比较

很多农业灾害发生后具有系统性影响,导致大范围地区(如一个省或相邻几个省甚至更大范围)的农业风险单位同时发生灾害损失,多数人缴纳保费、为少数人分摊损失的保险机制失灵,仅靠保险公司自身能力无法解决。因此,农业保险大灾风险分散机制是农业保险制度体系中不可缺少的要素。美国、加拿大、日本、法国在农业保险计划实施初期就探索建立农业保险大灾风险分散机制,借鉴这些国家的经验,对我国完善农业保险大灾风险机制很有裨益。

(一)美国的农业保险大灾风险分散机制

如图3-5所示,美国农业保险大灾风险分散体系由直接保险、再保险体系、大灾基金和紧急预案四个层级构成。在由低到高的风险分散层级上,直保公司AIPs承担低层可控风险;FCIC与AIPs签订再保险协议,通过"收益共享、风险共担"的再保险机制,承担农业保险的主要超赔风险,其在盈余年份滚存的收益是大灾风险的重要缓冲;财政部设立农业保险专项基金,资金来源于每年的财政预算,委托FCIC管理,主要用于补偿大灾发生时超过再保险体系赔付能力部分的损失以及补贴FCIC的经营成本;遇到特大灾害事故时,FCIC还可启动紧急融资制度,向商品信贷公司借款或发行巨灾债券。

1.第一层:直接保险

第一层是较低层次的风险,由经FCIC授权经营联邦农作物保险、与FCIC签订《标准再保险协议》的AIPs通过直接保险业务承担。[1]

---

[1] 李琼等:《美国农业再保险体系运行模式及启示》,《保险理论与实践》2018年第9期。

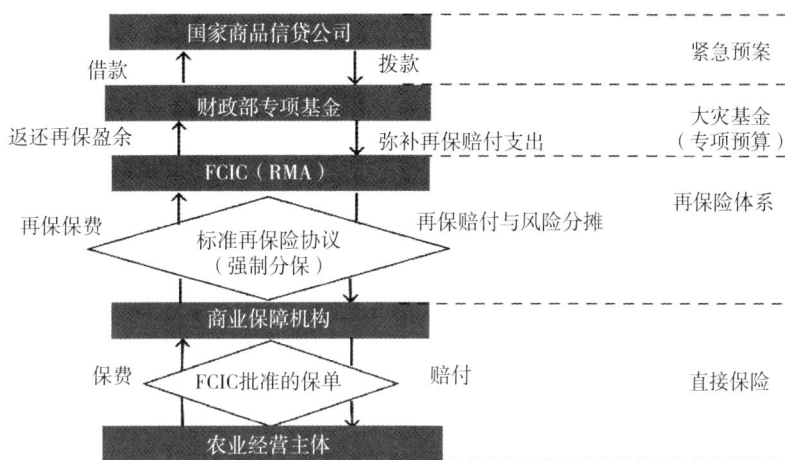

图 3-5　美国农业保险大灾风险分散机制

资料来源:李琼等:《美国农业再保险体系运行模式及启示》,《保险理论与实践》2018 年第 9 期。

2. 第二层:农业再保险体系

美国的农业保险大灾风险分散机制的核心是再保险。AIPs 根据《标准再保险协议》和针对牲畜保险的《牲畜价格再保险协议》,将绝大部分风险转移给 FCIC。

(1)标准再保险协议

《标准再保险协议》既是美国农业再保险的制度规则,也是 FCIC 与 AIPs 直接签署的再保险合约,明确了农作物再保险的分保规则、收益与损失分摊机制,以及相关的补贴、支出、费用和付款等内容。按照《标准再保险协议》规定,在保单销售结束后的 30 天内,AIPs 需将承保的农业保险业务全部放入 FCIC 的再保险基金中。FCIC 可以为 AIPs 提供再保险,也可以拒保,对于被拒保的保单及超过范围的自留保险责任,AIPs 可通过商业再保险市场自行安排。FCIC 的再保险保障分为两个层面,一是州级层面的再保险支持,二是全国层面的再保险支持。[1] 详见图 3-6。

---

[1]　马莉:《美国农业再保险法律制度及其对中国的启示》,《保险研究》2016 年第 2 期。

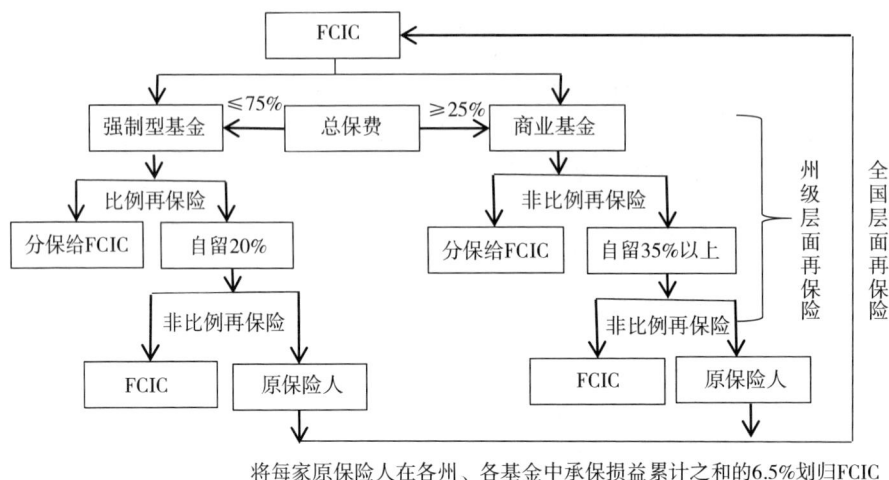

将每家原保险人在各州、各基金中承保损益累计之和的6.5%划归FCIC

图 3-6 美国农业再保险支持体系

资料来源:袁祥州等:《美国联邦农业再保险体系的经验及对我国的借鉴》,《农村经济》2015年第2期。

第一,州级层面的再保险支持。FCIC通过在各州出资组建风险保障基金——强制型基金(assigned risk fund)和商业基金(commercial fund),对AIPs不同风险特性的业务提供再保险支持。强制型基金吸收高风险保单,分保比例较高,AIPs保留各州强制型基金保费和最终净损失20%权益,其余部分分保给FCIC,分配到强制型基金的净保费不得超过公司在各州净保费的75%。商业基金吸收低风险保单,分保比例较低,AIPs保留各州商业基金保费和最终净损失至少35%的权益,其余部分分保给FCIC,分配到商业基金中的净保费不得低于公司在各州净保费的25%。在AIPs与FCIC以成数分保方式分散风险的基础上,双方还针对AIPs自留业务建立了利润分享与损失分摊机制,有利于控制再保险中的道德风险和逆选择。

第二,全国层面的再保险支持。在州级层面再保险支持的基础上,AIPs将自留部分业务通过一揽子成数分保合约向FCIC分保。FCIC对AIPs在各州各基金下的自留业务单独核算,算清AIPs的承保损益。AIPs将分配到各州各基金自留业务的累计承保损益的6.5%划归FCIC,最终计算出经过全国层面的再保险支持后,FCIC 应分担的承保损益。若所有 AIPs 汇总的承保收益为正值,FCIC 需将累计承保收益的 1.5% 返还给高风险州的 AIPs。FCIC 的一揽子分保合约在州级层面再保险风险中和的基础上平衡性得到加强,经营比较平稳,可以产生盈余维持其运作及管理。①

（2）牲畜价格再保险协议

美国牲畜价格指数保险的再保险主要依据 FCIC 与 AIPs 签订的《牲畜价格再保险协议》(*Livestock Price Reinsurance Agreement*)。该协议规定 AIPs 承保的任意牲畜价格指数保险的保单都可以使用商业基金(commercial fund)或私人市场基金(private market fund)来安排再保险。商业基金是默认方式,私人市场基金则要单独申请。在私人市场基金再保险中,AIPs 可以将保单业务的 5%—65%(以 5% 的幅度变化)分保给 FCIC;在商业基金再保险中,AIPs 可以将保单业务的 0—65%(以 5% 的幅度变化)分保给 FCIC。对于自留部分,AIPs 可以向 FCIC 购买超额赔付再保险,再保险费率为 4.5%。超额赔付再保险按两个层级安排:当超赔率为 150%—500% 时,FCIC 承担超赔额度的 90%;当超赔率超过 500% 时,FCIC 承担超赔额度的 100%。②

3. 第三层:农业保险大灾专项基金

农业保险大灾专项基金由财政部设立,资金来源于每年的财政预算,主要用于补偿大灾发生时超过再保险体系赔付能力部分的损失。基金委托 FCIC 管理,并体现在 FCIC 的财务报表中。具体操作为:年初由 FCIC 根据联邦农业保险计划向财政部申请预算,年末如果基金扣除支付赔款及经营成本后仍有结余,则将结余返还财政部。如基金累积规模无法满足赔付时,启动紧急预案募集资金。

此外,农业保险大灾专项基金还包括一个分项应急基金,当 AIPs 发生被

---

① 袁祥州:《中国粮农风险管理与收入保险制度研究》,华中农业大学学位论文,2016 年。
② 汪必旺等:《美国牲畜价格指数保险的经验及局限性》,《保险研究》2019 年第 5 期。

监管部门处罚或偿付能力不足、运转不良等情形,无法继续经营农业保险时,FCIC 将接管该公司的农险业务,应急基金用于补偿 FCIC 在此期间产生的费用。

4.第四层:紧急预案

依据《联邦农作物保险法》的规定,当 FCIC 的保障基金发生赔付能力不足时,启动紧急预案募集资金,具体由联邦农作物保险公司向商品信贷公司(commodity credit corporation)申请贷款或通过发行财政部允许的专门票据、债券等手段及时获得应急资金,缓解农业巨灾产生的赔付压力。商品信贷公司是农业部的下属公司,主要任务是运用金融工具帮助政府缓和市场农产品过剩,应对农业危机,其资金主要来源于联邦财政拨付,同时还可通过借款等方式进行筹集。①

(二)加拿大的农业保险大灾风险分散机制

加拿大的农业保险大灾风险分散体系主要由直接保险、再保险和紧急融资三个层级构成,核心是再保险。加拿大的农业保险再保险由联邦政府提供的再保险和省政府提供的再保险两部分组成。这两种再保险彼此独立,没有分保关系。直保公司可以向省政府的再保险分保,也可以向联邦政府的再保险分保,还可以同时向两者分保。农业再保险在为直保公司提供再保险服务的同时,也承担风险基金的作用。当再保险基金出现资金缺口时,直保公司需要补交相关费用以保持再保险基金池的稳定。当再保险基金偿付能力不足时,政府为其提供无息贷款。

1.联邦政府提供的再保险

联邦政府与各省签订再保险协议,为签约各省提供廉价的再保险支持。

---

① 袁纯清:《让保险走进农民》,人民出版社 2018 年版,第 74—75 页。

这种再保险是各省自愿参加的,也有两三个省不向其分保,而是直接向国际再保险公司分保。联邦政府在联邦农业部设立"农作物再保险基金",集中保管各省农作物保险公司缴纳的再保险费。如果基金余额不够支付再保险摊赔,可由联邦财政部对差额部分进行弥补,由以后年份的"农作物再保险基金"偿还,不计利息。[①]

2. 省政府提供的再保险

各省农作物保险公司可以与省政府(由省农业厅代表)签订再保险合同,也可以与联邦政府签订再保险合同,还可以与省政府及联邦政府共同签订一个再保险合同。各省在财政厅设立"再保险账户",集中管理本省农作物保险公司上缴的再保险费和其他费用。如果该账户余额不够支付公司的赔款,经副总督批准,可由财政厅就不足部分支付预付款,省公司对预付款需要还本,但不用付息。

3. 再保险运行机制

图 3-7 是加拿大农业保险再保险运行机制,大体分为五步。

第一步,3 月 15 日前农场主购买保险,缴纳 40%的保费,省政府补贴 24%的保费,联邦政府补贴 36%的保费,保险公司确定当年的承保规模。

第二步,3 月 31 日,保险公司视上年省再保险基金、联邦再保险基金和保险公司的盈利情况决定是否补交上年再保险费。如果两个再保险基金亏损,且公司盈利超过当年保费收入的 50%,保险公司就要补缴再保险费弥补相应基金亏损。

第三步,4 月 1 日,如果省再保险基金和联邦再保险基金合起来依旧亏损,保险公司还要再次补交再保险费,可以分 15 年补交。

---

① 朱俊生:《国外不同农业保险模式下巨灾风险分散制度及其比较》,《世界农业》2013 年第 10 期。

第四步,保险公司缴纳当年的再保险费,缴纳数额要看上一年再保险基金和公司盈余基金的盈亏情况,盈余多再保险费就少。

第五步,12 月 15 日,保险公司确定当年最终赔付额后,优先动用保费收入进行赔付,只有保险公司当年的保费收入完全赔尽后才能启动再保险基金。如果保险公司同时与两个再保险基金签订再保险合同,那么两个再保险基金的赔付比例一般约定为:省再保基金提供超赔的 40%,联邦再保基金提供超赔的 60%。①

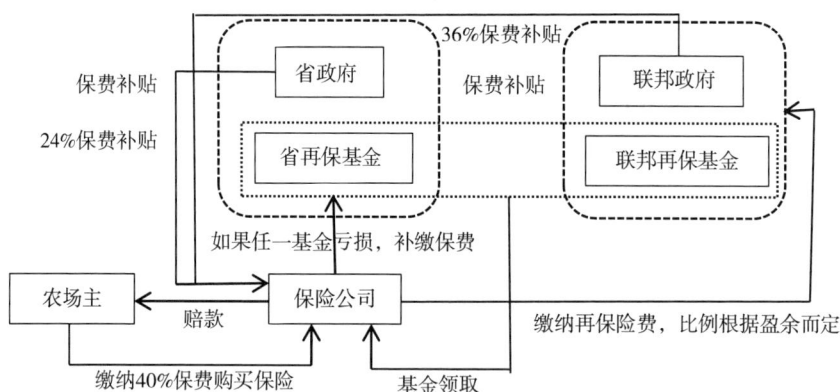

图 3-7　加拿大再保险运行机制

资料来源:王克:《加拿大农业支持政策和农业保险:发展和启示》,《世界农业》2019 年第 3 期。

4.紧急融资

如果再保基金也不能弥补保险公司的超赔损失,那么省财政厅和联邦财政部可以为再保险基金提供无息贷款。

(三)日本的农业保险大灾风险分散机制

日本农业保险大灾风险分散体系由农业共济组合直保、再保险和农业共

---

① 王克:《加拿大农业支持政策和农业保险:发展和启示》,《世界农业》2019 年第 3 期。

济基金三部分组成。

无论是三层次还是两层次的运营架构,最终都由政府食料安定专项部门向农业共济组合或农业共济组合联合会提供再保险。

为了使农业共济组合联合会能够在大灾年份快速弥补资金缺口,避免惜赔漏赔现象的出现,政府和农业共济组合联合会分别出资 50% 建立了原始资本为 30 亿日元的农业共济基金,在发生高额赔付时向农业共济组合联合会提供贷款。此外,当国家农业共济再保险资金不足以支付赔款时,可以由国库提供紧急资金。①

（四）法国的农业保险大灾风险分散机制

法国的农业保险大灾风险分散体系主要由直接保险、三级再保险和全国农业灾害保障基金三部分组成。

1. 直接保险

法国的农业保险直接保险由 9000 多家互助保险社提供,承担农业保险的低层风险,农民既是互助保险社的出资方,又是被保险人。

2. 三级再保险

法国农业保险的再保险支持分为三级。(1)大区保险公司提供的再保险。在基层互助保险社之上,法国按照大区建立了农业相互保险公司,以成数再保险的方式向辖区内的互助保险社提供再保险保障。(2)全国总公司提供的再保险。1980 年后期,随着全国性农业相互保险公司成立,分保程序再增加一层,即按照"互保社—大区分公司—全国总公司"的层级进行分保。以安盟保险集团为例,其下属的 4300 多个农业互助保险合作社在展业后,由于自身承

---

① 袁纯清:《让保险走进农民》,人民出版社 2018 年版,第 75—76 页。

担风险能力有限,便将全部保费的95%通过分保上缴到9个大区级分公司;大区级分公司根据承担险情况,按照不同险种分别再向集团公司分保,分保比例在10%—40%之间,不同险种分保比例不同。(3)中央再保险公司(CCR)提供的再保险。中央再保险公司创立于1946年,是法国再保险体系中的顶层机构,它代为行使政府职能,向农业保险机构提供再保险保障。各地区和全国性农业相互保险公司在进行内部分保后,还需要向再保险公司分出36%的保费收入,主要是向中央再保险公司购买再保险,也有少量业务进行其他再保险安排。

3. 全国农业灾害保障基金

全国农业灾害保障基金(FNGRA)于1964年由中央再保险公司建立,是再保险体系的补充,主要应对"非可保"巨灾风险造成的损失。该基金每年计划筹集金额为1.8亿欧元,约占全年保费收入的1.5%。资金主要有两个来源:50%来自政府预算,其余50%从常规的农村保险费(主要包括农民的财产险、第三者责任险、车险等)中提取。

全国农业灾害保障基金的赔付启动条件较高,要求因霜冻、干旱等非可保风险造成受灾作物产量减少达到30%以上且农场毛收入减少13%以上,可以在政府发布跨部门政令对受灾区域的自然巨灾进行确认后启动。基金承担自然灾害造成的超常损失,设置25%的绝对免赔,正常损失部分仍由农业保险和再保险体系承担。实际操作中,保障基金赔偿的金额约占30%的损失,剩余部分直保和再保险各占50%。

1980—2016年,全国农业灾害保障基金为农业巨灾超常损失支付赔款共计约58亿欧元,维护了法国农业保险体系的稳定运行。[①]

另外,为分散中央再保险公司的承保风险,法国保险法规定中央再保险公

---

① 王铭:《农业保险大灾风险分散机制的法国经验》,《现代经济信息》2017年第21期。

司需要再向中央部门缴纳一定费用,由中央承担农业保险大灾风险的兜底保障。

五、农业保险制度国际比较的启示

比较这四个国家的农业保险制度,可以得出一些共性特征以供我国借鉴。

(一)非常重视农业保险立法

四个国家都制定了独立于保险法的、专门的农业保险法,并根据国际环境、经济形势和农业生产经营环境变迁及时修订。

美国《1938 年联邦农作物保险法》,授权政府实施联邦农作物保险计划,成立 FCIC;《1980 年联邦农作物保险法》制定明确的补贴政策鼓励和吸引商业保险公司参与农业保险经营;《1994 年联邦农作物保险改革法》对联邦农作物保险计划实施较大变革,如取消原有的"巨灾救助计划",建立并强制推行巨灾农作物保险计划,鼓励农场主购买高保障水平的补充保险;《1996 年联邦农业完善与改革法》,授权政府创建风险管理局,FCIC 从农业保险直接业务中撤出,不再从事保险经营工作,试点收入保险;《2000 年农业风险保障法》规划设计了收入保险等新保险类型,开始对畜牧业等未覆盖农产品进行保险试点;《2008 年食品、资源保护及能源法》提出将农业灾害救助作为农业保险的补充;《2014 年食品、农场及就业法》取消了农业直接补贴,确立了农业保险在美国农业安全网中的核心地位;《2018 年农业提升法》是 2019—2023 年关乎美国农业补贴和农业保险等政策走向的最重要法律。

加拿大在 1959 年颁布《农作物保险法》,为本国推行政策性农业保险建立制度框架,各省也分别通过立法确定自己的经营模式;1991 年通过《农业收入保障法》取代了《农作物保险法》;现有的农业保险法律体系包括《农场收入保障法》《加拿大生产保险实施细则》《加拿大农业伙伴关系》和操作文件等。

日本 1929 年颁布《牲畜保险法》,1938 年颁布《农业保险法》,1947 年颁布《农业灾害补偿法》,1952 年制定《农业共济基金法》,随后在 1985 年、1995年、2000 年、2004 年和 2017 年对《农业灾害补偿法》不断修订,将修订后的《农业灾害补偿法》重新命名为《农业保险法》,于 2018 年 4 月 1 日实施,并于2019 年 1 月正式实施农业收入保险制度,逐步完善日本的农业保险制度。①

法国在 1900 年颁布《农业互助保险法》,明确规定农业互助保险社的法律地位、享有权益及承担风险范围;1960 年颁布《农业指导法》,规定农业保险的发展方向和运营模式;1964 年颁布《农业灾害法》,扩大农业保险公司的经营范围;1976 年实施的《保险法典》规定了农业互助保险的责任和权利;1982年颁布的《农业灾害救助法》对保险责任、再保险、保险费率和理赔计算等都进行明确说明,将一些关系国计民生和国家安全的农产品纳入强制保险的范围,农业保险法律基本完善。

(二)中央政府层面都有明确的管理机构

在美国联邦政府层面,农业保险由 RMA 和 FCIC 共同负责监管;在加拿大联邦政府层面,农业保险由农业和农业食品部的生产保险及风险管理局负责监管;在法国,政府部门和保险监管部门组建中央再保险公司,为农业互助保险社提供最后的风险补偿;在日本中央政府层面,农业保险由农林水产省和食料安定专项部门负责管理,农林水产省负责制定农业保险政策,食料安定专项部门负责管理经费;在法国中央政府层面,中央再保险公司为大区保险公司和互助保险集团公司提供再保险,并管理全国农业灾害保障基金。

(三)农业保险补贴制度比较完善

这四个国家的农业保险补贴制度相对比较完善,主要表现在:(1)补贴形

---

① 范丽萍:《OECD 典型国家农业巨灾风险管理制度研究》,中国农业科学院学位论文,2015 年。

式较多,政府除了补贴纯保险费以外,还提供经营管理费用补贴、再保险支持、大灾风险基金支持和紧急预案等;(2)补贴品种较多,如美国 2021 作物年中,FCIC 提供保费补贴的品种高达 131 种;(3)补贴的产品形态比较多,如美国补贴区域产量保险、收入保险、全农场保险等多种产品形态;(4)补贴政策充分体现差异化,如美国农业保险保费补贴的差异化政策,除体现在保障水平、产品形态和保险单位等方面之外,还对新农牧场主、退伍军人农牧场主和社会弱势群体等提供更优惠的补贴政策。

(四)农业保险大灾风险分散机制比较健全

在这四个国家中,除了农户和保险公司承担农业保险大灾风险损失外,中央政府和省级政府也通过再保险、大灾风险基金、紧急贷款等方式承担农业保险大灾风险损失。例如,FCIC 为 AIPs 提供再保险,由政府所属的"商品信贷公司"为责任准备金不足以支付赔款的 AIPs 提供贷款;日本则由中央政府的食料安定专项部门提供再保险,当农业共济组合联合会和国家再保险补偿基金不足以支付赔款时,还可由共济基金提供紧急援助;在加拿大,联邦政府和省政府为省农业保险公司提供再保险支持和无息贷款支持;在法国,除了大区农业保险公司、农业互助保险集团公司和中央再保险公司提供三级再保险之外,当发生巨灾损失时,还可由全国农业灾害保障基金对互助农业保险机构和再保险机构提供巨灾损失补偿。

第四章　我国农业保险立法现状及优化

立法,有狭义和广义两种解释。从狭义来看,根据我国现行宪法,立法是指全国人民代表大会及其常设机关制定和变动法律这种特定规范性文件的活动。从广义来看,立法是指从中央到地方一切国家机关制定和变动各种不同规范性文件的活动。农业保险立法是指从中央到地方有关国家机关制定和变动与农业保险相关的不同规范性文件(包括法律、行政法规和部门规章等)的活动。本书从广义角度研究我国农业保险立法问题。

一、我国农业保险立法的历史沿革

我国农业保险的立法实践开始于 20 世纪 80 年代初期。2012 年以前,我国关于农业保险的法律规定散见于《保险企业管理暂行条例》《中华人民共和国农业法》(以下简称《农业法》)、《中华人民共和国保险法》(以下简称《保险法》)和一些部门规章中。2012 年《农业保险条例》的颁布,填补了我国农业保险专门法的空白。2013 年《农业保险条例》施行之后,财政部门、农业部门和保险监管机构等政府部门对农业保险也出台了很多管理规范。

（一）2007 年之前有关农业保险的法律法规

1.恢复农业保险业务的规定

1982 年 2 月 11 日,《国务院批转中国人民银行关于国内保险业务恢复情况和今后发展意见的报告的通知》提出"逐步试办农村财产保险、畜牧保险等业务"的政策。这是我国自 1958 年停办国内保险业务（包括农业保险业务）20 多年后,农业保险业务开始重新办理的相关规定。

2.《财产保险合同条例》有关农业保险的规定

《财产保险合同条例》第 2 条规定:"本条例所指的财产保险,包括财产保险、农业保险、责任保险、保证保险、信用保险等,以财产或利益为保险标的的各种保险。"该条例明确将农业保险列为财产保险大类,除此之外没有其他规定。

3.《保险企业暂行管理条例》有关农业保险的规定

1985 颁布实施的《保险企业管理暂行条例》第 5 条规定:"国家鼓励保险企业发展农村业务,为农民提供保险服务。保险企业应支持农民在自愿的基础上集股设立农村互助保险合作社,其业务范围的管理办法另行制定。"该条例由国务院颁布,属于行政法规。但还没有明确提出"农业保险"的概念,只是规定由保险企业开展农村业务,保险服务对象是农民。

4.《保险法》中有关农业保险的规定

1995 年颁布的《保险法》第 149 条规定:"国家支持发展为农业生产服务的保险事业,农业保险由法律、行政法规另行规定。"该条规定提到"国家支持发展为农业生产服务的保险事业",虽然对农业保险及其法律关系没有任何具体规定,但是明确提出《保险法》不适用于农业保险。此后,《保险法》虽然经过 2002 年、2009 年、2014 年和 2015 年四次修订,但关于农业保险部分没有任何变化。

5.《农业法》中有关农业保险的规定

1993 年实施、2002 年修订的《农业法》是关于农业的专门法,有关农业保险的规定只有一条。《农业法》第 46 条规定:"国家建立和完善农业保险制度。国家逐步建立和完善政策性农业保险制度。鼓励和扶持农民和农业生产经营组织建立为农业生产经营活动服务的互助合作保险组织,鼓励商业性保险公司开展农业保险业务。农业保险实行自愿原则。任何组织和个人不得强制农民和农业生产经营组织参加农业保险。"

《农业法》第一次提出了"政策性农业保险"的概念;提出了农业保险经营组织可以是互助合作保险组织和商业性保险公司;确立了农业保险实行自愿原则,任何组织和个人不得强制农民和农业生产经营组织参加农业保险。

《农业法》这条规定只是原则性地表明了国家对于农业保险的支持态度,但对于如何"建立和完善农业保险制度",如何"鼓励和扶持"建立农业互助合作保险组织,如何"鼓励商业性保险公司开展农业保险业务",都没有明确规定。[①]

(二) 2007—2012 年有关农业保险的部门规章

从我国农业保险发展历程来看,我国与美国、加拿大、日本和法国不同的是,这些发达国家发展农业保险,都是立法先行,随后在农业保险法律框架内逐步开展农业保险实践探索活动;而我国则是先进行农业保险试点,五六年之后才颁布专门的农业保险行政法规《农业保险条例》。在 2013 年《农业保险

---

① 印甜:《我国农业保险法律制度研究》,西南政法大学学位论文,2015 年。

条例》实施之前,财政部、保监会和中国保险行业协会等政府部门和机构出台了一些农业保险部门规章,用以规范农业保险保费补贴行为和业务管理活动,对我国政策性农业保险最初的实践探索活动提供了制度依据。

表4-1 2007—2012 年财政部、保监会等部门发布的农业保险部门规章

时间	发布部门	文件名称	主要内容
2007-04-13	财政部	财政部关于印发《中央财政农业保险保费补贴试点管理办法》的通知(财金〔2007〕25 号)	选择内蒙古、吉林、江苏、湖南、新疆和四川六个省(自治区)开展中央财政农业保险保费补贴试点工作。
2007-07-18	财政部	财政部关于印发《能繁母猪保险保费补贴管理暂行办法》的通知(财金〔2007〕66 号)	在全国范围内试点中央财政能繁母猪保险保费补贴制度。
2007-08-01	保监会	关于建立生猪保险体系促进生猪生产发展紧急通知(保监发〔2007〕65 号)	明确规定了建立健全生猪保险体系的具体措施。
2008-02-26	财政部	财政部关于印发《中央财政种植业保险保费补贴管理办法》的通知(财金〔2008〕26 号)	在全国范围内试点中央财政种植业保险保费补贴制度。
2008-02-26	财政部	财政部关于印发《中央财政养殖业保险保费补贴管理办法》的通知(财金〔2008〕27 号)	在全国范围内试点中央财政养殖业保险保费补贴制度。
2008-07-16	保监会	关于加强政策性农业保险各项政策措施落实工作的通知(保监发〔2008〕61 号)	对农业保险的承保规范、理赔时效、遵守国家财经纪律、风险防范和内部监控提出了要求。
2009-04-13	保监会	中国保险监督管理委员会关于规范政策性农业保险业务管理的通知(保监发〔2009〕56 号)	对政策性农业保险业务的经营资质、产品管理制度、业务管理等作出具体规定。
2009-12-15	财政部、国家林业局、保监会	财政部 林业局 保监会关于做好森林保险试点工作有关事项的通知(财金〔2009〕165 号)	对森林保险保费补贴试点工作作了具体部署。
2010-05-31	财政部	财政部关于2010 年度中央财政农业保险保费补贴工作有关事项的通知(财金〔2010〕49 号)	新增马铃薯、青稞、牦牛和藏系羊为中央财政保费补贴品种,并对补贴地区进行了明确规定。

时间	发布部门	文件名称	主要内容
2011-04-15	中国保险行业协会	关于印发《农业保险承保指引》的通知（中保协发〔2011〕56号）	对农业保险的承保准备、承保、核保、收费出单、批改和归档等业务流程进行规范。
2011-07-12	财政部	财政部关于2011年度中央财政农业保险保费补贴工作有关事项的通知（财金〔2011〕73号）	新增天然橡胶为中央财政保费补贴品种；扩大了种植业保险保费补贴试点地区；提高了奶牛保险中央财政保费补贴比例至50%。
2012-01-20	财政部	财政部关于进一步加大支持力度做好农业保险保费补贴工作的通知（财金〔2012〕2号）	新增糖料作物为中央财政保费补贴险种，提高了中央财政保费补贴比例。
2012-02-17	中国保险行业协会	关于印发《农业保险理赔指引》的通知（中保协发〔2012〕10号）	对农业保险的报案、查勘、立案、定损、理算、核赔、赔款支付、结案归档管理、大灾理赔管理等流程及资源保障进行规定。

资料来源：作者根据财政部等部门文件整理。

（三）2013年《农业保险条例》实施

2012年11月12日，国务院颁布《农业保险条例》，2013年3月1日实施。《农业保险条例》的颁布实施，填补了我国农业保险领域的法律空白，为农业保险经营提供了法律依据，结束了依靠政策经营农业保险的时代，标志着我国农业保险发展进入有法可依的阶段。2007年中央财政对农业保险进行保费补贴通常被看做我国启动政策性农业保险试点的标志，而《农业保险条例》的颁布实施则是我国政策性农业保险发展史上的重要里程碑。《农业保险条例》对农业保险的概念、保险合同、经营规则及法律责任等方面进行了规范，以法律形式保护了农业保险主体的合法权益，也使相关监管机构和执法部门有法可依。对于《农业保险条例》的贡献及不足，将在下文详细分析。

（四）2013年之后有关农业保险的部门规章

《农业保险条例》实施之后，政府相关部门对农业保险保费补贴、经营机构资格条件和遴选管理、保险条款和费率、承保理赔服务标准、大灾风险准备金及高质量发展等方面作了进一步规范,使农业保险发展具有更全面的法律和制度保障。

表 4-2　2013 年之后有关农业保险的部门规章

时间	发布部门	文件名称	主要内容
2013-02-19	财政部	关于 2013 年度农业保险保费补贴工作有关事项的通知(财金〔2013〕7 号)	提高中央财政对育肥猪的保费补贴比例;选择 10 省(区)开展农业保险保费补贴试点绩效评价工作。
2013-04-07	保监会	中国保监会关于加强农业保险条款和费率管理的通知(保监发〔2013〕25 号)	对农业保险条款和费率管理做出规定。
2013-04-17	保监会	中国保监会关于加强农业保险业务经营资格管理的通知(保监发〔2013〕26 号)	规定了保险公司申请农业保险经营资格应具备的条件和应提交的材料。
2013-07-31	财政部	关于 2013 年度中央财政农业保险保费补贴有关事项的通知(财金〔2013〕73 号)	扩大奶牛保险、育肥猪保险和森林保险的中央财政保费补贴试点区域。
2013-12-18	财政部	财政部关于印发《农业保险大灾风险准备金管理办法》的通知(财金〔2013〕129 号)	保险机构计提大灾准备金,按税收法律及其有关规定享受税前扣除政策。
2015-02-15	保监会、财政部、农业部	中国保监会 财政部 农业部关于进一步完善中央财政保费补贴型农业保险产品条款拟订工作的通知(保监发〔2015〕25 号)	规定了种植业保险和养殖业保险的保险责任范围、三大口粮作物苗期赔偿标准不得低于保险金额的 40%、投保农作物损失率在 80%(含)以上应视为全部损失、养殖业保险条款应将病死畜禽无害化处理作为保险理赔的前提条件、保险公司不得主张对受损的保险标的的残余价值的权利、条款中不得有封顶赔付、平均赔付、协议赔付等约定。
2015-03-17	保监会	中国保监会关于印发《农业保险承保理赔管理暂行办法》的通知(保监发〔2015〕31 号)	对农业保险业务的承保管理、理赔管理、协办业务管理和内控管理等作出了具体规定。

时间	发布部门	文件名称	主要内容
2015-07-17	中国保险行业协会	关于印发《农业保险服务暂行标准》的通知（中保协发〔2015〕413号）	对保险公司经营农业保险的基础服务能力、内控管理、承保服务、理赔服务、查询服务、增值服务和咨询投诉等作出规定。
2015-12-15	财政部	财政部关于加大对产粮大县三大粮食作物农业保险支持力度的通知（财金〔2015〕184号）	加大对产粮大县三大粮食作物农业保险支持力度，中央财政对中西部地区农业保险保费补贴的比例由40%逐步提高至47.5%，对东部地区由35%逐步提高至42.5%。
2016-12-19	财政部	关于印发《中央财政农业保险保险费补贴管理办法》的通知（财金〔2016〕123号）	对中央财政农业保险保费补贴资金管理作出规定。
2017-05-17	财政部	财政部关于在粮食主产省开展农业大灾保险试点的通知（财金〔2017〕43号）	在13个粮食主产省，选择200个产粮大县，试点农业大灾保险试点，保障对象为适度规模经营农户，保障水平为"直接物化成本+地租"。
2018-07-30	财政部	关于将三大粮食作物制种纳入中央财政农业保险保险费补贴目录有关事项的通知（财金〔2018〕91号）	将三大粮食作物制种纳入中央财政农业保险保险费补贴目录。
2018-08-20	财政部、农业农村部、银保监会	财政部、农业农村部、银保监会关于开展三大粮食作物完全成本保险和收入保险试点工作的通知（财金〔2018〕93号）	在6个省份的24个产粮大县，开展三大粮食作物完全成本保险和收入保险试点。
2019-06-14	财政部	关于开展中央财政对地方优势特色农产品奖补试点的通知（财金〔2019〕55号）	在内蒙古等10省（自治区）开展中央财政对地方优势特色农产品保险奖补试点。
2019-09-03	财政部办公厅、农业农村部办公厅	关于支持做好稳定生猪生产保障市场供应有关工作的通知（财办农〔2019〕69号）	暂时提高能繁母猪、育肥猪保险保额。
2019-09-19	财政部、农业农村部、银保监会、林草局	关于印发《关于加快农业保险高质量发展的指导意见》的通知（财金〔2019〕102号）	对农业保险高质量发展作出具体规定。
2020-06-01	银保监会办公厅	中国银保监会办公厅关于进一步明确农业保险业务经营条件的通知银保监办发（〔2020〕51号）	对保险公司总公司和省级分公司经营农业保险业务的条件作出规定。

续表

时间	发布部门	文件名称	主要内容
2020-11-24	中国保险行业协会	关于发布三大粮食作物成本保险行业示范条款的通知(中保协发〔2020〕76号)	公布水稻、小麦、玉米成本保险行业示范条款,供各家保险公司参考使用。
2020-12-16	财政部、农业农村部	财政部 农业农村部关于加强政策性农业保险承保机构遴选管理工作的通知(财金〔2020〕128号)	对政策性农业保险承保机构遴选管理工作的有关事项进行规定。
2020-06-03	财政部	关于扩大中央财政对地方优势特色农产品保险以奖代补试点范围的通知(财金〔2020〕54号)	把中央财政对地方优势特色农产品保险以奖代补试点范围扩大到内蒙古等20个省(自治区)。
2021-06-24	财政部	关于扩大三大粮食作物完全成本保险和种植收入保险实施范围的通知财金(〔2021〕49号)	将三大粮食作物完全成本保险和种植收入保险的试点范围扩大至13个粮食主产省份的全部产粮大县。
2021-12-31	财政部	关于印发《中央财政农业保险保费补贴管理办法》的通知财金(〔2021〕130号)	对中央财政保费补贴险种的补贴比例、保险责任、保险金额、费率和综合费用率等内容进行修正和明确规定,2016年颁布实施的相关文件同时废止。

资料来源:作者根据财政部等部门文件整理。

二、《农业保险条例》的立法贡献

《农业保险条例》是我国第一部关于农业保险的专门性法规,虽然仅有3000多字,33个法条,但很多规定在我国农业保险发展史上都是奠基性的。

(一)从广义角度界定农业保险的概念

在我国,农业保险有狭义和广义之分。狭义农业保险包括种植业保险、养殖业保险;广义农业保险不仅包括农业、林业、牧业、渔业的保险,还包括与农业、农户有关的其他财产的保险,涉及农业生产、农村生活的各个领域。

《农业保险条例》第 2 条规定:"本条例所称农业保险,是指保险机构根据农业保险合同,对被保险人在种植业、林业、畜牧业和渔业生产中因保险标的遭受约定的自然灾害、意外事故、疫病、疾病等保险事故所造成的财产损失,承担赔偿保险金责任的保险活动。"《农业保险条例》第 32 条规定:"保险机构经营有政策支持的涉农保险,参照适用本条例有关规定。涉农保险是指农业保险以外、为农民在农业生产生活中提供保险保障的保险,包括农房、农机具、渔船等财产保险,还涉及农民的生命和身体等方面的短期意外伤害保险。"

从上述两条规定来看,《农业保险条例》对农业保险的概念是从广义角度来界定的,不仅包括种植业保险和养殖业保险,还包括农房、农机具、渔船等财产保险,涉及农民的生命和身体等方面的短期意外伤害保险。① 从广义角度界定农业保险概念具有较强的包容性和前瞻性,有利于农业保险随着农业产业的发展变化及时发展。

(二)肯定政策性农业保险的概念

在《农业保险条例》颁布实施之前,虽然多年的中央一号文件中都提到"政策性农业保险",但是理论界和实务界对"政策性农业保险"这一概念一直存在争议。有些政府部门工作人员明确反对"政策性农业保险"这种提法,认为如果把国家给一些补贴的农业保险叫做"政策性农业保险"的话,会加重政府的财政负担,让政府陷入承担无限责任的"无底洞"。这种反对意见曾经在理论界和实务界很有影响力。2007 年多次易稿的《政策性农业保险条例(草案)》提交国务院法制办之后石沉大海,与"政策性"这三个字有很大关系。在2012 年 5 月面向社会广泛征求意见的《农业保险条例(征求意见稿)》中也只字未提"政策性农业保险",而是确定为"有国家补贴的商业保险"。

---

① 袁纯清:《让保险走进农民》,人民出版社 2018 年版,第 3—4 页。

正式颁布的《农业保险条例》意外地在第 3 条第 1 款提出："国家支持发展多种形式的农业保险,健全政策性农业保险制度。"这意味着国家不仅没有否定"政策性农业保险"这个概念,而且从法律层面指出"健全政策性农业保险制度"这个未来发展方向。在这个重要方向的指引下,我国不断出台农业保险支持政策,坚定了保险机构做大农业保险业务的信心,保费补贴试点品种逐渐增多,试点区域也扩展到全国。

(三) 框定农业保险经营模式

《农业保险条例》第 3 条规定:"农业保险实行政府引导、市场运作、自主自愿和协同推进的原则。省、自治区、直辖市人民政府可以确定适合本地区实际的农业保险经营模式。"这条规定不仅指出我国农业保险宏观的运行原则是"政府引导,市场运作",即"政府引导下的市场运作",而且规定由各省、自治区、直辖市人民政府根据本地区实际确定具体的农业保险经营模式。"政府引导,市场运作"比较符合我国农业保险发展的实际情况,主要原因有:

第一,没有"政府引导"的农业保险难以为继。从第二章我国农业保险发展历程可以看出,没有政府支持和引导的、纯商业化运作的农业保险难以为继,所以需要"政府引导",而且"政府引导"要比"政府主导"的成本低很多。

第二,"市场运作"的农业保险效率较高。我国农业保险经营模式最后落脚为"政府引导下的市场运作",可能受美国影响较大。从美国农业保险发展史来看,当农业保险计划完全由国有农业保险公司 FCIC 独家经营时,覆盖率长期达不到国会期望的要求,效率很低,后来由 FCIC 委托商业性公司代为经营时,农业保险计划的覆盖率和运作效率才得以提升。

第三,由各地政府自主决定当地的农业保险经营模式,比较符合我国国情和当时农业保险试点的现状。我国幅员辽阔,有 32 个省、自治区、直辖市和 2 个特别行政区,各地之间的经济发展水平、农业产业规模、地理环境和农业风险差距较大,在农业保险试点初期不可能推行"一刀切"式的农业保险经营模式。自 2004 年安信农保等几家专业农业保险公司成立后,我国各地相继出现了农业保险"北京模式""上海模式""江苏模式"和"浙江模式"等,《农业保险条例》规定多元化农业保险经营模式也是尊重当时农业保险试点实践的实际情况。

(四) 选定农业保险经营机构

农业保险经营机构按所有制形式可分为国家保险公司、股份制保险公司和相互性保险机构(包括相互保险社、相互保险公司和保险合作社)。

从理论上来讲,保险合作社的社员既是投保人又是保险人,缴费制度也采用确定保费制。这些特征使保险合作社成为最理想的农业保险基层组织:第一,成员既是投保人又是保险人,共同利益关系有利于形成相互监督机制,在一定程度上可以防止道德危险。第二,成员是精通农业技术的农户,对所投保风险有更清楚的认识和评价,有利于进行承保管理,有效降低逆选择。第三,农业保险合作社是非营利机构,产品定价不考虑目标利润因素,盈余以续期保费的形式返还给投保人,可以大大降低保险费率,管理费用和核损费用也比股份制公司低。[①]

《农业保险条例》把我国农业保险经营机构选定为股份制保险公司及农业互助保险组织,比较符合我国国情。因为保险合作社虽然具有很多经营农业保险得天独厚的优势,但我国保险合作社的数量非常少,很难承担农业保险经营主体的重任。股份制保险公司是我国保险市场的主体,由其经营农业保险相对来说成本最低,效率最高,也最现实。在我国农业保险试点工作中,除保险公司外,一些互助保险组织也做过积极探索,如中国渔业互保协会,陕西、湖北的农机具互助保险等。因此,《农业保险条例》赋予互助保险组

---

① 冯文丽:《中国农业保险制度变迁研究》,中国金融出版社 2004 年版,第 171—174 页。

织平等合法地参与经营农业保险的身份和机会,也是比较符合我国实际情况的。

(五) 规定政府在农业保险中的任务

《农业保险条例》将农业保险经营模式框定为"政府引导、市场运作",就使农业保险参与主体除了投保人和保险人以外,还有各级政府。《农业保险条例》对各级政府在农业保险中应承担的任务作了规定:

1. 业务监管任务

在2007—2012年的农业保险试点过程中,保监会、财政部、农业部、林业局、发改委、税务总局和民政部等政府部门依据各自职责,在农业保险的推广和监管中都发挥了重要的作用。但由于立法缺失,农业保险主要监管机构不明确,有关政府部门的职责分工不清晰,使农业保险监管比较薄弱。《农业保险条例》第4条规定:"国务院保险监督管理机构对农业保险业务实施监督管理",即将农业保险的主要监管机构确立为保监会,有助于理顺监管关系,提高监管效率。

2. 协同推进任务

《农业保险条例》第2条规定:"农业保险实行政府引导、市场运作、自主自愿和协同推进的原则。"《农业保险条例》第4条、第5条和第6条分别对中央政府各部门和地方政府及其部门的协同推进任务进行规定。

(1)中央政府各部门的协同推进任务。《农业保险条例》第4条规定:"国务院财政、农业、林业、发展改革、税务、民政等有关部门按照各自的职责,负责农业保险推进、管理的相关工作。""财政、保险监督管理、国土资源、农业、林业、气象等有关部门、机构应当建立农业保险相关信息的共享机制。"

(2)县级以上地方政府及其部门的协同推进任务。《农业保险条例》第5

条规定:"县级以上地方人民政府统一领导、组织、协调本行政区域的农业保险工作,建立健全推进农业保险发展的工作机制。县级以上地方人民政府有关部门按照本级人民政府规定的职责,负责本行政区域农业保险推进、管理的相关工作。"

(3)引导农民和农业生产经营组织积极参保。《农业保险条例》第6条规定:"国务院有关部门、机构和地方各级人民政府及其有关部门应当采取多种形式,加强对农业保险的宣传,提高农民和农业生产经营组织的保险意识,组织引导农民和农业生产经营组织积极参加农业保险。"

3.财政支持任务

《农业保险条例》对政府规定了保费补贴、建立财政支持的农业保险大灾风险分散机制和税收优惠等任务。

(1)保费补贴任务。《农业保险条例》第6条规定:"农民或者农业生产经营组织投保的农业保险标的属于财政给予保险费补贴范围的,由财政部门按照规定给予保险费补贴,具体办法由国务院财政部门商国务院农业、林业主管部门和保险监督管理机构制定。国家鼓励地方人民政府采取由地方财政给予保险费补贴等措施,支持发展农业保险。"

(2)建立财政支持的农业保险大灾风险分散机制。由于农业风险有很多属于系统性风险,农业保险赔付率高,农业保险经营机构所面临的经营风险远大于普通财产保险公司。美国、加拿大、法国、日本等国家都构建了由再保险、农业巨灾风险基金和巨灾贷款等多种方式构成的农业保险大灾风险分散机制,以提高农业保险经营机构的偿付能力。《农业保险条例》第8条提出:"国家建立财政支持的农业保险大灾风险分散机制。国家鼓励地方人民政府建立地方财政支持的农业保险大灾风险分散机制。"

(3)对农业保险经营机构制定税收优惠政策。对农业保险经营机构实施税收优惠政策,可以变相降低农业保险费率,很多国家都通过这种方式支持农业保险发展,如美国对农业保险免征一切赋税。因此,《农业保险条例》第9条规定:"保险机构经营农业保险业务依法享受税收优惠。"

(六) 特别处理了农业保险合同规定

《农业保险条例》是农业保险合同法和农业保险业法合二为一的立法体例。由于农业保险与普通财产保险相比有很多特殊性,《农业保险条例》对农业保险合同作了很多特殊规定。

1. 投保主体的特殊规定

《保险法》第10条规定:"投保人是指与保险人订立保险合同,并按照合同约定负有支付保险费义务的人。"如果按此条款规定,农业保险的投保主体应该是农民或农业生产经营组织。但《农业保险条例》第10条第1款规定:"农业保险可以由农民、农业生产经营组织自行投保,也可以由农业生产经营组织、村民委员会等单位组织农民投保。"这是因为我国农民居住分散,保费承担能力较差,保险意识不强,如果不借助农业生产经营组织或村委会组织投保,完全单靠农民投保的话,很少有农民会主动投保,农业保险试点工作很难推进。《农业保险条例》如此规定比较符合我国农村实际情况。

2. 承保、定损、理赔必须公示的特殊规定

在商业保险中,投保人投保什么险种,保险费多少,保险金额多少,属于投保人的财务隐私,投保人有权不让其他人知道。但由于农业保险有各级财政保费补贴,补贴比例最高可达保费的80%左右,为了防止虚假投保、虚假理赔等骗取财政补贴及损害农民利益的行为发生,早在2009年保监会先后发布了几个部门规章,对农业保险承保理赔服务提出了"五公开、三到户"的监管要求。2011年和2012年,保监会又相继发文对承保理赔环节如何公开、如何保证到户进行了明确规定和规范。

《农业保险条例》对"五公开、三到户"的监管要求也有所体现,对保险机构的承保情况公示、查勘定损结果公示和理赔结果公示分别作出了规定。

(1)承保情况公示的规定。《农业保险条例》第 10 条第 2 款规定:"由农业生产经营组织、村民委员会等单位组织农民投保的,保险机构应当在订立农业保险合同时,制定投保清单,详细列明被保险人的投保信息,并由被保险人签字确认。保险机构应当将承保情况予以公示。"

(2)查勘定损结果公示的规定。《农业保险条例》第 12 条第 2 款规定:"保险机构接到发生保险事故的通知后,应当及时进行现场查勘,会同被保险人核定保险标的的受损情况。由农业生产经营组织、村民委员会等单位组织农民投保的,保险机构应当将查勘定损结果予以公示。"

(3)理赔结果公示的规定。《农业保险条例》第 15 条第 3 款规定:"农业生产经营组织、村民委员会等单位组织农民投保的,理赔清单应当由被保险人签字确认,保险机构应当将理赔结果予以公示。"

3. 不得解除保险合同或增加保费的特殊规定

根据《保险法》第 15 条和第 50 条,一般的保险合同(货物运输保险合同和运输工具航程保险合同及另有约定的合同除外)自成立后,投保人可以随时提出解除合同。《保险法》第 52 条第 1 款还规定:"在合同有效期内,保险标的的危险程度显著增加的,被保险人应当按照合同约定及时通知保险人,保险人可以按照合同约定增加保险费或者解除合同。"

《农业保险条例》对于能否解除保险合同和增加保险费的规定与《保险法》不同。《农业保险条例》第 11 条规定:"在农业保险合同有效期内,合同当事人不得因保险标的的危险程度发生变化增加保险费或者解除农业保险合同。"即农业保险的投保人不能因标的危险程度下降解除合同,保险人也不能因危险程度上升而增加保费。如此规定是因为农业保险标的都掌握在投保人农户手中,风险事故爆发在时间上也具有集中性,如果允许农户随时解除合同或保险公司视风险程度提高而增加保险费,容易引发农户和保险公司双方的逆选择和道德危险行为,侵害对方的合同利益,不利于农业保险的可持续发展。

4.允许抽样定损的特殊规定

对普通财产保险,发生保险事故后保险公司需要对受损保险标的逐个定损。由于农业保险承保的保险标的是农户种植的农作物或养殖的畜禽,受损面积较大,承保数量较多,保险公司很难对保险标的逐一定损。《农业保险条例》第12条第2款规定:"保险机构按照农业保险合同约定,可以采取抽样方式或者其他方式核定保险标的的损失程度。采用抽样方式核定损失程度的,应当符合有关部门规定的抽样技术规范。"[1]《农业保险条例》规定允许保险机构抽样定损的规定,比较符合农业保险经营的实际情况,有利于保险机构提高查勘定损效率和降低查勘定损成本。

5.不适用代位追偿的特殊规定

对于普通的财产保险,《保险法》规定保险人可以代位追偿。《保险法》第59条规定:"保险事故发生后,保险人已支付了全部保险金额,并且保险金额等于保险价值的,受损保险标的的全部权利归于保险人;保险金额低于保险价值的,保险人按照保险金额与保险价值的比例取得受损保险标的的部分权利。"

农业保险的保险标的比较特殊,是有生命力、易患疫病的动植物。有关法律法规规定,不得出售、转移、抛弃发生疫病的动植物,必须采取封锁、隔离、扑杀、销毁、无害化处理等措施。因此,《农业保险条例》第13条规定:"法律、行政法规对受损的农业保险标的的处理有规定的,理赔时应当取得受损保险标

---

[1]　杨华柏等:《谈我国〈农业保险条例〉的几个特征》,《中国保险报》2013年3月1日。

的已依法处理的证据或者证明材料。保险机构不得主张对受损的保险标的残余价值的权利,农业保险合同另有约定的除外。"[1]

(七) 特别处理了农业保险经营规则

尽管在当时"政策性农业保险"的概念还没有被广泛接受,但人们普遍认为农业保险不同于商业保险。因此,《农业保险条例》对农业保险经营规则作了特别规定,主要有:

(1)经营农业保险业务要经过特别审批。并不是所有的财产保险公司都可以经营农业保险业务,《农业保险条例》第 17 条第 2 款规定:"未经依法批准,任何单位和个人不得经营农业保险业务。"

(2)农业保险业务要单独核算。《农业保险条例》第 18 条规定:"保险机构经营农业保险业务,应当与其他保险业务分开管理,单独核算损益。"

(3)条款费率不能由保险公司自行决定。农业保险保费由政府财政补贴大部分,从缴纳保费的角度来看,政府也是农业保险的投保人,因此农业保险条款费率的制定不能完全由保险公司决定,要听取相关政府部门和农民代表的意见。《农业保险条例》第 19 条规定:"保险机构应当公平、合理地拟订农业保险条款和保险费率。属于财政给予保险费补贴的险种的保险条款和保险费率,保险机构应当在充分听取省、自治区、直辖市人民政府财政、农业、林业部门和农民代表意见的基础上拟订。"

(4)财务管理和会计核算的特殊性。《农业保险条例》第 20 条规定:"保险机构经营农业保险业务的准备金评估和偿付能力报告的编制,应当符合国务院保险监督管理机构的规定。农业保险业务的财务管理和会计核算需要采取特殊原则和方法的,由国务院财政部门制定具体办法。"

(5)协助办理农业保险业务的特殊规定。我国农民居住分散,农业保险

---

① 庹国柱:《〈农业保险条例〉不同于〈保险法〉的七个特点(二)》,《中国保险》2013 年第 6 期。

标分布也比较分散,单纯依靠保险公司办理承保理赔业务几乎不可能,所以保险公司就根据实际情况委托农技推广站等基层部门或社会人员(以后被称作"协保员")协助办理农业保险业务。[①]

三、《农业保险条例》在实践发展中暴露出的不足

(一)立法层次相对较低

政策性农业保险作为一种支农惠农的政策性工具,其运行机制、合同内容、经营规则及法律责任等都与商业性保险有很大不同。世界上农业保险发达国家,无论采用何种经营模式,都对农业保险进行单独立法,作为农业产业法的有机组成部分,而不是作为商业保险法的组成部分或特别法而存在。例如,美国于1938年制定了《联邦农作物保险法》;法国于1900年颁布《农业互助保险法》;日本则在二战后制定了《农业灾害补偿法》。[②]

在我国,农业保险立法层次较低,《农业保险条例》作为《保险法》和《农业法》的配套法规出现,其适用范围、效力层级远比不上法律,稳定性大打折扣。《农业保险条例》的第16条、第25条和第31条中规定,"《农业保险条例》未作规定的,参照适用《保险法》中的有关规定",让政策性农业保险参照适用商业性保险法律,在实践中容易引发与现行法律相矛盾的方面。

例如,《农业保险条例》对农业保险并没有规定保险利益原则,如果参照适用《保险法》的相关规定,就容易出现很多矛盾。《保险法》对财产保险并不要求投保人在投保时对保险标的具有保险利益,只要出险时被保险人对保险标的具有保险利益即可。这种规定对于商业性保险是没有任何问题的。因为

---

① 杨华柏等:《谈我国〈农业保险条例〉的几个特征》,《中国保险报》2013年3月1日。
② 章泽群等:《论我国农业保险法律制度的完善》,《法制博览》2017年第19期。

商业性保险的保险费都是投保人自己缴纳的,国家没有任何补贴,对保险标的没有保险利益的人投保要付出保险费的代价。但政策性农业保险,有很多险种投保人只需要缴纳20%的保费,各级财政补贴80%左右的保险费。如果对政策性农业保险不要求保险利益的话,由于投保成本太低,容易诱使保险公司和没有保险利益的人合谋骗取国家财政补贴。因此,2015年施行的《农业保险承保理赔管理暂行办法》第8条规定,"保险公司应在业务系统中注明投保人身份,严格审核保险标的权属,不得将对保险标的不具有保险利益的组织或个人确认为被保险人"。这就出现了多重矛盾,即:《农业保险条例》没有规定保险利益,参照适用《保险法》的保险利益规定;但参照适用《保险法》中不要求保险利益的规定,在实践中又行不通;为了规范政策性农业保险实践活动,原银保监会又以部门规章的形式作出与《保险法》相矛盾的规定。

(二)立法内容比较简单

我们以美国作为对比参照。现行的《2018年美国联邦农作物保险法》共有25部分,翻译为中文有6万多字,内容非常丰富,包括立法目的、联邦农作物保险公司的一般权利和人事管理等、各种农作物保险计划、税收优惠、合规管理及犯罪行为、投保人的资格规定、无保险作物的灾害援助计划、研发工作、试点项目、教育和风险管理援助等。除了内容比较丰富以外,规定得也比较详细具体,操作性很强。例如,对于农业保险产品的研发工作,详细规定了研发工作人员的资格、可以报销的费用和研发工作的优先级别等。

我国的《农业保险条例》,全文大概3700多汉字,共33条,很多条款的内容规定比较简单,仅表明了国家的一种支持态度,没有规定具体的实施细则,可操作性不强。例如《农业保险条例》第8条规定:"国家建立财政支持的农业保险大灾风险分散机制,具体办法由国务院财政部门会同国务院有关部门制定。国家鼓励地方人民政府建立地方财政支持的农业保险大灾风险分散机制。"事关农业保险可持续发展的国家财政支持的大灾风险分散机制,目前还没有完善的、可以落地操作的实施细则。

另外，美国在 1938 年颁布了《联邦农作物保险法》后，进行了 20 次与时俱进的修订，平均每 4 年修订一次。我国在 2013 年《农业保险条例》颁布实施以后，农业保险发展非常快，保险标的、经营主体、经营环境和经营规则等都发生了很大变化，农业保险市场也出现了一些新风险和新问题，但《农业保险条例》只在 2016 年修订过一次，而且只修订了第 17 条，放宽了农业保险经营主体的准入条件，其他重要问题都没有涉及。

（三）没有明确规定农业保险牵头管理机构

政策性农业保险，要以实现国家对农业产业和农民的扶持目标为根本任务，因此应该在立法中明确规定能够代表国家意志和农民利益的牵头管理机构。例如，美国在 1938 年《农业调整法》503 条中规定："为实现本法的目的，特此设立联邦农作物保险公司"，并在第 504—507 条中对联邦农作物保险公司的股本募集、公司管理、公司权力和人事安排等作了明确规定，内容非常全面和详细，甚至连公司使用国家资金购买设备和产品应尽可能选择美国制造都详细规定。

我国《农业保险条例》规定，我国农业保险运作模式采取的是"政府引导、市场运作、自主自愿和协同推进的原则"，并没有明确规定牵头管理机构，这导致在以后的农业保险实践中存在很多问题，具体将在本书第六章详细阐述。

（四）没有明确规定农业保险的政策目标

《农业保险条例》第 1 条对立法目标进行了阐述："为了规范农业保险活动，保护农业保险活动当事人的合法权益，提高农业生产抗风险能力，促进农业保险事业健康发展，根据《中华人民共和国保险法》《中华人民共和国农业法》等法律，制定本条例。"这个立法目标，与农业保险应该发挥的功能与作用相比而言是不充分的。

政策性农业保险除了是一种为农户分散风险、补偿损失的现代风险管理工具以外,更是国家用以支持和保护农业的一种重要政策工具。农业保险的农业支持保护作用,也受到了美国、日本等国家的高度重视。美国农业保险虽然不叫"政策性农业保险",但被称作"联邦农作物保险"(Federal Crop Insurance),这就说明与商业性保险具有不同的性质。《1938 年联邦农作物保险法》第 2 条规定:"制定本法的目的是通过健全的农作物保险体系,并为设计和建立农作物保险体系提供有益的研究和试验手段,以增强农业的经济稳定性,从而提高国民福利水平。"可见,美国明确把联邦农作物保险当做"增强农业的经济稳定性"和"提高国民福利水平"一个手段,即明确规定实施联邦农作物保险计划的政策目标是"增强农业的经济稳定性"和"提高国民福利水平"。但在我国《农业保险条例》中,只是把农业保险当成了一种农业风险管理工具,忽视了农业保险作为支农业政策工具的作用,对农业保险应该实现什么样的政策目标没有明确规定。

(五) 没有明确界定参与者权利义务关系

政策性农业保险的参与方有政府、投保农民和保险公司三方。《农业保险条例》应该达到以下三个立法目的:第一,明确三者之间的权利义务关系;第二,规范各主体的行为;第三,调整各主体的利益。

但从目前来看,《农业保险条例》主要对农业保险经营机构规定了义务和罚则,而对三者之间的权利义务关系、各主体的行为规范和利益调整都没有明确规定,导致在农业保险发展过程中存在一些违法、违规,甚至犯罪行为。

例如,有的地方政府美其名曰"竞争出效率",在农业保险经营机构进入市场方面主动设租,利用不公平的"招标"方式,"有偿"分配农业保险市场资源,破坏了市场规则,无谓增加了运营成本;有的地方政府在缺乏专业精算的情况下,干预甚至强行要求保险经营机构降低保险费率;有的地方政府则在灾后干预保险机构赔款,甚至要求先赔款后投保,严重扭曲了农业保险的健康运作机制;有的地方政府连保险公司购买再保险也要加以干涉,以致最终造成理赔被动;有的地方政府长期、大量截留、挪用甚至贪污中央省、市财政拨付的农业保险保费补贴款,造成保险经营机构经营困难;有的地方政府消极对待建立科学合理的费率制度,反对根据不同地区风险大小实行差异化费率,助长逆选择和道德风险的发生,损害了广大投保农户的利益和低风险地区农户的投保积极性。①

同时,一些保险公司在开展业务时也存在违规违法行为:压低赔款、拖延赔款,确保自身利益;为了获得农业保险经营资质,采取不正当手段竞争或满足当地政府的无理要求;冒用村民名义进行虚假投保,套取农业保险补贴资金;谎报自然灾害,通过虚假理赔的手段私设"小金库";等等。

另外,在有些地方,也存在投保农民骗保的行为。例如,有些地方农户把死猪用冰柜冻起来,在不同时间地点多次拍照向保险公司骗取赔款。

(六) 缺乏配套的实施细则

《农业保险条例》仅规定了农业保险制度框架等宏观内容,缺乏具体的实施细则,比如各级政府提供保费补贴的责任、农业保险经营机构的市场准入和退出规则、农业保险业务承保和理赔规则、农业保险监管细则、农业保险基础数据的收集和共享以及农业保险大灾风险分散机制等相关配套制度都不完善。

四、完善我国农业保险立法的建议

(一) 提高农业保险立法层次

政策性农业保险的参与主体、运行机制、经营规则、风险控制等与普通商

---

① 庹国柱:《政府在农险中的作为需要进一步规范》,《中国银行保险报》2019 年 10 月 25 日。

业性保险都不相同,不能用《保险法》的配套法规来规范。美国、加拿大的农业保险法明确规定,有政府补贴的农业保险不适用保险法。实践证明,用《保险法》的配套法规来规范政策性农业保险的确存在一些难以解决的矛盾问题。因此,应借鉴美国、加拿大等国家的经验,制定专门的《政策性农业保险法》,对政策性农业保险各方参与主体的权利义务、保费补贴制度、经营规则、大灾风险分散机制、业务监管及法律责任等各方面的特殊性进行明确规定。

(二)丰富农业保险立法内容

借鉴美国最新版《2018 年联邦农作物保险法》的立法内容,对政策性农业保险的经营主体、管理机构、保险标的、保费补贴、大灾风险分散制度、税收优惠、监管制度和违法违规责任等内容进行明确和详细的规定。另外,要对农业保险法律及时修订。在我国,虽然法律修订要经过一系列法定程序和阶段,是一个很复杂的过程,但由于农业保险的经营环境和制度环境变化比较快,相关法律法规也要及时修订,否则难以与时俱进地对农业保险发展提供法律保障。建议可以每五年对农业保险法律进行适当修订。

(三)依法成立农业保险管理机构

可以借鉴美国《联邦农作物保险法》的经验,依法成立类似于美国农业部风险管理局那种专门的政策性农业保险管理和监督机构,代表政府制定农业保险法律法规和政策,发放农业保险保费补贴,研发政策性农业保险产品,对商业性保险公司开发的农业保险产品进行审核,与商业性保险公司签订再保险合同,收集和分享农业保险相关数据信息,监督农业保险经营中的各种欺诈和违规行为,对农民进行风险管理教育和农业风险管理援助,等等。

（四）明确规定农业保险的政策目标

这十多年来,随着中央农村政策和"三农"问题的发展变化,农业保险业务品种不断丰富,保障水平不断提升,已经演变成为实现国家多项涉农战略的重要政策工具与手段,其政策目标也在不断变化中显得更加多元化。这些政策目标应该在农业保险法律法规中明确规定出来,以提高农业保险的实施效果。具体来说,农业保险的政策目标可以包括:(1)保障农业稳定发展和人民食物安全;(2)加快农业现代化进程;(3)实现农户收入稳定增长;(4)增强中国农产品国际竞争力;(5)助推乡村振兴战略实施。

（五）明确规定参与主体的权利义务关系

《政策性农业保险法》应该对三方参与主体的权利义务关系作出明确规定,尤其对于各级政府在政策性农业保险中的职责边界进行明确规定,让各级政府依法有所为而有所不为。例如,定期制定政策性农业保险的发展规划;保证保费补贴资金的及时、足额到位;构建财政支持的农业保险大灾风险分散机制;由监管机构对农业保险经营主体的经营行为和投保人的投保索赔行为依法进行监管,防止各种道德危险和欺诈行为;为农业保险产品设计提供相关信息;等等。

同时,《政策性农业保险法》应对农业保险运行中政府及农业生产经营者可能产生的违法违规行为如何处罚,应当承担何种民事、刑事或行政责任进行明确规定,实现责权利的相互统一。政府层面,要对行政机关不作为、不履行监管职责或者行政机关工作人员利用职权骗取国家补贴等违法违规行为进行具体处罚规定。在农业生产经营者层面,要对投保人采用欺诈手段骗取保险金,包括冒名投保或隐瞒真实情况虚假投保、谎报受灾情况骗取保险赔付金或者财政补贴等不法行为进行列举并规定相应处罚。

（六）完善相关实施细则

对于保证政策性农业保险持续发展的一些不便于在法律中详细规定的制度,应该及时制定或完善相关实施细则。例如,《政策性农业保险保费补贴资金管理办法》《政策性农业保险税收优惠管理办法》《政策性农业保险大灾风险管理制度》《政策性农业保险经营主体市场准入与退出管理办法》和《政策性农业保险再保险业务管理办法》,等等。

第五章　WTO《农业协定》与我国农业保险制度顶层设计

世界贸易组织（World Trade Organization, WTO）是世界上最重要的国际性贸易组织，各国开展农产品贸易活动都要遵循其规则。农业保险作为现代农业风险管理手段，都被各国当做重要的农业支持保护工具。近几年来，美国和日本等国家根据 WTO《农业协定》规定，调整了农业国内支持政策，取消了直接补贴，代之以农业保险补贴，突出农业保险在农业支持保护体系中的重要作用。这是国际趋势。

长期以来，我国理论界和实务界都有一个误解，认为只要是农业保险补贴，都属于 WTO《农业协定》中规定的免于减让的"绿箱"措施，这种认知可能会误导我国农业支持保护政策和农业保险补贴政策制定的方向。因此，我们有必要深入研究 WTO《农业协定》关于农业保险的规则，从最有利于我国农业支持保护的角度出发，优化农业保险制度顶层设计。

一、WTO《农业协定》及国内支持规则

（一）WTO《农业协定》的主要内容

为了促进农业贸易，1993 年底经过多轮谈判签订的《乌拉圭回合农业协定》，即 WTO《农业协定》，从市场准入、国内支持和出口竞争三个方面对国际

农产品贸易加以规范和约束。

市场准入规则主要通过非关税壁垒"关税化"和降低关税水平,促进农产品贸易自由化。

出口竞争规则是指 WTO 成员不以《农业协定》和其削减表中列明承诺以外的其他方式提供出口补贴、出口信贷、粮食援助、国营贸易等支持。

国内支持规则以综合支持量(Aggregate Measurement of Support,AMS)和综合支持总量(Total Aggregate Measurement of Support,TAMS)来衡量成员国的削减义务。综合支持量是指成员国对农产品实施的价格支持、直接支持以及其他补贴形式的国内保护措施的支持金额,政策目标是保障本国粮食安全、维护农产品价格稳定和保障农民收入。农业国内支持不能与"农业补贴"简单画等号。

(二) WTO《农业协定》国内支持规则

WTO《农业协议》允许各国在合理范围内使用国内支持措施,并把国内支持措施按照对生产和贸易的不同影响划分为两个类型,即要求减让义务的国内支持措施和可免于减让义务的国内支持措施。要求减让义务的国内支持措施有"黄箱"措施(Amber Box),可免于减让义务的措施包括"绿箱"措施(Green Box)、"微量允许"措施(De Minims)、"蓝箱"措施(Blue Box)、特殊和差别待遇(Special and Differential Treatment,SDT)等。这两类支持措施的具体含义、形式及约束要求详见表5-1和表5-2。

表 5-1 《农业协定》对"黄箱"措施的约定

措施形式	削减要求	削减承诺
包括但不限于: (1)价格支持; (2)营销贷款; (3)面积补贴(与当前生产挂钩); (4)牲畜数量补贴; (5)种子、肥料、灌溉等投入补贴; (6)某些有补贴的贷款计划。	以综合支持量(AMS)为标准衡量"黄箱"措施补贴,要求在约束的基础上逐步削减。	自1995年开始,发达国家、发展中国家,分别在6年内、10年内,逐步削减20%、13%的AMS。目前,除了WTO新成员,所有成员都已经削减完毕,当前的政策空间即为最终的政策空间。我国的综合支持量一直为零。

资料来源:何小伟等:《WTO 规则与我国农业保险补贴政策的合规风险评估》,《保险研究》2022 年第 9 期。

表5-2　WTO《农业协定》对免于减让义务措施的规定

措施种类	主要形式和条件
"绿箱"措施	包括12种形式： (1)一般政府服务； (2)用于粮食安全目的的公共储备； (3)国内粮食援助； (4)对生产者的直接支付； (5)与生产不挂钩的收入支持； (6)收入保险和收入安全网计划中的政府资金参与； (7)自然灾害救济(或保险)； (8)通过生产者退休计划提供的结构调整支持； (9)通过农业资源利用计划提供的结构调整支持； (10)通过投资援助提供的结构调整支持； (11)农业环境支付； (12)地区援助支付。
"微量允许"措施	对特定农产品综合支持量不超过其生产总值的5%(发展中国家为10%)，或对非特定农产品综合支持量不超过农业生产总值的5%(发展中国家为10%)，均不必计入综合支持总量(TAMS)，可免除削减。我国的标准为不超过8.5%。
"蓝箱"措施	(1)按固定面积或产量提供的补贴； (2)根据基期生产水平85%以下提供的补贴； (3)按牲口固定头数提供的补贴。
特殊和差别待遇	(1)一般可得到的农业投资补贴； (2)对低收入或财力有限生产者提供的农业投入品补贴； (3)鼓励生产者不生产违禁麻醉作物提供的支持； (4)只面向发展中国家。

资料来源：何小伟等：《WTO 规则与我国农业保险补贴政策的合规风险评估》，《保险研究》2022 年第 9 期。

（三）国内支持措施减让义务及监管

各个成员方国家具体的减让义务都被明确地记载在其减让表的第四部分。如果国内支持措施未超过其在减让表中所承诺的年度支持量或最终支持总量的话，成员国可视为履行了减让义务。各成员国对国内支持措施的削减是以基期内(1986—1988)的综合支持量为标准进行实施。根据WTO《农业协定》规定，发达国家必须在六年内，即 1995—2000 年以每年均等的减让方式在实行期的最后一年(2000 年)削减至少 20%的国内支持措施，发展中国家的实行期相对于发达国家而言延长至十年，即 1995—2004 年。与此同时，削减量也比发达国家要少,仅需削减 13%;而最不发达国家可以维持现有国内支持措施水平,无需做出任何削减。

虽然几乎所有成员国都完成了减让国内支持措施的承诺,但为了能够对以后各国国内支持措施进行有效控制,根据 WTO《农业协定》第 18 条规定,由农业委员会对各成员国国内支持措施建立一个完善的事后监管系统,各成员国定期向农业委员会提交报告,汇报本国现有国内支持措施的情况。[①]

二、我国在农业国内支持方面的 入世承诺及规则约束

我国在入世时对农业方面的承诺包括多个方面,比如农产品关税减让、重要农产品的关税配额管理、农业国内支持的削减、承诺取消农产品出口补贴等。其中,在农业国内支持方面的承诺主要包括:第一,在"微量允许"政策之外,中国承诺零水平的农业国内支持,而发达成员目前仍然拥有占农业产值 20%—40%(部分发达成员甚至在 50% 以上)的"黄箱"措施补贴空间;第二,中国按照 1996—1998 年间平均农业生产总值的 8.5% 作为"微量允许"的支持标准,这一水平低于发展中国家所享受的 10% 的待遇;第三,中国放弃《农业协定》中给予发展中国家的"特殊和差别待遇",即中国不能使用"发展箱"政策工具。[②]

简言之,我国对农业的国内支持措施仅有"绿箱"措施和微量允许的"黄箱"措施(对特定农产品的综合支持量不得超过该产品生产总值的 8.5%,对非特定农产品的综合支持量不得超过全部农业生产总值的 8.5%),"蓝箱"措施、特殊和差别待遇都不适用。

[①] 柳盈:《WTO 规则下农业国内支持规则研究》,南京大学学位论文,2016 年,第 4—11 页。

[②] 何小伟等:《WTO 规则与我国农业保险补贴政策的合规风险评估》,《保险研究》2022 年第 9 期。

三、入世以来我国实施的农业支持
保护政策及改革方向

（一）入世以来我国实施的农业支持保护政策

新中国成立后,我国实行的是优先发展重工业的赶超战略,虽然对农业也有支持,但总体上处于"负保护"状态。加入 WTO 之后,尤其是 2004 年前后,我国才有了真正意义上的农业支持保护政策。2004 年十六届四中全会提出"两个趋向"的论断,并认为今后应"以工促农、以城带乡",对农业的基本方针是要"多予、少取、放活"。此后,陆续出台了取消农业税、价格支持、直接补贴和农业保险补贴等一系列农业支持保护政策(见表 5-3)。这些政策可以总结为五个方面:

1.取消农业税

2000 年,为了减轻农民负担,加强农业基础,保护农民利益,维护农村稳定,安徽省和其他地区部分县(市)进行农村税费改革试点,取得了初步成效。2003 年,全国 31 个省、自治区、直辖市全面推开农村税费改革试点。2006 年 1 月 1 日,我国正式全面取消农业税。

2."四项补贴"制度

"四项补贴"包括良种补贴、粮食直补、农机购置补贴和农资综合补贴。

2002 年,国家启动了大豆良种补贴政策试点工作,此后逐步扩大到水稻、小麦、玉米、油菜、棉花、马铃薯、花生、青稞、生猪、奶牛等品种,其中水稻、小麦、玉米和棉花良种补贴实现了全覆盖。

2004 年,中央出台了粮食直补政策,从粮食风险基金中拿出 103 亿元资金,主要对 13 个粮食主产区种粮农民实行直接补贴,鼓励主产区农民发展粮食生产。

2004 年,为促进提高农业机械化水平和农业生产效率,财政部、农业部共同启动实施了农机购置补贴政策。

2006 年,为应对不断上涨的农业生产资料价格,中央财政对农民购买农业生产资料(包括化肥、柴油、种子、农机等)提供直接补贴,并于 2008 年建立和完善农资综合直补的动态调整机制。

十多年的实践表明,中央财政用于农业的"四项补贴",已经成为政府促进农业稳步发展、实现农民持续增收的基本手段。

3.价格支持政策

价格支持政策包括最低收购价和临时收储。

2004 年,我国全面放开粮食市场价格和购销后,粮食价格下跌。为稳定稻谷、小麦生产,确保口粮绝对安全,2004 年和 2006 年,国家先后出台了稻谷和小麦最低收购价政策。2007 年以后,针对部分农产品价格下跌和"卖难"问题,国家在主产区对玉米、大豆、油菜籽、棉花、食糖、猪肉等农产品实施了临时收储政策。从 2014 年 9 月起,国家分别在新疆、东北和内蒙古开展棉花、大豆目标价格试点,由原来执行临时收储政策改为目标价格试点,变"暗补"为"明补"。最低收购价、临时收储和目标价格等政策,充分显示出政府应用价格支持手段调控引导农业生产、稳定市场供需、保护农民利益的重要作用。①

4.农业保险保费补贴

为鼓励农民自愿参与农业保险,减轻各种自然灾害带来的损失,促进农业稳定健康发展,从 2007 年开始,中央财政在 6 个省实施了种植养殖业保险保费补贴政策试点工作,当年确定的农业保险保费补贴资金 21.5 亿元,并鼓励

---

① 黄汉权等:《我国农业补贴政策改革思路研究》,《宏观经济研究》2016 年第 8 期。

地方政府设立保险保费补贴。随后,农业保险保费补贴区域扩展到除港澳台以外的全国范围,补贴品种也由最初的 5 个种植业品种扩大至种植业、养殖业、林业三大类 17 个品种,基本覆盖了主要的大宗农产品。

5.提出建立新型农业支持保护政策体系的改革目标

加入 WTO 之后,用十年左右的时间,我国基本建立了由取消农业税、价格支持、直接补贴和农业保险保费补贴等组成的农业支持保护政策体系,为中国粮食连年产增收和国民经济发展提供了坚实基础。

伴随着农业生产成本快速上涨,从 2007 年开始,国家连续提高了最低收购价和临储价格,加上价格支持政策赖以实行的市场环境发生了根本性变化,从 2010 年开始,稻谷、小麦和大豆等农产品的国内平均价格开始超过国际市场价格,我国面临着较大的进口压力、库存压力和财政补贴压力。

面对生产成本地板抬升、进口成本天花板压顶、政策调控空间缩小的三重挤压,2014 年国家按照"市场定价、价补分离"的原则,开始探索农产品价格形成机制改革和收储制度改革。当年,国家启动东北和内蒙古大豆、新疆棉花目标价格补贴试点。2015 年,取消了油菜籽的临储政策,并将粮食直补、良种补贴、农资综合补贴政策"三项补贴"合并为农业支持保护补贴,进行改革试点。2016 年,建立玉米生产者补贴制度,推进玉米收储制度改革,在全国推开"三项补贴"改革。2017 年,继续深化粮食等重要农产品价格形成机制和收储制度改革,将大豆目标价格政策也调整为实行市场化收购加补贴机制。

2018 年,中央一号文件明确提出加快建立新型农业支持保护政策体系的目标:"以提升农业质量效益和竞争力为目标,强化绿色生态导向,创新完善政策工具和手段,扩大'绿箱'政策的实施范围和规模,加快建立新型农业支持保护政策体系。"同年,在继续深化各项改革的同时,开展了为期三年的农业完全成本保险和收入保险试点。2019 年、2020 年,国家对构建新型农业补贴政策体系,完善稻谷和小麦最低收购价政策、玉米和大豆生产者补贴政策,推进稻谷、小麦、玉米完全成本保险和收入保险试点等一系列工作,进行了部署。①

表5-3 入世以来我国农业支持保护政策体系

时间	农业生产支持保护政策	政策目标
2002	良种补贴	支持农民使用优良作物种子。
2003	全国31个省(区、市)全面推开农村税费改革试点	加强农业基础,保护农民利益,维护农村稳定。
2004	水稻最低收购价	保护农民利益,保障粮食市场供应。
2004	粮食直补	稳定和发展粮食生产,保护种粮农民利益。
2004	农机购置补贴	促进提高农业机械化水平和农业生产效率。
2006	农资综合补贴	保证成品油和农药、化肥、农膜等农业生产资料价格改革顺利实施,降低种粮成本。
2006	全面取消农业税	减轻农民负担。
2006	小麦最低收购价政策	保护农民利益,保障粮食市场供应。
2007	农业保险补贴	推进农业保险的顺利开展。
2007—2009	陆续实施玉米、大豆、油菜籽、猪肉和食糖等临时收储政策	保证种粮农民利益,防止农民"卖粮难"。
2011	棉花临时收储政策	保证种粮农民利益,防止农民"卖粮难"。
2014	按照市场定价、价补分离的原则,开始探索农产品价格形成机制和收储制度改革,启动东北和内蒙古大豆、新疆棉花目标价格补贴试点	建立以市场为导向的价格机制。
2015	取消了油菜籽的临时收储政策,将粮食直补、良种补贴、农资综合补贴政策"三项补贴"合并为农业支持保护补贴,进行改革试点	为了更好地适应世界贸易组织规则,加大对粮食适度规模经营的支持力度,让补贴更有效率,更精确。
2016	建立玉米生产者补贴制度,推进玉米收储制度改革,在全国推开"三项补贴"改革	推进玉米收储制度改革,保障农民种粮基本收益。
2017	将大豆目标价格政策调整为实行市场化收购加补贴机制	建立以市场为导向的价格机制。
2018	明确提出加快建立新型农业支持保护政策体系的目标	提升农业质量效益和竞争力,强化绿色生态导向,扩大"绿箱"政策的实施范围和规模。
2018	试点三大主粮完全成本和收入保险	进一步提升农业保险保障水平。

资料来源:作者整理。

---

① 徐田华:《完善我国农业支持保护政策体系的对策建议》,《农业农村部管理干部学院学报》2021年第2期。

（二）我国农业支持保护政策的改革方向

纵观我国农业支持保护体系的发展沿革，从中可以看出我国农业支持保护政策还存在以下问题：农业补贴结构性问题突出，补贴政策覆盖面广但补贴标准低，支持农业产业结构调整和农业面源污染防治等方面的资金不多；农业补贴方式单一，国内支持措施多是支持粮食生产和保障农民种粮收益的"黄箱"措施，收入补贴和农业保险补贴没有得到充分运用；农业支持政策过多采用政策性价格保增收，对市场价格形成机制造成一定扭曲；面临 WTO 规定的补贴上限，容易引发国际争端。[①]

展望未来，我国农业支持政策应以确保国家粮食安全为核心，构建价格、补贴、保险"三位一体"的种粮农民利益保障政策体系，推动农业绿色发展，促进农业现代化。一是积极稳妥改革重要农产品价格形成机制和收储制度，稳步提高稻谷、小麦最低收购价，稳定种粮农民收益预期，确保口粮绝对安全，防止谷贱伤农。二是完善农业补贴制度，不断加大补贴数量，同时根据农业供给侧结构性改革目标优化补贴方式，探索形成农业补贴同粮食生产挂钩机制，提高补贴的精准性，让多生产粮食者多得补贴。三是优化农业保险制度，通过"扩面增品提标"扩大农业保险保障水平，优化农业保险运行机制，提高农业保险服务质量，为农业现代化提供风险保障。[②]

四、WTO《农业协定》农业保险
补贴规则的解读与审视

WTO《农业协定》附件 2——《国内支持：免除削减承诺的基础》在列举 12

---

① 张晶：《新常态下完善农业支持政策的总体思考——以美国农业政策新动向为借鉴》，《世界农业》2018 年第 6 期。

② 孙生阳：《健全种粮农民收益保障机制》，《学习时报》2022 年 11 月 9 日。

种典型"绿箱"工具时,对收入保险及自然灾害救济(或保险)作出具体规定,只有满足特定条件的收入保险和自然灾害救济(或保险)才能算作"绿箱"工具,免除削减义务。特定条件包括两个基本条件:一是所涉支持的资金来自公共财政,而非消费者的转让;二是所涉支持对生产者不产生价格支持的作用。除此之外,附件2对于收入保险和自然灾害保险,还规定了符合"绿箱"措施的特定标准和条件。

(一) WTO《农业协定》农业保险补贴规则的解读

1.收入保险属于"绿箱"措施的特定标准和条件

《农业协定》附件2第7条规定了收入保险满足"绿箱"措施的特定标准和条件,表5-4列举了这些特定标准和条件并进行解读。

表5-4 收入保险属于"绿箱"措施的特定标准和条件及解读

第7条规定原文	规定解读
(1)生产者当年农业收入损失超过其前3年平均收入的30%及其以上;符合此条件的任何生产者均应有资格接受该保险赔偿。	只关注生产者的农业收入损失。假定生产者过去3年平均农业总收入为1000元,只有当收入损失超过300元,生产者才有可能获得赔偿资格。
(2)保险赔偿额度不能超过生产者当年收入损失的70%。	如果生产者过去3年平均总收入为1000元,当年实际收入损失600元,生产者获得的保险赔偿不能超过420元。
(3)任何此类支付只应与收入有关;不得与生产者从事生产的类型或产量(包括牲畜头数)有关;不得与适用于此种生产的国内或国际价格有关;也不得与所使用的生产要素有关。	该保险赔偿只"盯住"生产者的收入,不得与生产类型、产量、价格和生产要素有关。
(4)如生产者根据本款和第8条(自然灾害救济或保险)在同一年内接受两次赔偿,赔偿总额不得超过生产者收入总损失的100%。	生产者因收入保险和自然灾害救济(或保险)得到的赔偿总额不能超过总损失。

资料来源:何小伟等:《WTO规则与我国农业保险补贴政策的合规风险评估》,《保险研究》2022年第9期。

2. 自然灾害救济(或保险)属于"绿箱"措施的特定标准和条件

《农业协定》附件 2 第 8 条规定了自然灾害救济(或保险)满足"绿箱"措施的特定标准和条件,表 5-5 列举了这些特定标准和条件并进行解读。[①]

表 5-5　自然灾害救济(或保险)属于"绿箱"措施的特定标准和条件及解读

第 8 条规定原文	规定解读
(1)只有在政府主管机关正式认可已发生或正在发生的自然灾害或类似灾害(包括疾病、虫害、核事故以及在有关成员领土内发生战争)后,方可产生获得此类支付的资格;生产损失应超过前 3 年平均产量的 30%。	只有发生政府认可的自然灾害事件后,才会发生此类支付。如果生产者过去 3 年的平均产量为 500 公斤,只有当产量损失超过 150 公斤时,生产者才有资格获得此类支付。
(2)所提供的支付仅适用于因所涉自然灾害造成的收入损失,包括牲畜(包括与兽医治疗有关的支付)、土地或其他生产要素损失。	仅补偿生产者因自然灾害所造成的收入损失,包括生产要素的费用和成本损失。
(3)补偿不得超过恢复此类损失所需的总成本,且不得要求或规定将来生产的类型或产量。	支付不能超过总恢复成本,且与生产类型或产量不挂钩。
(4)提供的支付不得超过防止或减轻前述第(2)项标准定义的损失所需的水平。	此类支付不得超过包括防灾成本在内的损失总和。
(5)如生产者根据本款和第 7 款(收入保险和收入安全网计划)在同一年获得两次支付,则此类支付的总额不得超过生产者总损失的 100%	生产者因自然灾害救济(或保险)和收入保险获得的赔偿不能超过总损失。

资料来源:何小伟等:《WTO 规则与我国农业保险补贴政策的合规风险评估》,《保险研究》2022 年第 9 期。

(二) WTO《农业协定》农业保险补贴规则的审视

1. 农业保险补贴都属于"绿箱"措施是个认知误区

长期以来,我国学术界和实务界一直认为,所有农业保险补贴都属于 WTO《农业协定》的"绿箱"措施,不受 WTO 规则约束。但实际上,只有符合 WTO《农业协定》附件 2 第 7、8 条规定的农业保险补贴才属于"绿箱"措施,其

---

① 　郭钦玻:《论 WTO 农业协议下我国〈农业保险法〉的制定》,《法制与社会》2009 年第 8 期。

余都属于"黄箱"措施。造成这种认知误区的原因主要有：

（1）WTO《农业协定》对农业保险补贴的归箱规则规定得很模糊。乌拉圭回合谈判的时间为20世纪90年代，当时各国农业保险还不发达，还不是各国进行农业支持保护的重要手段，包括美国也是在1996年才开始试点农作物收入保险，各国没有预想到21世纪的农产品保险发展得如此迅猛。因此，谈判时各国对农业保险补贴的关注不够，WTO《农业协定》对农业保险规定得非常模糊，只是大致列举了属于"绿箱"措施类的农业保险项目，没有明确界定"黄箱"措施类保险在特定农产品补贴和非特定农产品补贴之间如何区分。

（2）WTO《农业协定》对于农业保险补贴归箱规则的表述容易引起误解。WTO《农业协定》附件2"国内支持：免除削减承诺的基础"是关于"绿箱"措施标准与规则的描述，把有关农业保险的规则列为第7条"收入保险和收入安全网计划中政府的资金参与"和第8条"自然灾害救济支付（直接提供或以政府对农作物保险计划资金参与的方式提供）"。这种表述在一定程度上使人误认为农业保险补贴都属于"绿箱"措施。[①]

（3）美国等国家对农业保险补贴的申报有误，容易造成误解。正是因为WTO《农业协定》对农业保险归箱规则规定得比较模糊，美国等发达国家在申报农业保险补贴时经常将本属于"黄箱"措施的补贴作为"绿箱"措施申报，也给人造成农业保险补贴都是"绿箱"措施的错觉。

2. 特定农作物收入保险保费补贴应纳入"黄箱"措施

WTO《农业协定》附件2第7条对作为"绿箱"措施收入保险的标准和条件有严格规定，凡是不符合这些标准和条件的收入保险都不能算作"绿箱"措施。在实践中，各国其实很难达到这些标准和条件，所以很少有国家根据附件2第7条的规定，把农业收入保险补贴按照"绿箱"措施向WTO通报。即使世

---

① 朱晶等：《WTO框架下中国农业收入保险补贴的国际规则适应性研究》，《中国农村经济》2020年第9期。

界上农业收入保险最成熟、收入保险保费占比已达 80% 的美国,由于农业收入保险补贴运作不完全符合 WTO"绿箱"措施要求,美国始终没有将农业收入保险补贴按照"绿箱"措施申报,而是按照"黄箱"措施或"绿箱"措施中的"一般服务支持"类别进行通报。日本在 2019 年开始实施农业收入保险制度的时候,就把农业收入保险设计得尽量符合 WTO"绿箱"措施的规则要求,即保险标的与特定农作物脱钩,承保农业生产者的整体销售收入。

WTO《农业协定》在附件 3 对农业收入保险综合支持量的计算方式也作了说明,即应按照政府预算支出计算。在 2002 年巴西诉美国陆地棉补贴案发生之前,美国对农业保险补贴支持水平的通报是从农业生产者净得角度进行计算的,即用对农业生产者的净赔付额来衡量。在巴西诉美国陆地棉补贴案中,巴西提出美国应该按照政府对陆地棉提供的保费补贴而不是净赔付额来衡量保险补贴水平,WTO 专家小组最终也采纳了这种衡量。

3. 经营管理费用补贴的归箱存在争议

农业保险经营机构面临较大的系统性风险,经营难度比较大,经营管理费用比较高。保险公司为了实现精算平衡,在总保费中会把这部分费用加进去,这导致农业保险保费较高,农民负担不起。因此,一些国家为了鼓励保险公司经营农业保险,除了对农民补贴保险费外,还对保险公司补贴经营管理费用。

由于 WTO《农业协定》对经营管理费用补贴没有明确规定归箱规则,导致存在一些有争议的做法。例如,从 2008 年开始,美国将政府对保险公司提供的经营管理费用补贴和承保损益作为"绿箱"措施中的"一般服务支持"来通报,没有纳入综合支持量计算。这种做法遭到一些国家反对和质疑,认为如果美国政府不对保险公司补贴经营管理费用,保险公司肯定会将这部分费用以保险费的方式转嫁给农民,因此,政府对保险公司提供的经营管理费用补贴也应纳入农业保险的资金支持。2009 年,中国对美国白羽肉鸡产品发起反补贴调查,提出美国对白羽肉鸡上游饲料玉米的保险补贴额应采用保费补贴加上经营管理费用补贴的方式来计算。[①]

五、美国对 WTO 农业保险规则的
使用和规避策略

美国是市场经济发达、农业保险历史悠久的国家,在利用 WTO《农业协定》规则方面经验丰富,可以给我国提供借鉴思路。

(一)美国对农业保险补贴的通报方式

为了规范成员国农业保险补贴使用,WTO 秘书处要求各成员国每年向其提交包括农业保险补贴在内的农业国内支持情况通报表。由于 WTO《农业协定》对农业保险的归箱规则和通报规则都不明确,美国根据国内农业发展形势,对农业保险补贴的通报方式也一直在改变,大致经过了以下三个阶段。

1. 第一阶段(1995—2007 年)

这一阶段,美国在农业国内支持通报中,把原本应划归"黄箱"措施的农业保险补贴按照"基于非特定产品"支持通报,把应归于 AMS 的保费补贴金额分为两部分,一部分用净赔付额计算,即用给农户的赔付总额减去农户自缴保费的余额,另一部分以政府对保险公司的经营管理费用补贴来计算,但后一部分又以 AMS 中相关费用(Associated Fees)的形式从 AMS 中扣除,确保其AMS 维持在 5% 以内,这显然是不合理的。再保险项目补贴未向 WTO 秘书处通报。

[①] 朱晶等:《WTO 框架下中国农业收入保险补贴的国际规则适应性研究》,《中国农村经济》2020 年第 9 期。

2. 第二阶段(2008—2011 年)

这一阶段,美国对其农业国内支持通报做了以下调整:(1)仍然将属于"黄箱"措施的农业保险保费补贴作为对非特定农产品支持的 AMS 措施通报,但通报的农业保险保费补贴总额做了调整,以直接发放给农户的总保费补贴额通报。(2)把对私营商业保险公司的经营管理费用补贴作为"绿箱"措施通报,但再保险补贴仍未通报。

3. 第三阶段(2012—2013 年)

这一阶段,把"黄箱"保险中所有分品种计算的保费补贴按照"基于特定产品支持"进行全额通报,把不分品种计算的农场毛收入保险的保费补贴按"基于非特定产品支持"的"黄箱"措施进行全额通报,把对私营农业保险公司的经营管理费用补贴和亏损补贴仍作为"绿箱"措施进行通报,再保险支持仍没有通报。

(二) 美国对农业保险补贴通报的规避做法

美国在向 WTO 秘书处通报农业保险补贴时,先按照最有利于自己的原则申报,在其他国家的压力下,逐渐规范,主要采取了三方面的规避做法。

1. 隐瞒对特定农产品的保费补贴

在 2012 年之前,美国把应该归于"黄箱"措施的农业保险保费补贴按照"绿箱"措施及"黄箱"措施中非特定农产品支持进行申报,申报计算的补贴金额也不完整,大大降低了农业保险补贴在 AMS 中的比重,也间接降低了 AMS。过去几年来,巴西、加拿大和中国等国家相继对美国农产品提出诉讼,认为美国的农业保险补贴在通报过程中存在隐瞒,扭曲了贸易。迫于其他国家压力,美国政府逐渐承认与产品类型、产量等相挂钩的保费补贴对贸易的扭曲作用,通报逐渐规范化,特别是2012年之后,将基于特定农产品的保费补贴按照"基于特定农产品国内支持"通报,而且是全额通报。

2.利用经营管理费用补贴改变保费补贴的归箱属性

美国把对农业保险补贴分为两部分,一部分是对农民的纯保费补贴,一部分是对保险公司的经营管理费用补贴、经营亏损补贴和再保险补贴等。美国这种把农业保险补贴分为两部分的做法,比我国按照毛保费进行补贴在规避WTO"黄箱"措施方面就有利得多。如果按照毛保费补贴,对特定农产品的保费补贴都应该计入"黄箱"措施;如果分为纯保费补贴和经营管理费用补贴两部分,纯保费补贴与农业生产和贸易有关,存在扭曲农业贸易的可能性,应该归于"黄箱"措施,但对于保险公司的经营管理费用补贴看起来和农业生产和贸易没有关系,应该计入"绿箱"措施。美国就利用这种逻辑,从毛保费补贴中剔除一部分对保险公司的经营管理费用补贴计入"绿箱"措施通报。2013年美国政府对保险公司经营管理费用补贴和经营亏损补贴金额共43亿美元,比纯保费补贴72.9亿美元的50%还多。

3.利用更隐蔽的再保险补贴代替政府直接补贴

对于保险公司的再保险补贴,看起来和农业生产和贸易没有任何关系,免于申报,但实际上降低了保险公司经营农业保险的费用和价格,鼓励农民积极投保,间接支持农业生产。美国联邦农业保险公司(FCIC)作为再保险人与指定的商业保险公司签订再保险协议,为其提供再保险补贴,再保险摊赔部分不需要向WTO通报,利用更隐蔽的方式代替了政府直接补贴。①

---

① 史岩:《美国农业保险补贴规避WTO规则约束的策略研究》,《世界农业》2018年第1期。

（三）美国《2014 年食品、农场和就业法》对农业保险政策的改革

由于巨额补贴引起贸易争端、财政赤字压力增大等原因,2014 年美国颁布了《2014 年食品、农场和就业法》,大幅调整了农业支持政策,取消了对农场的直接补贴,增加了几个新的农业保险产品,加速了美国农业支持保护政策由传统的价格和收入支持政策向风险管理政策转变,强化了农业保险在农业风险管理中的基础地位及在农业安全网中的首要地位。

1. 价格损失保障计划和农业风险保障计划

《2014 年食品、农场和就业法》新增了两个项目,即价格损失保障计划(Price Loss Coverage,PLC)和农业风险保障计划(Agriculture Risk Coverage,ARC),以代替 2008 年农业法案中的直接支付项目、反周期支付项目以及以州为基础的平均作物收入提升计划(Average Crop Revenue Election,ACRE)。这两个计划主要保障价格风险或基础作物保险的免赔部分,农户可以选择其中一个。价格损失保障计划对作物设定价格和市场价格之间的差额进行赔付;农业风险保障计划是一个区域收入保险计划,如果投保农场所有作物的收入总和或整个县某种作物收入低于预先设定的基准收入的 86%,将会得到赔偿,最高保障水平是 10%。

2. 棉花叠加收入保护计划

上述价格损失保障计划和农业风险保障计划不适用于棉花生产者。《2014 年食品、农场和就业法》推出了一个专门针对棉花生产者的区域收入保险计划——叠加收入保险计划(Stacked Income Protection Plans,STAX),棉花生产者可以单独投保或者作为其他品种的补充投保。

STAX 以县区收入为基础,当保险期限内县棉花实际收入低于预期收入

的 90% 时,该计划启动赔偿。启动赔偿条件与单个参保棉农的植棉面积、单产水平及棉花收入无关,保障水平分为 5 档,提供 10%—30% 的损失保障。政府对 STAR 计划提供 80% 的保费补贴和 12% 的经营管理费用补贴。

STAX 主要是为了解决美国与巴西之间的棉花贸易争端问题,用 STAX 代替了原有的商品计划,对棉农提供了更高保障的保险方案,在 WTO 允许的框架内提高了棉花种植产业的国际竞争力。

3. 补充保险选择

补充保险选择(Supplemental Coverage Option,SCO)是一种以县为单位的区域性保险(数据不足的县在更大范围内开展),对农场主原有基础保险的保障水平与县平均产量(或收入)86% 之差提供补充保险保障,即为基础保险免赔部分提供保障。参保 SCO 的农场必须同时投保基础保险,基础保险的类型和 SCO 的类型要完全一致,即都是产量保险(Yield Protection,YP)或都是收入保险(Revenue Protection,RP)。例如,农场主投保了 70% 的收入保险,SCO 最高的保障水平则是 16%(86%—70%)。联邦政府为农场主提供 65% 的保费补贴,为保险公司提供 12% 的经营管理费用补贴。购买 ARC 或 STAX 保险的农户不能同时购买 SCO 保险,但购买 PLC 保险的农户可以购买 SCO。

4. 作物预期利润保障计划

作物预期利润保障计划(Margin Protection,MP),是一种对生产者所在区域指定作物的预期利润损失提供保障的区域保险计划。2016 作物年先从试点区域的玉米、稻谷、大豆及小麦四种作物开始。预期利润是由所在区域预期平均收益扣除预期生产成本所得。MP 为生产者提供一揽子收入风险保障,即收获期价格下跌、产量损失、投入成本上升,或者上述因素混合引起的收入损失,都可以得到 MP 的赔付。MP 可以单独投保,也可以和基础保险一起投保,保障水平在 70%—90% 之间。MP 是一种区域产量保险计划,得到同等水平的联邦政府保费补贴支持。

5. 全农场收入保障计划

《2014 年食品、农场和就业法》提供了一项全农场收入保障计划（Whole Farm Revenue Protection，WFRP），该计划允许农户为其农场上的所有作物一次性整体投保，不用按照作物品种单独投保，保险标的不仅包括了原有小麦、玉米等大田作物，还把以前没有保险项目的蔬菜和水果也囊括进来，扩大了保障空间，满足了多元化生产农场主的多种保险需求。

WFRP 要求投保农场具有农场生产或收入的历史数据及 5 年纳税记录，并对不同类型农场提供差异化保障：对多元化生产的农场提供更高的保障水平，可在 50%—85% 之间选择，保费补贴比例也比较高；对只生产一、两种作物的农场提供 50%—75% 的保障和基本的保费补贴。

6. 农业保险与水土保持等涉农政策挂钩

《2014 年食品、农场和就业法》还利用保险机制鼓励水土保持。该法规定，农场主如果在易流失的土地和湿地上按照水土保持政策种植一年生作物或者甘蔗，就可以获得农业保险保费折扣；对种植破坏天然草地一年生作物的农场主，则给予较少的保费补贴和较低的保障水平，计算保额的标准产量按照所在县平均产量的 65%，属于比较低的档次，保费补贴则减半。

7. 扩展涵盖价格风险的保险方案

2014 年以前，美国联邦农作物保险对有机农作物没有专门产品，都是按照普通农作物的价值参加保险。根据《2014 年食品、农场和就业法》，联邦农作物保险公司可以为有机农作物生产者提供农作物保险有机价格选择方案（Organic Price Election for Crop Insurance），即以有机作物的实际零售价或批发价购买保险，从而为生产者提供更高保障。2016 年某些地区的 16 种农作物已经实行了有机价格选择。此外,生产者还可以有机农作物的合同价格参加农作物保险,大概有 62 种有机农作物以这种方式参加保险。①

六、对我国充分利用 WTO 农业保险规则的启示

我国如何最大限度规避 WTO 规则对农业保险补贴的约束、加强对农业的支持保护,是我国目前面临的一个重要研究课题。美国等国家在农业保险产品设计、保费补贴方式以及通报策略等方面的做法值得我国借鉴。

(一)农业保险是未来各国农业支持保护政策的重要支柱

近十年来,一些国家顺应 WTO《农业协定》要求,不断调整和完善农业保险政策,提升农业保险在农业支持保护政策体系中的地位。

例如,美国《2014 年食品、农场和就业法》大幅调整农业支持保护政策,取消对农场的直接补贴,改革农业保险政策,通过增加新保险品种、提高保险金额、扩大保险覆盖面、为农场主提供多样化的保险方案等方式,加大了对农业保险的支持力度,构建了更健全、更能适应农业发展新要求的农业保险体系,加速农业支持保护政策由传统的价格和收入支持政策向风险管理政策转变,加强农业保险在抵御生产和价格风险方面的基础地位及在农业安全网中的首要地位,以此巩固和扩大美国农业的优势地位。

再如,日本基于国内新农政策和贸易自由化的内外约束,也于 2017 年开始试点农业收入保险,并于 2019 年正式实施,在险种设计上力争满足 WTO 规则中的"绿箱"措施要求,即承保对象与特定农作物的种植面积和产量脱钩,而以投保人整体的农业收入为承保对象,以补贴农业收入保险为主要方式,来

---

① 谢凤杰等:《美国〈2014 年新农业法案〉农业保险政策改革及启示》,《农业经济问题》2016 年第 5 期。

实现稳定农民收入、保障国家粮食安全、提升农业竞争力等政策目标。

随着我国加入 WTO 过渡期结束,我国长期以来所采用的保证种粮农民收益的价格支持政策(如最低收购价、临时收储价、目标价格等)开始在国际上受到贸易争端的挑战,因此,我国应构建价格、补贴、保险"三位一体"的种粮农民收益保障体系,逐步提高农业保险在该体系中的地位,充分发挥农业保险"保收入"的功能。

(二) 我国农业保险制度顶层设计应对标 WTO 规则

随着各国逐步提高农业保险补贴在农业支持保护体系中的地位,未来 WTO 对各国农业保险补贴的规制和监督会日益严格。我国应及时纠正所有农业保险补贴都是"绿箱"措施的错误认知,明确作为"绿箱"措施的农业保险,必须具有普惠性质,且不能与品种、价格、产量和生产要素挂钩。并不是所有的农业保险补贴都可以计入"绿箱"措施范围,比如,美国农业保险体系中除了农作物指数保险之外,其他的如产量、收入、利润、价格等农作物保险均与特定产品、产量和价格等挂钩,而且不属于普惠性保险,补贴的针对性强,均属于"黄箱"措施范围。

因此,我国在农业保险制度顶层设计上应更加关注 WTO 规则,虚心学习其他国家的有益做法,规避 WTO 农业保险补贴"黄箱"措施规定,充分利用"绿箱"措施和"模糊地带",以农业保险补贴为手段,加大对农业的支持保护力度。

(三) 借鉴美国利用农业保险支持保护农业的经验

由于 WTO《农业协定》对农业保险补贴归箱原则规定得比较模糊,如果对政策把握得不精准,制度设计得不好,可能会将我国在贸易争端中置于不利地位。比较简单的做法就是在尊重我国国情的前提下,借鉴美国利用农业保险支持保护农业的经验,采取和美国相类似的做法。理由有两方面:一是美国的农业保险发展历史悠久,农业保险法律制度比较完善,产品体系和大灾风险分散制度比较健全,美国经验本身具有借鉴价值;二是未来我国和美国发生贸易争端的可能性越来越大,采取和美国相同或相似的农业保险支持保护政策,会使我国在与美国或其他国家的农业贸易争端中处于比较有利的地位。具体来说,美国经验主要有以下三方面:

(1)重视发展农业收入保险。美国《2014年食品、农场和就业法》非常重视发展农作物收入保险,原因在于:第一,收入保险同时保障产量(自然风险)和价格(市场风险),能够代替价格支持政策确保农户收入稳定,同时不会对市场价格造成干扰和扭曲;第二,收入保险补贴按照WTO《农业协定》中的"模糊地带"通报的可操作空间较大。

(2)设计与特定农产品产量、价格和生产要素不相关的保险产品。例如,天气指数保险、区域收入保险和全农场收入保障保险等,与特定农作物的产量、价格和生产要素等没有关系,有可能归入"绿箱"措施。

(3)充分利用与农户没有直接关系的各种保险补贴。例如,政府对保险公司提供的再保险补贴、经营管理费用补贴、税收优惠及政府建立的农业保险大灾风险基金等,这些补贴或税收优惠表面上来看是降低了保险公司的经营费用,实际上降低了农户的保费负担。由于这些补贴和农户及特定农产品的价格、产量和生产要素等都没有直接关系,可能就能归入"绿箱"措施。

第六章　我国农业保险管理体系现状与优化

　　健全的农业保险制度,需要完善的管理体系去设计保险方案、推进实施和进行业务监管。如果农业保险管理体系不完善,就会影响农业保险制度运行的效率。美国在颁布了《1938年联邦农作物保险法》后,于1939年成立了联邦农作物保险公司,1996年成立了农业部风险管理局,承担对农业保险的管理职责。相比而言,我国农业保险管理体系还比较薄弱,本章对此问题进行专门分析。

一、我国农业保险"协同推进、共同引导"管理体系的现状

　　2012年颁布的《农业保险条例》为我国设计出"横向上多部门协同推进,纵向上多层级政府共同引导"的农业保险管理体系。

(一)"横向上多部门协同推进"

　　《农业保险条例》第4条规定,"国务院保险监督管理机构对农业保险业务实施监督管理。国务院财政、农业、林业、发展改革、税务、民政等有关部门

按照各自的职责,负责农业保险推进、管理的相关工作。财政、保险监督管理、国土资源、农业、林业、气象等有关部门、机构应当建立农业保险相关信息的共享机制。"第7条规定:"农民或者农业生产经营组织投保的农业保险标的属于财政给予保险费补贴范围的,由财政部门按照规定给予保险费补贴,具体办法由国务院财政部门同国务院农业、林业主管部门和保险监督管理机构制定。"①

由《农业保险条例》第4条、第7条等规定可知,在中央政府层面,我国农业保险管理体系呈现出由保险监督管理机构监督管理,财政部、农业部、国家发展和改革委员会等多部门"协同推进"的格局。根据《农业保险条例》等相关规范的规定,各协同部门的具体职能划分见表6-1。

表6-1　农业保险横向协同部门职能划分表

主体	职能
财政部	研究制定农业保险的财税支持政策,制定农业保险相关财务管理和会计核算等制度;编制农业保险费补贴预算,会同其他部门制定保险费补贴政策和办法,对政府补贴资金进行监督;会同其他部门制定农业保险大灾风险分散制度;对农业保险的条款和费率制定提出意见;处罚违反保险费补贴取得和使用规定以及骗取保险费补贴的行为。
农业部	协助做好农业保险承保、理赔工作,并强化专业技术服务,做好防灾防病工作;引导农民投保、促进农业保险发展;参与农业保险费补贴管理办法的制定;基层农业技术推广等机构协助办理农业保险业务等。
保险监督管理委员会	负责农业保险的市场准入,对农业保险业务实施监督管理,参与组织农业风险研究和区划等;参与农业保险保费补贴政策的制定和大灾风险管理制度的建立;负责保险机构的协调;负责农业保险条款和费率审批及备案;对保险机构在从事农业保险活动中的违法违规行为执法。
国家发展和改革委员会	参与制定农业产业结构调整政策;负责农业保险推进和管理的相关工作。
税务总局	参与制定农业保险税收优惠的具体办法。
民政部	负责农业保险推进和管理的相关工作;参与组织和协调防灾减灾及灾后农业保险补偿与政府救助等工作。

① 中华人民共和国中央人民政府:《农业保险条例》,2016年2月6日,见https://www.gov.cn/gongbao/content/2016/content_5139713.htm。

续表

主体	职能
国土资源部	支持与配合保险经营主体的承保、查勘、定损、理赔和防灾防损等各项工作。
气象局	参与农业风险研究和区划,协助农业保险开展及农业防灾减灾等工作。
水利部	参与农业风险研究和区划及参与农业防灾减灾等工作。

资料来源:陈文辉等:《中国农业保险发展改革理论与实践研究》,中国金融出版社 2015 年版,第 163 页。

(二)"纵向上多层级政府共同引导"

《农业保险条例》第 3 条规定:"省、自治区、直辖市人民政府可以确定适合本地区实际的农业保险经营模式。"第 5 条规定:"县级以上地方人民政府统一领导、组织、协调本行政区域的农业保险工作,建立健全推进农业保险发展的工作机制。县级以上地方人民政府有关部门按照本级人民政府规定的职责,负责本行政区域农业保险推进、管理的相关工作。"

从《农业保险条例》第 3 条、第 5 条等规定可以看出,我国农业保险管理由各级政府共同负责,各级政府之间是引导关系。从 2007 年以来的政策性农业保险实践经历来看,各层级政府在"共同引导"的管理制度中分别发挥了不同作用,具体职能分工见表 6-2。[①]

表 6-2　农业保险管理体系中各级政府职能一览表

主体	工作职能
中央政府	负责制定农业保险法律法规和全国性政策制度,确定农业保险的业务范围、保险费率、财政补贴、税收扶持、金融扶持、配套支持、农业巨灾风险分散制度及保险监管等相关制度和规范。
省级政府	因地制宜地自主决定本地农业保险的经营模式、保险品种、保费补贴标准等具体内容。
地、县政府	组织推动农村基层开展农业保险,向农户宣传和组织参加农业保险。

①　陈文辉等:《中国农业保险发展改革理论与实践研究》,中国金融出版社 2015 年版,第 162—165 页。

主体	工作职能
乡级政府	各基层组织特别是乡镇、村协助农业保险业务开展,为承保、签单、防灾、查勘、定损、理赔及道德风险和逆选择防范提供具体支持。

资料来源:陈文辉等:《中国农业保险发展改革理论与实践研究》,中国金融出版社2015年版,第163页。

二、我国农业保险"协同推进、共同引导"管理体系的不足

在过去十几年,我国农业保险"协同推进、共同引导"管理体系的确发挥了重要作用,但同时在实践运作中也暴露出一些不足。

(一)中央政府层面缺乏明确的农业保险牵头管理机构

如表6-1所示,在我国农业保险"协同推进、共同引导"管理体系下,中央政府层面,保监会只负责农业保险的业务监管,财政部、保监会和农业部等各部门各司其职,"协同推进"没有常态化工作机制,只是有重要问题时临时沟通一下。但政策性农业保险工作比较复杂,涉及各级财政部门提供保费补贴,还需要其他部门配合,各级政府参与,横向有十多个政府部门,纵向有从中央、省、市、县、乡五级政府参与。面对如此庞大复杂的体系,中央政府层面却没有一个明确的农业保险牵头管理机构。这些"协同推进"的各部门"铁路警察各管一段",都与农业保险有关,但谁都不是农业保险的"总负责人"。

直到2019年9月,财政部等四部委印发的《关于加快农业保险高质量发展的指导意见》提出:"财政部会同中央农办、农业农村部、银保监会、国家林草局等部门成立农业保险工作小组,统筹规划、协同推进农业保险工作。"从这条规定来看,财政部成为中央政府层面农业保险的牵头管理机构,协同推进机构也减少为中央农办、农业农村部、银保监会和国家林草局等机构,中央政

府层面缺乏牵头管理机构的不利影响在以后可能会有所改善。

（二）农业保险顶层设计缺乏系统性和前瞻性

在之前农业保险管理体系"总负责人"缺位的状态下，"协同推进"各部门也缺乏为农业保险做系统安排和长远规划的动力，都安于"做好自己分内事"，这难免会使农业保险顶层设计缺乏系统性和前瞻性，管理中出现漏洞以后再去制定规则弥补，呈现出"实践倒逼管理"的被动状态。例如，政策性农业保险作为国家为实现特定农业产业发展目标而设定的支农政策，首先要有非常明确的发展目标和中长期发展规划。但在《关于加快农业保险高质量发展的指导意见》发布之前，"协同推进"的各部门很难说清它的发展目标是什么，至于农业保险中长期发展规划更是没有。

（三）地方政府层面农业保险管理机构不统一

在中央政府层面农业保险管理主体不明确、"协同推进"机制不健全的情况下，地方政府的农业保险管理机构建设也缺乏有力保障。在《关于加快农业保险高质量发展的指导意见》发布之前，各省成立了农业保险工作领导小组，或建立了农业保险联席会议制度，一般由主管农业的副省长任组长。但牵头部门在各省各不相同，有财政厅、农委、金融办、发改委等。省级层面农业保险管理机构不统一，容易造成管理效率较低。例如，中央政府部门的一个农业保险文件，原本可以经由同一办公系统快速传达，但在各地农业保险管理机构不统一的情况下，需要先下发到各省党委及政府，各省再下发到当地农业保险主管部门，相比之下效率肯定要低很多。《关于加快农业保险高质量发展的指导意见》发布后，一些省、直辖市将农业保险牵头管理机构确定为财政部门。例如，上海市将农业保险牵头管理机构由市农委变更为财政局，河北省由金融办变更为财政厅。各地方农业保险管理机构不统一的局面以后也会有所改变。

（四）农业保险监管力量不足，存在监管盲区

第一，监管力量不足。我国农业保险业务监管在中央政府保险监管部门有 4 人负责，在各省级政府保险监管部门一般只有 1 人负责，全国农业保险监管队伍总共不超过 40 人。这样一个农险监管队伍，需要负责对 31 个省、自治区、直辖市的 30 多家农业保险经营机构、2000 多个县、近 70 万个行政村的农业保险业务进行调研、指导和监管，真的是力不从心。[①] 财政部门和农业门部与农业保险有关的管理职责也都为处级单位，一般也就 4—5 名员工，中央层面与农险有关的三个主要部门的管理人员合起来大约十几个人。管理人员规模与我国农业保险规模很不匹配，导致监管精力有限，监管相对粗放。在美国，联邦政府层面负责管理农业保险的风险管理局就有 400 多名员工。

第二，存在监管盲区。保险监管部门只能监管保险公司，而不能监管基层政府，到底应该由谁来监管基层政府的农业保险违法违规行为存在困惑，导致部分地区存在地方政府部门越位错位、干预农业保险市场化运作的问题。主要表现为：通过行政性手段配置市场资源；直接干预农业保险经办机构的保险方案制定、条款设计、费率厘定、承保理赔等经营活动；拖欠或要求经办公司返还财政补贴资金；等等。

三、完善我国农业保险管理体系的对策建议

（一）明确农业保险牵头管理机构及职责

《关于加快农业保险高质量发展的指导意见》提到财政部"会同"中央农

---

① 庹国柱：《打造农险 2.0 版本需要突破的瓶颈问题》，中国保险报，2017 年 5 月 9 日、5 月 23 日、6 月 13 日。

办、农业农村部、银保监会、国家林草局等部门成立农业保险工作小组,统筹规划、协同推进农业保险工作,这可以看做中央政府将财政部作为农业保险牵头管理机构的一个标志。

财政部作为农业保险牵头管理机构的优势有:(1)便于制定农业保险发展规划。从 2007 年中央财政农业保险保费补贴试点工作开展以来,我国农业保险保费中大概有 80% 都是由各级财政补贴的。保费补贴规模在一定程度上决定了我国农业保险发展的规模。由财政部担任农业保险牵头管理部门,便于根据财政承受能力制定农业保险各项政策。(2)便于保费补贴资金管理。由财政部担任牵头领导机构,便于农业保险保费补贴资金预算、拨付、监管和绩效评价等工作的实施。(3)便于农业保险基层工作的推进与管理。与其他部门相比,财政部门是唯一在各乡镇有分支机构(乡镇财政所)的部门,便于农业保险业务在基层的宣传、推进和管理。

建议在颁布《政策性农业保险法》时,借鉴美国《联邦农作物保险法》的做法,在法律法规中明确财政部作为农业保险牵头管理部门的地位,并详细规定其职责,以有利于我国农业保险制度的顶层设计和农业保险工作的健康发展。

（二）由"中国农再"承担类似 FCIC 的农业保险管理职责

财政部作为中央政府层面的牵头管理部门,只能负责农业保险支持政策和资金管理等宏观方面,对农业保险产品研发、标准制定、提供再保险及管理大灾风险基金等具体业务管理工作,还需成立类似 FCIC 那样的专门管理机构。

该管理机构的具体职责有:提出农业保险的发展目标、年度规划和中长期规划,向财政部提交农业保险补贴的提议和方案;研发农业保险产品,厘定农业保险费率,制定核灾定损的方法、标准和程序等;对保险公司开发的新险种进行初步审核,促进新险种推广;对农业保险公司提供再保险支持,并协助监管业务经营;负责搜集农业保险的相关数据和信息,组织相关理论和实务研究,为政策制定和产品研发提供依据;等等。[①]

2020 年 8 月,银保监会批复同意筹建中国农业再保险股份有限公司(简称"中国农再")。"中国农再"由财政部、中国再保险(集团)股份有限公司、中国农业发展银行、中华联合财产保险股份有限公司、中国人寿财产保险股份有限公司、北大荒投资控股有限公司、中国太平洋财产保险股份有限公司、中国平安财产保险股份有限公司、中国人民财产保险股份有限公司 9 家单位共同发起,注册资本 161 亿元人民币。目前来看,"中国农再"逐步发展成为类似美国 FCIC 那样的农业保险管理机构,可能是比较现实可行的选择。

(三)国家金融监督管理总局负责政策性农业保险业务监管

在美国,联邦农作物保险的监管职责在农业部风险管理局。由于保险业务监管具有很强的专业性,目前无论由财政部门还是由"中国农再"承担政策性农业保险业务的监管职责,都不现实。因此,政策性农业保险业务的监管职责仍然由保险监管机构,即目前的国家金融监督管理总局履行,但应针对政策性农业保险业务的特殊性,在农业保险市场准入和退出、农业保险条款和保险费率审批和备案、农业保险活动中的违法违规行为等,制定不同的监管标准和政策。

(四)农业农村部等部门承担农业保险协同推进职责

农业农村部、国家林草局长期与农牧民打交道,制定各种农业和林草业发展政策,对农牧民在生产生活中面临的风险需求更了解,因此在农业保险顶层设计中,应由农业农村部及国家林草局根据农业、林草业发展规划和农牧民风险需求提出农业保险发展建议,参与农业保险相关政策的制定,并将农业保险

---

① 冯文丽等:《农业保险"协同推进、共同引导"管理体系的现状及优化》,《中国保险》2019 年第 2 期。

政策与其他农村金融和支农惠农政策有机结合,形成协同促进农业保险快速健康发展的政策合力。同时,农业农村部门可以利用农业技术推广站等基层机构引导农民投保,协助做好农业保险承保、理赔工作,强化专业技术服务,做好防灾防病工作,形成促进农业保险健康发展的长效机制。

第七章 河北省农业保险产品
体系现状与优化

农业保险产品体系是农业保险制度的重要组成部分,也是农业保险制度的具体体现。由于我国各省份农业保险产品差异较大,各省份农业保险产品的详细数据很难获取,本书选取河北省作为典型代表研究农业保险产品体系。河北省是农业大省,2022 年农业保险保费收入 64.05 亿元,在 31 个省、自治区、直辖市中,排名第八,农业保险规模较大,农作物品种比较多,农业保险发展比较稳定,因此,本书选取河北省作为分析农业保险产品体系的典型代表具有合理性。河北省农业保险产品体系中存在的问题,基本上也是其他省份普遍存在的问题,对策建议对其他省份也具有参考价值。

一、河北省农业保险产品体系现状

(一)河北省农业保险产品类别

河北省农业保险产品体系包括政策性农业保险产品和商业性农业保险产品两大类。其中,政策性农业保险产品包括传统型中央财政保费补贴险种、试点型中央财政保费补贴险种、省级财政补贴险种和特色农业保险。

1. 传统型中央财政保费补贴险种

这类产品主要包括小麦、玉米、水稻、棉花、马铃薯、花生、油菜、大豆、甜菜、能繁母猪、育肥猪、奶牛、公益林和商品林等,特点为保障水平较低,主要保物化成本,由中央财政和地方财政共同承担保费补贴。

小麦、玉米、水稻、棉花、马铃薯、花生、油菜、大豆和甜菜等种植险险种,中央财政承担 40% 的保费补贴,地方财政承担 40% 的保费补贴,其中省级财政承担 25%,市和县级财政各承担 7.5%。

能繁母猪、育肥猪和奶牛等养殖险险种,中央财政承担 50% 的保费补贴,地方财政承担 30% 的保费补贴,其中省级财政承担 15%,市级财政承担 10%,县级财政承担 5%。

公益林和商品林两个森林保险。对于公益林,中央财政承担 50% 的保费补贴,地方财政承担 40% 的保费补贴,其中省级财政承担 25%,市和县级财政各承担 7.5%;对于商品林,中央财政承担 30% 的保费补贴,地方财政承担 50% 的保费补贴,其中省级财政承担 25%,市级财政承担 15%,县级财政承担 10%。

2. 试点型中央财政保费补贴产品

试点型中央财政保费补贴产品包括小麦、玉米和水稻完全成本保险。该产品自 2021 年开始在 30 个产粮大县试点,2022 年在全省所有产粮大县全面实施。保障对象为农户和农业生产经营组织。保险金额覆盖三大粮食作物直接物化成本、土地成本和人工成本等农业生产总成本。小麦、玉米、水稻的保险金额分别为 950 元、800 元和 1500 元。对这类保险产品,中央财政提供 45% 的保费补贴,省级财政提供 30% 的保费补贴,市级财政提供 5% 的保费补贴,县级财政不用提供补贴。

3.省级财政补贴险种

这类产品为温室大棚保险,承保棚内作物主要为蔬菜,中央财政不提供保费补贴,省级财政提供30%,市级财政提供25%,县级财政提供15%。

4.特色农业保险

2016年,河北省财政厅和河北保监局印发《关于开展特色农业保险保费财政奖补试点实施办法》,对开展特色农业产业保险的市县按当地财政保费补贴的30%给予奖补,对贫困县和民族自治县给予40%的奖补。对开展列入全国名优特色农业产品保险的市县,按当地财政保费补贴的40%给予奖补,对贫困县和民族自治县给予50%的奖补。

5.商业性农业保险

除了上述四种政策性农业保险以外,还有少量商业性农业保险。由于商业性农业保险没有政府补贴,保险公司开办的积极性不高,农民也不愿意投保,这十几年来发展得一直不好,在整个河北省农业保险业务中占比较低。但2022年商业性农业保险业务增长较快。

表7-1 河北省政策性农业保险险种基本情况表

补贴险种	单位保险金额	保险费率	各级财政补贴比例				农户自缴比例	备 注
			中央	省	市	县		
小麦	500	4%	40%	25%	7.5%	7.5%	20%	小麦和玉米保险直管县的市级补贴由省级财政承担,水稻保险直管县的市级补贴由直管县本级财政承担。产粮大县的县级财政补贴比例为零。中央财政和省级财政对省级财政直管的产粮大县补贴比例分别为47.5%、32.5%,对非财政直管的产粮大县补贴比例分别为45%、27.5%。
玉米	400	6%	40%	25%	7.5%	7.5%	20%	
水稻	620	5%	40%	25%	7.5%	7.5%	20%	

续表

补贴险种		单位保险金额	保险费率	各级财政补贴比例				农户自缴比例	备　注
				中央	省	市	县		
棉　花		400	6%	40%	25%	7.5%	7.5%	20%	直管县的市级补贴由省级财政承担。
马铃薯		500	5%	40%	25%	7.5%	7.5%	20%	直管县的市级补贴由直管县本级财政承担。
花　生		500	4%	40%	25%	7.5%	7.5%	20%	
油　菜		300	5%	40%	25%	7.5%	7.5%	20%	
大　豆		200	5%	40%	25%	7.5%	7.5%	20%	
甜　菜		300	5%	40%	25%	7.5%	7.5%	20%	
小麦完全成本		950	4%	45%	30%	5%	0	20%	从2022年起,在全部产粮大县实施。直管县的市级补贴由省级财政承担。
玉米完全成本		800	6%	45%	30%	5%	0	20%	
水稻完全成本		1500	5%	45%	30%	5%	0	20%	
能繁母猪		1500	6%	50%	15%	10%	5%	20%	直管县的市级补贴由直管县本级财政承担。
奶　牛		8500	7%	50%	15%	10%	5%	20%	
育肥猪		800	5%	50%	15%	10%	5%	20%	直管县的市级补贴由直管县本级财政承担,B条款适用于冀牧医防发〔2016〕6号文件列明的试点范围及对象。
育肥猪B		800	4.5%	50%	15%	10%	5%	20%	
温室大棚	日光温室	20000	5%	0%	30%	25%	15%	30%	直管县的市级补贴由省级财政承担。
	塑料大棚	10000		0%	30%	25%	15%	30%	
	塑料中小棚	5000		0%	30%	25%	15%	30%	
森林	公益林	600	3.8‰	50%	25%	7.5%	7.5%	10%	省直属林场公益林保险费中央补贴50%,省级补贴40%,林场承担10%。
	商品林	800	3.8‰	30%	25%	15.0%	10%	20%	省直属林场商品林保险费中央补贴30%,省级补贴50%,林场承担20%。

资料来源:河北省财政厅。

（二）河北省农业保险产品市场份额

本书依据2022年河北省农业保险数据,分析农业保险产品的市场份额。

1. 政策性农业保险的市场份额

2022年,河北省农业保险保费收入为64.05亿元,如图7-1所示,其中,政策性农业保险的保费收入为49.61亿元,占比77.45%;商业性农业保险的保费收入为14.44亿元,占比22.55%。政策性农业保险保费收入比2021年增加了7.68%,商业性农业保险保费收入增幅较大,比2021年增加了155.75%。

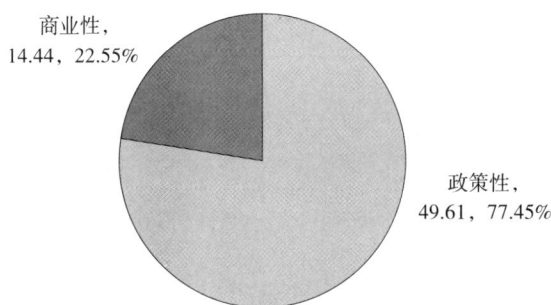

商业性,
14.44，22.55%

政策性,
49.61，77.45%

图7-1 2021年河北省农业保险保费收入的属性结构（单位:亿元）
资料来源:河北省银保监局。

2. 种植险和养殖险的市场份额

2022年,河北省64.05亿元农业保险保费收入中,如图7-2所示,其中,种植险保费收入为38.11亿元,占比为59.50%;养殖险保费收入25.94亿元,占比为40.50%。

3. 各种农作物保险的市场份额

如图7-3所示,在38.11亿元的种植险保费收入中,粮食作物保费收入

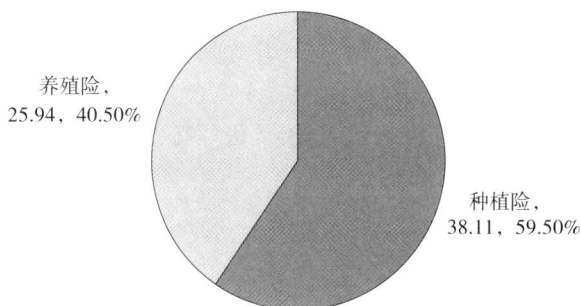

图 7-2　2022 年河北省种植险和养殖险保费收入结构（单位:亿元）

资料来源:河北省银保监局。

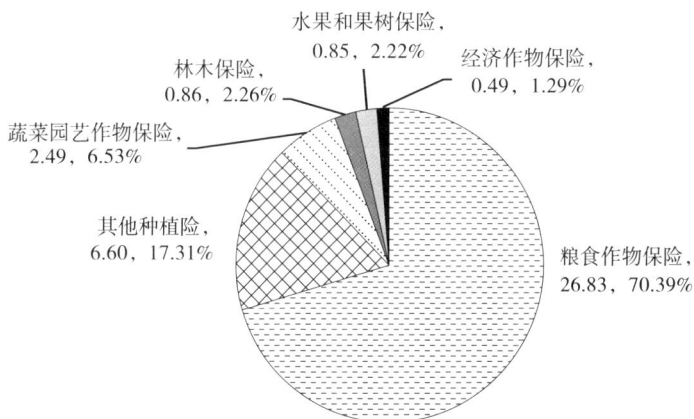

图 7-3　2022 年河北省种植险保费收入结构（单位:亿元）

资料来源:河北省银保监局。

26.83 亿元,占比 70.39%;其他种植险保费收入 6.60 亿元,占比 17.31%;蔬菜园艺保费收入 2.49 亿元,占比 6.53%;林木保费收入 0.86 亿元,占比 2.26%;水果和果树保费收入 0.85 亿元,占比 2.22%;经济作物保费收入 0.49 亿元,占比 1.29%。从种植险保费险种结构可以看出,粮食作物保险保费占比最高,林木、水果和果树、经济作物等保险保费占比很小,还有较大发展空间。

4.各种粮食作物保险的市场份额

如图 7-4 所示,在 26.83 亿元的粮食作物保险保费收入中,玉米保费收入

17.76 亿元,占比最大,为 66.19%;其次是小麦,保费收入为 8.02 亿元,占比 29.89%;其他粮食作物保费收入 0.54 亿元,占比 2.01%;水稻保费收入 0.42 亿元,占比 1.56%;大豆保费收入 927.27 万元,占比约 0.35%。

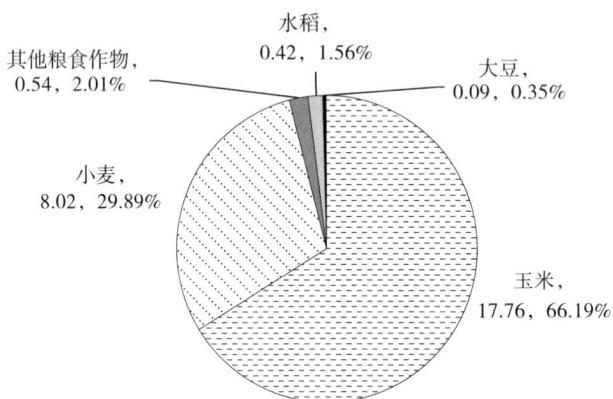

图 7-4　2022 年河北省粮食作物保险保费收入结构（单位:亿元）

资料来源:河北省银保监局。

5. 各种畜禽保险的市场份额

如图 7-5 所示,在 2022 年河北省 25.94 亿元养殖险保费收入中,各类畜禽的保费收入及占比分别为:猪的保费收入为 13.70 亿元,占比 52.80%;牛的保费收入为 9.02 亿元,占比 34.77%;羊、鸡和鸭的保费收入都很少,分别只有 3364.47 万元、1399.48 万元和 21.98 万元,占比忽略不计;其他养殖险保费收入为 2.58 亿元,占比 9.95%。

二、河北省农业保险产品体系中存在的问题

(一)农业保险产品结构单一

表 7-1 中所列河北省农业保险产品,基本上都是保直接物化成本的产量

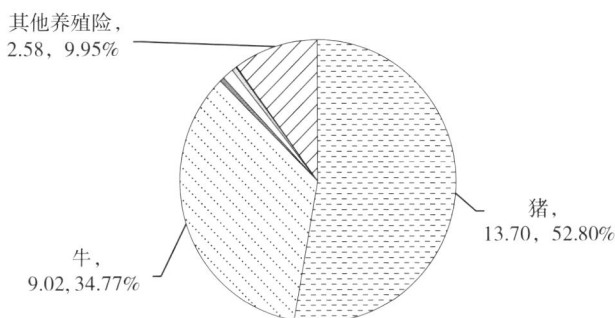

图7-5 **2021年河北省各种畜禽保险的市场份额**（单位:亿元）

资料来源:河北省银保监局。

保险,保障水平较高的完全成本保险仅于2022年后在产粮大县实施,既保产量又保价格的收入保险尚未开展,农业保险产品结构比较单一。这是由于我国在政策性农业保险试点初期,对农业保险发展确定了"低保障广覆盖"的原则,中央财政保费补贴的产品基本都是保直接物化成本的产量保险。2018年,我国才开始试点完全成本保险和收入保险,但河北省没有被纳入第一批试点省份,直到2021年6月河北省才被纳入第二批试点省份。但由于收入保险保障水平高,产品设计难度大,保险公司经营风险大,如果没有中央财政的保费补贴支持,地方政府和保险公司发展收入保险的积极性较低。

（二）农业保险产品保障水平较低

表7-1中所列的传统水稻、小麦、玉米种植保险只赔偿直接物化成本,保障水平很低,无法完全覆盖农民的生产成本。以小麦为例,《全国农产品成本收益资料汇编（2021）》显示,2020年河北省小麦种植的总成本为1136.79元/亩,物质与服务成本518.56元/亩,但河北省传统小麦种植保险的保险金额才500元/亩,连物化成本都难以完全覆盖。

171

2017 年开始试点的三大粮食作物大灾保险(2022 年在产粮大县实施完全成本保险后停办),虽然将玉米、小麦、水稻的保险金额提高到覆盖直接物化成本加地租,分别为 1000 元、700 元和 1520 元,但这只是对规模经营主体的专属保险产品,而且只在 35 个产粮大县试点,覆盖的人群和地区都比较少。

2022 年在全部产粮大县实施的三大粮食作物完全成本保险,将小麦、玉米、水稻的保险金额提高到了 950 元、800 元和 1500 元,但只是在产粮大县实施,其他地区仍然是保障水平较低的物化成本保险。

(三)农业保险产品无法满足农户需求

目前,我国的农业生产主体分为新型农业经营主体和传统农户两大类。新型农业经营主体的专业化、集约化、组织化和社会化程度较高,是中国现代农业发展的核心主体。传统农户是我国农业基本经营单位,将会长期存在。两者在我国农业生产中都发挥重要作用,都应是农业保险的保障对象,不能因为强调发展新型农业经营主体而忽视传统农户的风险管理需求。

但新型农业经营主体和传统农户在生产规模、生产方式、风险偏好、保险需求和农险经营难度等方面均有较大差异,因而对农业保险产品的需求偏好不同和关注点不同。两者都愿意以较小的保险成本获得较高的保险保障,但新型农业经营主体更注重获得较高的保障水平,而传统农户则更注重承担较少的保险成本。

表 7-1 中现有的保险产品,尤其是传统的物化成本保险,无论对小农户,还是规模经营主体,都没有太大的吸引力。对于新型农业经营主体而言,物化成本保险保障水平较低,保障不充分,赔偿金额"不解渴";对于传统农户而言,由于耕种规模小,赔偿几百块钱也解决不了太大问题,还要承担保险费,即使每亩几元的自缴保费,也不愿意缴纳。

（四）特色农业保险发展不理想

特色农业是农民增收和农业增效、实施乡村振兴战略的重要举措。2016年,河北省财政厅印发《关于开展特色农业保险保费财政奖补试点实施办法》,对开展特色农业产业保险的市县按当地财政保费补贴的30%—50%给予奖补。同年,河北省还出台了《河北省银行保险业金融机构创新产品奖励办法》,对保险公司研发的创新保险产品,按不超过年度保费收入8%的标准给予直接奖励。2019年以来,河北省农业农村厅、省发改委、省林草局分三批共认定了140个河北省特色农产品优势区,如平泉香菇、鸡泽辣椒、迁西板栗、内丘富岗苹果、晋州鸭梨、安国中药材等。

尽管有这些政策支持,但受县级财政保费补贴资金不足、特色农业保险产品开发难度大、经营风险大、农户保费支付意愿不强等因素影响,河北省特色农业保险发展不是很理想,距离农业供给侧结构性改革和实施乡村振兴战略的要求还有很大距离,还有很大发展空间。[1] 河北省共有186个县(市、区),2020年只有11个县(市、区)开展了除设施农业保险(省级财政补贴品种)以外的其他特色农业保险,仅占6.5%。[2] 2022年,河北省经济作物、蔬菜园艺、水果和果树等特色种植业保险保费合计仅有3.83亿元,占河北省种植险保费的10%;除猪和牛以外的其他畜禽及水产养殖保险的保费合计仅有3.22亿元,占养殖险保费的13%。

（五）保险费率精确性有待提高

河北省气候复杂多样,共有五个气候区,面积分布为:山前平原气候区占29%,燕山丘陵气候区占21%,冀北高原气候区占20%,太行山气候区占

---

[1]　冯文丽等:《助推乡村振兴战略实施的河北省特色农业保险发展思路》,《中国保险》2021年第2期。

[2]　武沛等:《河北省特色农业保险实践与探索》,《农村金融研究》2020年第10期。

16%,冀东平原气候区占14%,如图7-6所示。

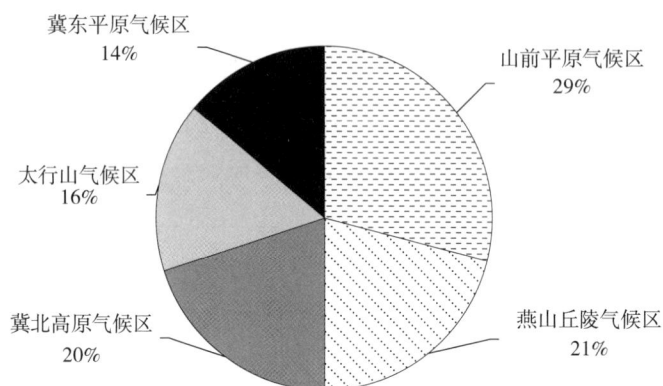

图7-6 河北省不同气候区的面积分布

资料来源:《河北省气象灾害风险等级地图集》编委会:《河北省气象灾害风险等级地图集》,科学出版社2018年版,第5页。

气候区复杂多样,也就导致气象灾害复杂多样。河北省六个气象灾害区的面积分布如图7-7所示:中南部平原灾害区占34%;冀北盆地山地灾害区占23%;太行山山地丘陵灾害区占15%;燕山山地丘陵灾害区占14%;坝上高原灾害区占9%;滨海平原灾害区5%。

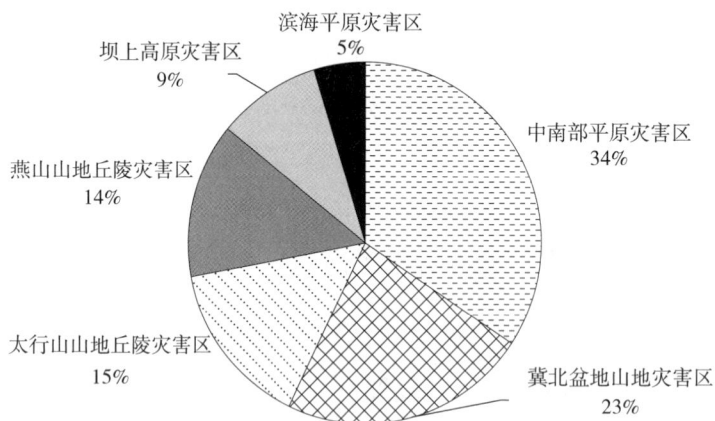

图7-7 河北省不同灾害区面积分布

资料来源:《河北省气象灾害风险等级地图集》编委会:《河北省气象灾害风险等级地图集》,科学出版社2018年版,第29页。

气候灾害区不同,面临的风险因素不同,灾害事故的种类、频率和损失程度都各不相同,这些差异应该在费率上有所体现。但在 2021 年 7 月之前,河北省农业保险产品费率基本上是"一省一费率",即一个险种在全省范围内执行统一的费率,不考虑投保人所处的风险环境差异。这导致了两个方面的不利结果。一是投保人缴纳的保费与其风险水平不一致。风险较小地区的投保人多交保费,风险较大地区的投保人少交保费,违背了保险交易的对价原则,导致投保人保费负担的不公平。二是保险人存在逆选择。风险水平不同的地区收取同样的保费,保险人自然都愿意在风险较小的地区发展业务,不愿意在风险较大的地区发展业务。

2021 年 7 月,河北省财政厅发布了《关于印发政策性农业保险补贴险种费率的通知》,根据以往的农业保险赔付情况,以市为单位实行差异化费率。以小麦保险为例,廊坊市、张家口市费率为 4%;秦皇岛市、唐山市、保定市费率为 3.8%;邢台市、沧州市、石家庄市费率为 3.7%;衡水市、承德市、邯郸市费率为 3.6%。这种粗略的费率分区,比以往"一省一费率"有所进步,但费率决定的依据和精准性还有待进一步提升。

另外,河北省自 2007 年政策性农业保险试点以来,只在 2015 年和 2021 年对农业保险费率做过调整,其余时间费率一直保持不变,没有及时根据灾害损失的发生情况和保险机构的经营情况对费率进行动态调整,费率水平没有充分反映风险程度的时间变化状况。

(六) 保险金额精确性有待提高

在河北省,同一种农作物在不同地区的生产成本和产值差异很大。理论上来讲,保险公司应该根据不同区域农作物生产成本和产值分别确定保险金额,以对被保险人提供充分的风险保障。但实际上河北省农业保险各险种的保险金额是全省统一的,没有体现出各地区生产成本和产值的差异,导致各地区获得的实际风险保障差异较大。如表 7-2 所示,河北省马铃薯保险的保险金额全省统一为 500 元/亩,但马铃薯产值最高的平泉市和产值最低的康保县,两者相差 1528.30 元/亩,马铃薯总成本最高的昌黎县和总成本最低的康保县,两者相差 1187.98 元/亩。

表 7-2 河北省 4 个县马铃薯每亩生产成本及保险金额

县名	保障金额(元)	产值(元)	总成本(元)	生产成本(元)	物化成本(元)	人工成本(元)	土地成本(元)	保额占产值比例(%)	保额占总成本比例(%)	保额占生产成本比例(%)	保额占物化成本比例(%)
昌黎县	500.00	2556.40	2398.07	2098.07	1198.00	900.07	300.00	19.56	20.85	23.83	41.74
抚宁区	500.00	2551.72	2387.48	2077.48	1182.78	894.70	310.00	19.59	20.94	24.07	42.27
围场县	500.00	1796.64	1549.45	1319.45	683.75	635.70	230.00	27.83	32.27	37.89	73.13
平泉市	500.00	2607.67	1651.26	1324.59	669.39	655.20	326.67	19.17	30.28	37.75	74.69
张北县	500.00	1122.72	1354.17	1204.17	611.37	592.80	150.00	44.53	36.92	41.52	81.78
康保县	500.00	1079.37	1210.09	1080.09	504.45	575.64	130.00	46.32	41.32	46.29	99.12

资料来源:河北省价格成本调查监审局;《河北省农产品成本调查资料汇编(2018)》。

另外,自 2007 年河北省政策性农业保险试点以来,河北省对农业保险产品的保险金额进行动态调整的次数也非常少,没有反映农业生产成本随时间发生的变化,只是在 2015—2016 年把 8 个种植险和养殖险的保险金额提高到覆盖直接物化成本,2019 年将能繁母猪和育肥猪保险金额分别提高 50% 和 60%。

(七)天气指数保险等新型农业保险产品较少

天气指数保险(Index-based weather insurance)的概念最早出现在 20 世纪 90 年代后期,通常依据拟投保区域过去 30 年的气象数据或灾害数据,结合当地农业生产历史损失情况,追溯损失和灾害等级之间的对应关系,由此建立相关联的函数模型,完成具体保险方案设计。只要天气指数达到了保险合同中规定的索赔触发条件,投保农户就可以用政府相关部门出具的气象证明或灾害损失证明作为依据进行索赔。

天气指数保险的优点有:(1)大幅降低保险公司的经营管理难度。天气指数保险根据预先设定的天气指数是否达到触发条件进行赔偿,操作简单,免去了传统农业保险产品中的核保到户、验标到户、查勘定损到户等环节,保险公司的经营管理难度大幅降低。(2)避免了传统农业保险产品中农户的道德风险问题。该保险以天气指数作为赔偿依据,农民防灾减损也不会降低保险赔款金额,从而激励农民的防灾减损行为,有效避免传统农业保险产品中农户的道德风险问题。(3)可以提高农业保险保费补贴效率。天气指数保险的费率较低,各级财政因此支出的保费补贴可能会少很多,同时由于天气指数保险中保险公司的经营费用率较低,财政部门支付的保费补贴可以更多地补偿农户损失。(4)容易符合WTO"绿箱"措施要求。天气指数保险可以设计成普惠型、与特定农作物及其产量和价格不挂钩的符合WTO"绿箱"措施要求的险种。

但由于中央财政保费补贴管理办法没有将天气指数保险等列入保费补贴险种的范围,没有中央财政保费补贴支持,地方政府和保险公司都缺乏发展天气指数保险等新型险种的积极性。

(八)线上农业保险产品发展滞后

近年来,遥感测绘、无人机、移动查勘等科技手段在农业保险核保、理赔中的应用越来越多,全面提升了农业保险的服务质量和效率。随着"互联网+农业"对农业全产业链改造升级的推动,利用互联网平台进行农业保险产品销售的模式应该受到重视。持续不断的疫情更是加速了这种趋势,监管部门希望进一步加快线上化发展。2020年5月,银保监会财险部发布《关于推进财产保险业务线上化发展的指导意见》,提出到2022年农业保险线上化率达到80%以上的目标。但由于长期以来,我国农业保险产品销售主要通过地方政府招标或者乡镇、村协保员协助推进,保险公司忽视了线上产品设计,使得互联网农业保险产品发展严重滞后。据 2020 年 7 月中国保险行业协会的信息披露显示,79 家财产保险公司已备案的互联网保险产品超过 3000 个,但互联网农业保险产品仅有 2 款,发展明显滞后,供给严重不足。①

(九)农业保险产品创新缺乏知识产权保护

长期以来,我国对农业保险产品创新缺乏知识产权保护,一家保险公司花很长时间、耗费很多物力财力创新出某个新产品,上市得到市场认可后,马上就会被同行抄袭和"借鉴"。例如,2015 年 5 月,某咨询公司与一家保险公司经过多年研究与开发,推出了海参养殖高温指数保险,但到 2015 年底就至少有三家保险公司一字不漏地抄袭了他们的产品条款。农业保险产品创新缺乏知识产权保护,导致保险公司进行产品创新的动力不足、农业保险市场上产品同质化严重等问题。②

三、河北省农业保险产品体系优化建议

针对河北省农业保险产品体系中存在的问题,在借鉴美国农业保险产品体系(见本章附录)经验的基础上,提出以下农业保险产品体系优化建议。这些建议对其他省份也具有参考意义。

(一)构建多层次的保险产品体系

构建由"普惠性基本险—高保障附加险—补充性商业险"构成的多层次农业保险产品体系,以满足不同农业生产者的风险保障需求。如表 7-3 所示。

---

① 余洋等:《省域视角下多层次农业保险产品体系建设——以湖北省为例》,《中国保险》2021 年第 2 期。

② 冯文丽等:《农业保险产品创新的知识产权保护》,《中国保险》2016 年第 9 期。

1.普惠性基本险

（1）设计要素。普惠性基本险是一种保障水平较低的成本保险，类似于美国的农业巨灾保险（CAT）。政策目标是鼓励粮食生产，保障国家粮食安全。保险标的是关乎粮食安全的重要农产品，如小麦、水稻、玉米和重要畜禽等。投保人和被保险人为这些农产品的全体生产者，即不论是小农户，还是新型农业经营主体，只要生产国家认定的重要农产品，都可以投保。承保风险仅限于自然灾害和意外事故，保障水平仅限于物化成本，以保障农业再生产的顺利进行，保险费由中央财政全额补贴，直接拨款至经办保险公司。[①]

（2）产品优势。第一，政策目标明确，即鼓励粮食生产，保障粮食安全。第二，补贴对象精准，谁为国家生产重要农产品，国家就为谁提供保费补贴，谁生产得多，承担的风险大，获得的保费补贴就多。第三，补贴义务明确，粮食安全问题应该是中央政府从全国范围内统筹考虑的问题，因此，应由中央财政提供保费补贴。第四，操作成本较低，由财政部门按照重要农产品的播种面积或养殖数量，直接拨款给保险公司，省去保险公司挨家挨户收取保费的高额成本，节约展业承保时间，提高承保效率，减少财政资金逐级拨付环节，降低农业保险违规操作和财政资金漏损的可能，提高补贴效率。第五，农民的获得感增强，通过媒体加大宣传国家对重要农产品提供了基本风险保障，发生灾害损失后，农民直接找保险公司索赔即可。第六，普惠性"基本险"如果设计为天气指数类保险产品，做到与具体的农作物、当年产量和价格等不挂钩，就可以算作 WTO 规则中的"绿箱"措施，有利于加强农业支持保护。

2.高保障附加险

农业生产者在获得普惠性基本险提供的基本保障后，对较高水平的风险

[①]　冯文丽等：《面向"二元主体"构建农险产品体系》，《中国保险报》2019 年 1 月 22 日。

保障需求,可以通过自愿投保高保障附加险来实现。

(1)设计要素。高保障附加险是有多个保障水平可供选择的产量保险或收入保险。政策目标是支持农业现代化发展,保障农业生产者收入稳定。投保人和被保险人主要针对新型农业经营主体,传统农户也可以自愿购买。承保风险包括自然灾害、意外事故和价格风险。保障水平为完全成本或产值收入。保险费由中央财政和省级财政按相应比例分担,保费补贴比例按照保障水平而定,保障水平越高,补贴比例越低。

(2)政策优势。第一,可以满足农业生产者更高水平的保障需求,促进农业现代化发展。第二,投保人大多为新型农业经营主体,投保规模较大,保险公司"承保到户、定损到户、理赔到户"的单位成本较低,比较容易实现。

3. 补充性商业险

除了上述有政府财政保费补贴的普惠性基本险和高保障附加险外,在各地推进乡村振兴战略实施过程中,有很多无法纳入中央财政保费补贴和地方财政保费补贴的险种,可以商业险的方式来开发,作为上述两种保险的补充,以满足农业生产者多元化的风险保障需求。

这种补充性商业险只要有市场需求,保险公司就可以自主开发,并不需要政府制定相应的发展规划,所以灵活性是这种险种的一大优点。2022年,河北省农业保险保费收入为64.05亿元,商业性农业保险的保费收入14.55亿元,占比22.72%。

从实践中来看,商业性农业保险发展需要两个前提条件,一是当地有发展相关特色农业产业和特色农业产品的需求;二是需要和农业信贷结合起来,如果相关银行要求农户贷款的时候需要购买相应农业保险,这种商业性农业保险才会产生一定需求。

表7-3　多层次农业保险产品体系一览表

产品层次		产品名称	市场定位	补贴政策
第一层次	普惠性基本险	农业巨灾保险	全体农业生产者	由中央财政全额补贴保费
第二层次	高保障附加险	产量保险	主要针对规模农户,小农户可根据需求选择性购买	中央和省级财政按比例分摊
		收入保险	主要针对规模农户,小农户可根据需求选择性购买	中央和省级财政按比例分摊
第三层次	补充性商业险	产量保险或收入保险	主要针对规模农户,小农户可根据需求选择性购买	没有补贴

(二)重视区域性农业保险产品

区域性农业保险产品,也叫团体农业保险产品,这种产品在美国分为区域产量保险和区域收入保险两种,往往要求某个区域的全体农民都参保。区域性保险产品的最大特点是赔偿和单个农户的损失没有关系,只有当区域平均产量或区域平均收入低于一定界限后保险公司才进行赔偿。在我国发展区域性农业保险产品的好处有:

(1)交易成本较低,可以降低保险费率。区域性农业保险基本上都采取"统保"的方式,保险公司在当地政府帮助下与整个县或整个乡镇的农户签订保险合同,不需要和单个农户打交道,可以极大降低保险公司的管理费用。

(2)可以有效解决逆选择问题。区域内所有农户都要参加区域性农业保险,农作物的产量历史记录和损失偏差都是以区域来确定的,获取数据的成本比较低,可以大幅降低逆选择程度。

(3)可以在一定程度上有效解决道德风险问题。区域性保险产品启动赔偿的标准是一个区域当年的平均产量或收入低于保证产量或收入,全体被保险人才可以获得赔偿。因此,如果个别农户在种植过程中因道德风险导致自己的产量或收入较低,但区域平均产量或收入没有达到赔偿标准,这个农户也不能得到赔偿,因此可以有效遏制农户在种植过程中的道德危险。①

(4)容易被农户接受。区域性农业保险其实是一种时间上分散风险的保险,某一年度对某个区域的投保人要么全赔,要么全不赔。这种做法比较符合农户普遍存在的赔付"平均主义"心理,从而比较容易被农户接受。

(5)精算数据比较容易获取。区域性农业保险费率精算所需要的产量数据、价格数据相对比较容易获取。

(三)发展特色农业保险

1. 根据特色农业发展规划选择保险标的

《河北省人民政府关于深入推进农业供给侧结构性改革加快发展农业特色产业的意见》和《河北省做大做强农业优势特色产业行动方案(2019—2022年)》把河北省特色农业发展重点列为 7 大类 24 种优势特色产业。7 大类分别为:特色粮油产业、特色蔬菜产业、特色中药材产业、特色水果产业、优势畜禽产业、奶类产业和渔业;24 种分别为:强筋小麦、鲜食玉米、杂粮杂豆、高油酸花生、大豆、马铃薯、辣椒、甜瓜、黄瓜、香菇、金银花、酸枣、黄芩、苹果、梨、葡萄、桃、肉牛、肉羊、生猪、蛋鸡、肉鸡、奶牛和扇贝。受保费补贴财政资金限额的制约,根据发展的轻重缓急顺序安排,在特色农业保险发展初期,保险标的选择也应重点围绕这 7 大类 24 种。

2. 优化特色农业保险保费补贴制度

目前,河北省特色农业保险保费补贴政策为以奖代补,即需要县财政先拿出资金对特色农业保险保费进行补贴,然后才能获得省级财政 30%—50%的

---

① 张跃华:《农业保险团体(区域)保险与中国农业保险发展》,《中国金融》2005 年第6 期。

配套奖励补助。因受河北省产业结构转型升级、环境污染治理及新冠疫情等因素影响,河北省很多县财政收入面临较大压力,根本无力对特色农业保险进行保费补贴,省市级财政也就无法进行保费奖补,从而制约了特色农业保险的发展。因此,建议优化特色农业保险保费补贴制度,对农户提供60%的保费补贴,省、市、县三级财政分担比例可以为30%、20%和10%,农户自己承担40%的保费。这种保费补贴制度,降低了农户的保费负担和县级财政的补贴负担,从而有可能推动特色农业保险的快速发展。

(四)提高费率厘定的精确性

1.积极推进农业保险费率分区

各地区风险水平差异较大以及推行区域性农业保险,是进行费率分区的重要原因。

首先,费率分区要根据各地区风险状况和损失情况,对高风险地区收取较高的费率,对低风险地区收取较低的费率。这么做的好处有三方面:一是可以降低农业保险经营中的逆选择和道德风险,使投保人的保费负担趋于公平;二是可以平衡各地区农业保险的经营效益,提高高风险地区的承保吸引力,降低低风险地区的承保竞争程度,从而促进农业保险经营的稳定健康发展;三是避免费率高估导致的财政补贴资金浪费。

其次,试点初期,费率分区也要考虑行政区划。一是费率厘定所需的产量数据,都是基于行政区划的;二是政策性农业保险涉及的财政补贴都是按照行政区划操作的;三是同一个行政区,收取同样的保费,对于习惯"平均主义"的农民可能更容易接受和推进。例如,2021年安徽省在推进稻谷完全成本保险时,就按照行政区划进行费率分区,每个县采取不同的费率标准。

2.定期对费率进行动态调整

农业保险主管机构和保险公司应根据农作物的损失情况和赔付情况,对农业保险费率进行动态调整,例如,每5年调整一次,可使投保人承担的保费负担比较公平,使保险经营机构获得合理利润,高效使用财政补贴资金。自2007年以来,河北省农业保险赔付率在全国一直处于较低水平,需要进一步研究河北省农业保险赔付率低是由于费率定得较高所致,还是由于保险机构赔偿不到位所致,如果是因为费率较高所致,则需要及时调整费率水平。

(五)提高保险金额的精确性

提高保险金额确定的准确性有两个维度,一是对同一时期不同地区的保险金额要差异化确定,以体现各个地区生产成本和生产收入的差异性;二是对同一地区不同时期的保险金额进行动态调整,以反映由于生产资料价格变动等因素导致的生产成本和生产收入的变化。例如,2021年江苏省试点的玉米收入保险,其保险金额就是以县为单位确定的,其中约定亩产由各市、县(市)农业保险工作主管部门参照《江苏省农村统计年鉴》提供的前三年度所在县(市、区)玉米种植品种统计数据算术平均值确定,约定价格由各市、县(市)农业保险工作主管部门参照前三年国家发改委《全国农产品成本收益资料汇编》发布的江苏玉米平均出售价格确定。

(六)重视发挥天气指数保险的比较优势

天气指数保险具有降低保险公司经营管理难度、避免传统农业保险产品中农户的道德风险、提高农业保险保费补贴效率、容易符合WTO"绿箱"措施要求、承保理赔手续简便等优点,因此在构建农业保险产品体系时应重视发挥天气指数保险的比较优势,设计产品时可以优先考虑天气指数保险形式。例如,对于本书所提出的"普惠性基本险",设计初衷就是为广大农户提供最基本的风险保障,保险金额是物化成本,不需要农户承担保费,理赔的精准性具有较大的容忍度,可以考虑采取天气指数保险的方式,提高承保理赔及财政补贴的效率。在发展天气指数保险过程中,需要做好气象数据支持和产品研发工作,同时要解决好基差风险和区域性风险等问题。①

（七）加快互联网农业保险产品的开发

农业保险经营机构以互联网为载体,利用大数据、云计算、物联网等新技术,在对农业生产经营者数据进行充分挖掘的基础上,切入农业生产经营活动的各种场景,如智慧农业生产场景、农产品电商交易场景和农业项目融资场景等,设计出符合农户风险保障需求的、容易在互联网平台完成销售流程的各种农业保险产品,如天气指数保险、价格指数保险等。②

（八）加强农业保险产品创新的知识产权保护

为了解决由于农业保险产品创新知识产权保护不足造成的产品同质化、恶性竞争加剧、保险公司产品创新动力不足等问题,可以采取下列措施解决:(1)设置首创产品特许经营保护期。例如,2021 年 1 月财政部、农业农村部发布的《关于加强政策性农业保险承保机构遴选管理工作的通知》规定,对于承保机构在当地首创的农险产品,可给予首创承保机构不少于 3 年的创新保护期,保护期内由首创承保机构独家经营。(2)在特许经营保护期外设置费率保护区间,即首创者可以在最容易盈利的费率区间定价,模仿者只能在费率保护区间之外定价,换言之,模仿者只能低于区间下限或高于区间上限定价,而低于区间下限容易导致亏损,高于区间上限容易导致产品竞争力不足。③ (3)农险产品首创公司可以向使用该产品的其他保险公司收取一定费用。

---

① 冯文丽等:《我国天气指数保险探索》,《中国金融》2016 年第 8 期。
② 余洋:《省域视角下多层次农业保险产品体系建设——以湖北省为例》,《中国保险》2021 年第 2 期。
③ 冯文丽等:《农业保险产品创新的知识产权保护》,《中国保险》2016 年第 9 期。

▰▰ 附录

美国农业保险产品体系及启示

美国自《1938 年联邦农作物保险法》颁布、联邦农作物保险公司（FCIC）成立以来，形成了比较完善的政策性农业保险产品体系，叫做"联邦农作物保险"（Federal Crop Insurance），由联邦农作物保险公司授权商业性保险公司（AIPs）出售。该做法可以为我国构建农业保险产品体系提供参考。

（一）美国农业保险产品体系构成

（1）按照承保风险类型，美国农业保险产品逐步形成了产量保险、收入保险和价格保险三类产品体系。1938—1995 年，美国农业保险产品主要是产量保险，仅承保自然灾害风险；1996 年开始试点同时承保自然灾害风险和市场风险的收入保险；2002 年开始试点牲畜价格保险。

（2）按照保障水平，美国农业保险产品逐步形成了巨灾风险保障（Catastrophic Coverage，CAT）、买高保障（Buy-up Coverage）和浅层损失保障（Shallow Loss Coverage）三类产品体系。《1994 年联邦农作物保险改革法》对巨灾风险保障提供全额保费补贴，对买高保障提供一定比例的保费补贴。《2014 年食品、农场及就业法》提出了"浅层损失保障"的概念（包括 SCO 和 STAX 项目），即在原有买高保障水平的基础上，为生产者提供更高的保障水平。

（3）从保险单承保的农产品种类数量来看，逐步形成了承保单一农产品的保险和承保多种农产品的保险。承保单一农产品的保险是目前美国农业保险产品体系中的主流形态。不过，RMA 在 1999 年和 2003 年分别推出了调整的总收入保险（Adjusted Gross Revenue，AGR）和调整的总收入保险简化版（AGR-lite），并在《2014 年食品、农场及就业法》后用全农场收入保障（Whole-Farm Revenue Protection，WFRP）替代了 AGR 和 AGR-Lite。这三种保险都承保整个农场的收入损失,所保障的农产品可以同时包括多种农作物和牲畜,计算农场实际收入则依据生产者提交给美国国内税务局(IRS)的年度税收申报表。

(4)从产量指标构建来看,逐渐形成了基于个体作物损失的保险、基于区域作物平均损失的保险和天气指数型保险三大类产品体系。目前,由于基于个体作物损失的保险更能满足生产者的保险需求,因而在美国农业保险产品体系中占主导地位。但由于有些个体生产者和地块的产量数据很难获取,因而采用区域产量指数或天气指数作为替代,也是一种创新性做法。以棉花为例,产品体系构成如图7-8所示。

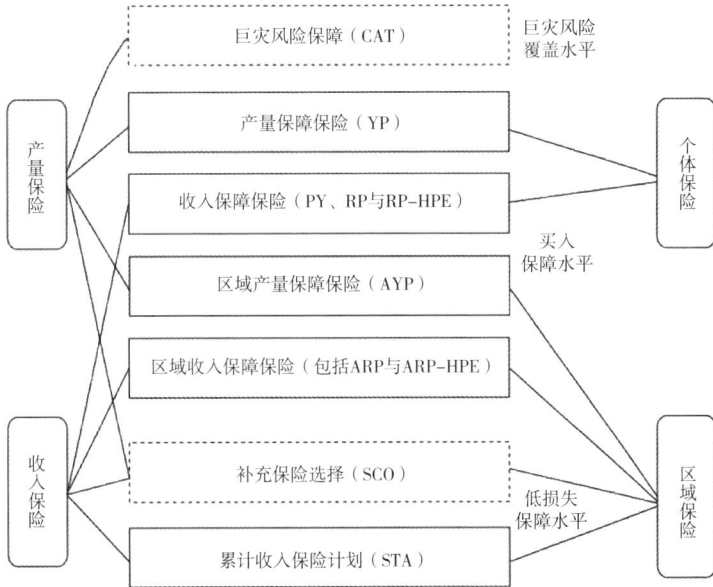

图7-8　美国农作物保险产品体系(以棉花为例)

资料来源:中国保险学会:《农业保险服务"三农"发展研究》,中国金融出版社2021年版,第382页。

(二)美国联邦作物产量保险产品体系

1.产量保障保险

2011年,美国启动了产量保障保险(Yield Protection,YP),代替实际历史产量(APH)这种产量保险形式。YP只对被保险人因自然灾害引致的作物产量下降造成的损失提供风险保障。该保险以实际产量历史(Actual Production History,APH)的一定百分比作为保障产量,从50%—80%不等;价格水平可在作物预测价格(Projected Price)的5%到100%之间选择。如果收获时作物的实际产量低于保障产量,保险公司就负责赔偿,其赔偿额为实际产量与保障产量的差额乘以被保险人选择的价格水平。

2. 区域产量保障保险

区域产量保障保险(Area Yield Protection,AYP)的保障产量以"预期县单产"(Expected County Yield)为依据。投保人可以选择预期县单产的70%—90%作为保障产量。赔付触发条件是实际县单产(Actual County Yield)低于保障产量。与产量保障保险(YP)不同的是,该保险的保障价格只能等于作物的预测价格。

该保险允许农户选择保障因子(Protection Factor)来纠正农户产量与县平均产量之间的系统性偏差,保障因子的选择范围是0.8—1.2。另外,为了控制保险公司的承保风险,该保险还设置了0.18的止赔因子(Loss Limit Factor),即保险公司最高按县预期水平的18%进行赔付。

3. 农业巨灾保险

农业巨灾保险(Catastrophic Coverage,CAT)不是独立的保险险种,是美国政府为生产者免费提供的产量保障保险(YP)的附加险。如果投保人投保的是收入保险,则无法申请CAT。对于产量保障保险(YP),CAT的保障产量为APH的50%,赔付的计价标准为作物预测价格的55%。对于区域产量保障保险(AYP),CAT的保障产量为预期县单产的65%,赔付的计价标准为预测价格的45%。美国政府对CAT提供100%的保费补贴,投保人只需要对每种投保作物支付655美元的管理费,小农场主和新农场主还可以减免管理费。

4.美元金额保险

美元金额保险(Dollar Plan)对因自然灾害引起的农业生产损失提供经济保障。保障金额基于精算文件提供的农产品价值评估结果计算得出,可以是生产某种农产品的成本。投保人可以选择"参考最大美元金额"的一定比例(即保障水平)作为保险金额,当农产品损失程度超过免赔额时启动赔付。目前有 5 种不同类型的美元金额保险。

5.降雨指数保险

降雨指数保险(Rainfall Index,RI)根据从美国国家海洋和大气管理局气候预测中心搜集和保存的数据计算赔付额。降雨指数保险指在某个特定区域和时间跨度内,当降雨指数低于长期移动平均指标时,保险人计算并支付赔偿金。该项目根据气候特征将美国分为 6 个区域,在选定的县进行项目试点。目前项目主要承保一年生饲料作物、养蜂业以及牧场与牧草。

(三)美国联邦作物收入保险产品体系

收入保险是美国联邦农作物保险体系中的主要产品形态,尽管承保的农作物种类较少,但由于这些农作物在美国农业播种面积中居于主导地位,所以保费占比较高,大约占 80% 左右。[①]

1.收入保障保险

收入保障保险(Revenue Protection)承保被保险人因灾害而致的作物产量下降或因收获价格偏离预期价格而致的收入损失风险。被保险人选择 APH 的一定百分比作为保障产量,从 50%—70% 不等(有些地区可以达到 85%)。

---

① 汪必旺:《我国发展农产品收入保险的效果模拟研究》,中国农业科学院学位论文,2018 年。

保障价格由预测价格和收获价格中较高者确定。保障收入(Revenue Guarantee)等于保障产量乘以预测价格和收获价格中的较高者。保障收入是赔付触发条件,也称赔付触发收入(Trigger Revenue)。如果被保险人的实际收入低于保障收入,由保险人补偿其差额。由于收获价格可能超过预测价格,保障收入水平可能随收获价格的上涨而上升。为了控制保险人的承保风险,RMA规定收获价格不得超过预测价格的100%,即承保的最高收获价格是预测价格的2倍。

收入保障保险的另外一种形式是剔除收获价格的收入保障保险(Revenue Protection with Harvest Price Exclusion, RP-HPE)。该保险和收入保障保险的差别仅在于其保证收入仅由预测价格确定。

以上两种形式的收入保障保险均开始于2011作物年度,替代了原有的作物收入保险(CRC)、收益保障(IP)、收入保证(RA)和指数化的收益保障(IIP)项目。

2. 区域收入保障保险

区域收入保障保险(Area Revenue Protection, ARP)是美国区域风险保障保险(Area Risk Protection Insurance)的一部分。区域收入保障保险的特点是只有当承保作物的县实际平均收入低于农户选择的保障收入水平时,才提供赔付。保障收入等于预期县单产乘以预测价格与收获价格的较高者再乘以保障水平,保障水平为70%—90%。县实际平均收入等于实际县单产乘以收获价格。剔除收获价格的区域收入保障保险(ARP-HPE)和区域收入保障保险(ARP)的差别仅在于保障收入由预测价格唯一确定。

3. 实际历史收入保险

实际历史收入保险(Actual Revenue History, ARH)是以历史平均收入作为确定保障收入的依据,如果当年实际收入低于保障收入水平,保险公司提供赔付。从理论上说,ARH 承保的风险同时包括因意外因素导致的作物的单产、质量下降或市场价格降低引致的收入损失。实际中,作物的质量损失会体现在销售价格中。目前,实际历史收入保险承保的农作物包括樱桃、桔子和草莓这三种水果作物。生产者的作物历史收入情况和当年实际收入情况都需要通过收入报告告知保险公司。

4. 全农场收入保险

全农场收入保险(Whole-Farm Revenue Protection,WFRP)由美国《2014 年食品、农场及就业法》提出,从 2015 年正式开始实施,其前身为调整的总收入保险(Adjusted Gross Revenue, AGR)和调整的总收入保险简化版(AGR - Lite)。当前美国所有州、所有县的农业生产者都可以申请 WFRP。

WFRP 的特点是为整个农场收入提供风险保障。WFRP 所保障的农场收入包括在保险期间农场主生产的农产品、农场主购买用于再销售的农产品和农场经营的任意农作物和牲畜(包括木材和林产品)。WFRP 的保障收入等于批准的收入乘以保障水平。批准的收入取农场年度预期收入和农场过去 5 年历史平均收入的较低值。年度预期收入由生产者提供给保险公司的农场经营报告确定;农场过去 5 年历史平均收入由生产者提供给保险公司的农场历史报告确定。其中,农场历史收入是根据生产者提交给美国国内税务局(IRS)的税收申请表上的收入记录确定。保障水平可选范围为 50%—85%。

5. 补充保障选择

补充保障选择(Supplemental Coverage Option,SCO)是美国发布《2014 年食品、农场及就业法》后确定的一种附加保险。如果生产者想在基本保险产品规定的保障上限之外,获得更高的风险保障,则可以选择申请 SCO。SCO 只能和 YP、RP 及 RP-HPE 同时申请。SCO 提供的风险保障和投保人选择的基本保险合约有关,如果投保人选择的是产量保障保险,那么 SCO 提供产量风险保障;如果投保人选择的是收入保障保险,那么 SCO 提供收入风险保障。SCO 属于区域指数保险,仅当县平均产量或收入低于保障水平时,才启动赔付。根据 RMA 的规则设定,SCO 提供的保障水平的上限为县平均预期收入或预期产量的86%,下限为投保人在基本保险合约中选择的保障水平。

6. 叠加收入保障计划

叠加收益保障计划(STAX)和 SCO 类似,也是一项在基本农业保险产品之外的补充保障计划,该产品只为棉花生产者提供。与 SCO 不同的是,投保人可以选择单独申请 STAX,也可以选择同其他基本保险产品一起申请。STAX 也是一种区域收入保险,当县棉花实际收入跌至县预期收入的90%以下时,STAX 才会启动赔付,赔付上限是全县实际收入的20%。STAX 的赔付计算方法如图7-9所示。

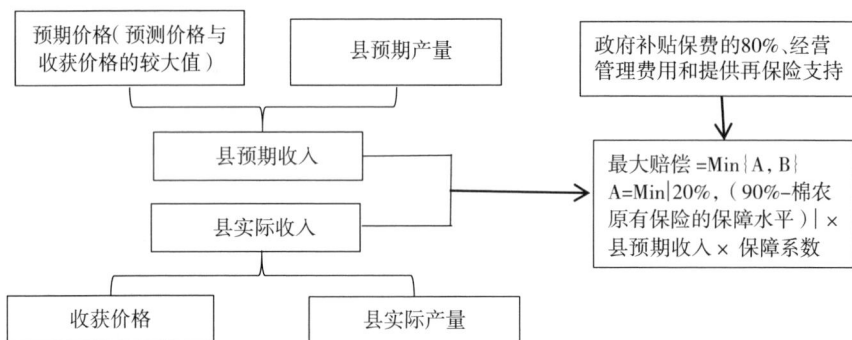

图 7-9　美国叠加收入保障计划示意图

7. 毛利润保障保险

毛利润保障保险(Margin Protection,MP)是美国在 2016 作物年推出农产品收入保险新形式,目前还处于试点阶段,仅在美国部分州开展,适用的农作物包括玉米、水稻、大豆和小麦。与其他农产品收入保险不同,MP 提供的风险保障为经营毛利润(毛收入减去投入成本)的意外损失。MP 也属于区域收入保险,使用预估的县级平均收入水平和投入成本来建立保障水平并进行保险赔付。①

（四）美国农业保险产品体系的启示

1. 农业保险产品体系构成丰富多样

一是承保标的丰富多样。到 2019 农事年,美国联邦农作物保险计划中涵盖的农作物和畜禽已达 124 种,提供 19 种类型的保单。除传统大宗农作物外,各地的特色农产品大多数也纳入到联邦农作物保险中,畜牧业保险近年来快速发展,草地、森林和饲料种植保险产品的试点也在进行中。

二是承保风险范围较广。美国的农业保险产品体系,承保风险涵盖了产量风险、收入风险和价格风险;保障水平选择多样,既有基本的农业巨灾保险,也有附加的买高保障,还有更高保障水平的"浅层损失保障"产品,保障水平从产值的 22.5% 到 90% 不等;既有单一作物的保险产品,也有为全农场提供风险保障的一揽子产品;既有基于个体作物损失的保险,还有基于区域作物平均损失的保险及天气指数型保险。

2. 收入保险是最重要的农业保险产品

收入保险产品不仅保障减产风险,还保障价格下跌风险,对农户的风险保障比较全面。从 20 世纪末以来,美国联邦农作物保险产品向收入保险方向发展的趋势非常明显。

1996 年,美国政府颁布《联邦农业完善与改革法》,开始试点农业收入保险,加大对农业支持保护力度,稳定农场收入。2003 年,在前期试点的基础上,美国开始在全国范围内推广收入保险。由于农业收入保险具有很多优点,推广后发展迅猛。1996 年,美国农业收入保险保费在农业保险总保费的比例

---

① 中国保险学会:《农业保险服务"三农"发展研究》,中国金融出版社 2021 年版,第 380—397 页。

只有 7.9%，但到 2011 年就迅速上升为 79.7%，成为美国最重要的农业保险产品。①

3. 农业保险产品费率精算的信息基础较好

美国完善的农业保险产品体系，离不开准确的费率精算，而费率精算的信息基础尤为重要。美国采集以下费率精算信息的做法也值得我们参考。(1)耕地信息。美国耕地管理水平很高，每一块耕地都有编号，对每个地块可以实现动态化的数据采集和监测管理。(2)单产信息。美国农业法要求农场建立完善的历史单产记录，在购买保险时要提供过去 10 年历史单产记录。(3)价格信息。美国的农产品价格采集系统比较完善，根据商品交易价格条款(CEPP)规定的期货市场价格决定"预测价格"和"收获期价格"。(4)风险信息。在土地规划基础上进行风险分区，对不同区域、不同风险水平的地块(如灌溉耕地和非灌溉耕地)收取不同的费率。(5)农场信息。美国农业生产的主要组织形式是农场，在农业部风险管理局的信息系统中可以查询到每个农场的面积、耕地特征、种植计划、销售记录和财务记录等信息及农场主的身份证号、社会保险账号、税号和收入报告等信息，这些信息形成互联互通的信用体系，可以有效防止农业保险中的道德风险。②

4. 农业保险产品创新管理机制健全

联邦农作物保险新产品研发原来由 RMA 或联邦农作物保险公司负责，但存在所研发的新产品脱离实际需求的情况。为了改善这一现状，2000 年通过的《农业风险保障法》，允许商业保险公司参与联邦农作物保险新产品的研发。RMA 可以和商业保险公司订立合同，建立新产品研发的合作伙伴关系。

---

① 王云魁等：《农业收入保险：美国的经验与启示》，《经济论坛》2020 年第 7 期。
② 齐皓天等：《美国农业收入保险的成功经验及其对中国的适用性》，《农村工作通讯》2015 年第 5 期。

商业保险公司也可以独立研发,向核准委员会提交新保险产品建议书。新产品一旦被核准委员会核准并试点,商业保险公司可以获得保费补贴、再保险支持和研发运行费用补偿。三年后,商业保险公司对新产品有两种选择,一是自己保留所有权,向使用该产品的其他保险公司收取使用费;二是把新产品所有权移交给 RMA 以获得一次性补偿。这种新产品研发管理机制,强化了新产品的知识产权保护,极大地提高了商业性保险公司研发联邦农作物保险产品的积极性,充分发挥了商业保险公司的新产品研发优势,提高了创新产品与农户保险需求的匹配度。①

5. 高效的资金结算系统降低交易成本,保证赔付及时到位

在我国,如何从小农户手中收取保费、如何快速支付赔款以及如何防止保费补贴资金被挪用,都是难题。在美国,联邦农作物保险公司通过建立其与投保人、商业保险公司三方之间的资金结算系统来解决这些问题。RMA 给每个投保人分配一个农业保险结算账户用以缴纳保费和接受赔款。商业保险公司在 FCIC 指定的银行开设第三方托管账户用于两者之间的资金结算。商业保险公司按时向 FCIC 提交年度联邦农作物保险计划,FCIC 审核通过以后计算出当年应付商业保险公司的保费补贴金额,与私营保险公司应交 FCIC 的再保险保费抵消后结算,并按月下拨经营管理费用补贴款。发生理赔时,商业保险公司将理赔材料提交给 FCIC 审核,FCIC 按月将赔付资金拨到商业保险公司的托管账户。投保时,农户通常不需要缴纳保费,记账为应交保费,等到理赔结算时从赔偿额中扣除应交保费或补交。通过第三方托管账户和往来资金相互抵消的结算方式,大大降低了资金交易成本,提高了理赔时效。②

---

① 孙群等:《完善的美国政策性农业保险产品体系》,《中国保险》2012 年第 2 期。
② 齐皓天等:《美国农业收入保险的成功经验及其对中国的适用性》,《农村工作通讯》2015 年第 5 期。

第八章 我国农业保险补贴
制度现状与优化

从第二章所述我国农业保险发展历程来看,如果没有政府支持和财政补贴,纯商业性经营的农业保险发展难以为继。农业保险补贴制度是很多国家农业保险制度体系中最核心的要素。

一、我国现行农业保险补贴制度主要内容

2021 年 12 月 31 日,财政部出台《中央财政农业保险保费补贴管理办法》(以下简称《办法》),该《办法》自 2022 年 1 月 1 日起施行,对中央财政农业保险保费补贴的方向、险种标的、配套比例和补贴方式等予以明确规定,其他有关农业保险保费补贴的文件同时废止。

(一)中央财政补贴险种的标的

《办法》规定,中央财政提供保费补贴的农业保险(以下简称"补贴险种")标的为关系国计民生和粮食、生态安全的主要大宗农产品,以及根据党中央、国务院有关文件精神确定的其他农产品;对地方优势特色农产品保险,通过以奖代补政策给予支持。鼓励各省结合本地实际和财力状况,对符合农

业产业政策、适应当地"三农"发展需求的农业保险给予一定的保费补贴等政策支持。

补贴险种的保险标的主要包括四大类17种：（1）种植业。稻谷、小麦、玉米、棉花、马铃薯、油料作物、糖料作物、天然橡胶、三大粮食作物（稻谷、小麦、玉米）制种。（2）养殖业。能繁母猪、育肥猪、奶牛。（3）森林。公益林、商品林。（4）涉藏特定品种。青稞、牦牛、藏系羊。

（二）中央财政补贴险种的配套补贴比例

《办法》规定，对补贴险种的保费，中央财政、省级财政按照保费的一定比例提供补贴，纳入补贴范围的中央单位承担一定比例保费。省级财政平均补贴比例表示为（25%+a%），以保费规模为权重加权平均计算。

《办法》实际上规定，农业保险补贴的主体是地方财政，是中央财政给省级配套，而不是相反。中央财政鼓励地方财政多提供保费补贴，对地方财政"不足额"补贴农业保险的省份，中央财政相应减少配套补贴。

《办法》规定，对于种植险，当 a≥0 时，中央财政对中西部地区和东北地区（不含大连市）补贴45%，对东部地区补贴35%；当 a<0 时，中央财政对中西部地区和东北地区（不含大连市）补贴（45%+a%×1.8），对东部地区补贴（35% +a%×1.4）。

《办法》如此规定，是为了压实地方政府对农业保险补贴的主体责任，鼓励地方政府多投入，防止省级政府的道德风险。例如，有一个省对农业保险保费补贴比例达到了25%以上，中央财政会对该省配套补贴45%（中西部地区和不含大连市的东北地区）或35%（东部地区）；但如果该省对农业保险的补贴没有达到25%，只有24%，中央财政就要减少对这个省的农业保险保费补贴，具体计算公式为：

中西部地区：（45%+a%×1.8）= 45%−1%×1.8 = 43.2%

东部地区：（35%+a%×1.4）= 35%−1%×1.4 = 33.6%

《办法》分别规定了中央财政对种植业保险、养殖业保险、森林保险和涉藏特定保险不同的配套补贴比例。(1)种植业保险:对中西部地区和东北地区(不含大连市)补贴45%,对东部地区补贴35%;(2)养殖业保险:对中西部地区和东北地区(不含大连市)补贴50%,对东部地区补贴40%;(3)森林保险:对公益林补贴50%,商品林补贴30%;(4)涉藏特定品种:补贴40%。

另外,《办法》对7家中央单位(新疆生产建设兵团、北大荒农垦集团有限公司、广东农垦集团公司、中国融通资产管理集团有限公司、中国储备粮管理集团有限公司、中国农业发展集团有限公司和大兴安岭林业集团公司)的中央财政保费补贴比例做了规定:2022年补贴65%,2023年补贴55%,2024年补贴45%。

(三)地方特色优势农产品保险补贴

对地方优势特色农产品保险,中央财政每年安排一定资金给予奖补支持,结合各省和新疆生产建设兵团农业保险保费补贴综合绩效评价结果和地方优势特色农产品保险保费规模加权分配。上一年度省级财政给予补贴、符合保险原则的地方优势特色农产品保险保费规模权重为80%,综合绩效评价结果权重为20%;按照综合绩效评价得分由高到低的顺序将各省划分为4档,分别分配综合绩效评价结果整体奖补资金总额的50%、35%、15%和0。

例如,中央财政安排当年地方优势特色农产品保险奖补资金为A,某省上一年度省级财政给予补贴、符合保险原则的地方优势特色农产品保险保费规模在全国占比为θ%,该省综合绩效评价得分属于第1档,则该省当年所获地方优势特色农产品保险奖补资金 M = A×80%×θ%+A×20%×50%÷10。

(四)补贴险种的保险责任

补贴险种的保险责任涵盖当地主要的自然灾害、重大病虫鼠害、动物疾病疫病、意外事故、野生动物毁损等风险;有条件的地方可将产量、气象等变动作为保险责任。

（五）补贴险种的保险金额

（1）种植业保险。原则上为保险标的生长期内所发生的物化成本，包括种子、化肥、农药、灌溉、机耕和地膜等成本。对于 13 个粮食主产省（含大连市、青岛市）产粮大县的三大粮食作物，保险金额可以覆盖完全成本和农业种植收入。

（2）养殖业保险。原则上为保险标的的生产成本，可包括部分购买价格或饲养成本，具体由各省根据养殖业发展实际、地方财力状况等因素综合确定保险金额。

（3）森林保险。原则上为林木损失后的再植成本，包括灾害木清理、整地、种苗处理与施肥、挖坑、栽植、抚育管理到树木成活所需的一次性总费用。

（六）补贴险种的费率和综合费用率

《办法》规定，承保机构应当公平、合理拟定农业保险条款和费率；保险费率应当按照保本微利原则厘定；应当充分听取各地人民政府财政、农业农村、林草部门和农户代表以及财政部各地监管局的费率意见；综合费用率不高于 20%。

二、我国农业保险补贴制度演变过程与效果

（一）我国农业保险补贴制度演变过程

在 2007 年中央一号文件确定了农业保险补贴原则后，我国开始按照"政府引导、市场运作、自主自愿、协同推进"原则，试点中央财政农业保险保费补贴政策。由于我国各地经济和社会状况差异悬殊，农业保险保费补贴政策采

取"先试点—后定规—再推广"的谨慎做法,在逐步增加保费补贴标的品种和试点区域的同时,逐步提升了补贴力度,力争所制定的新政策或制度尽可能符合各地实际且具有较高的可操作性。

2007年,在内蒙古等六省、自治区开展中央财政农业保险保费补贴试点,补贴险种的保险标的为玉米、水稻、大豆、小麦和棉花,省级财政承担25%的保费,中央财政再承担25%,其余部分由农户或龙头企业、市、县级财政部门共同承担,具体分担比例由各省决定。同年,在中部地区10省、西部地区12省、自治区、直辖市、新疆生产建设兵团及中央直属垦区进行能繁母猪保险保费补贴试点,补贴后养猪户承担20%的保费;东部9省(市)的能繁母猪保险保费由地方财政和养猪户共同承担。

2008年,将花生、油菜等油料作物纳入补贴范围,把中央财政对种植险的保费补贴比例由25%提高至35%。将奶牛纳入中央财政补贴范围,东部地区9省(市)能繁母猪和奶牛保险由地方财政部门提供一定比例保费补贴。

2009年,在福建、江西和湖南三省开展商品林和公益林保险保费补贴试点,在省级财政至少补贴25%保费的基础上,中央财政再补贴30%。

2010年,将马铃薯、青稞、牦牛、藏系羊纳入中央财政保费补贴品种,增加云南等省为种植险保费补贴地区,增加浙江、辽宁、云南省为森林保险试点地区。

2011年,增加陕西等省为种植险保费补贴地区;把中央财政对奶牛保险保费补贴比例由30%提高至50%,保费补贴地区增加中国农业发展集团总公司;增加广东、四川省和广西壮族自治区为森林保险试点地区。

2012年,将糖料作物纳入中央财政保费补贴范围;将已有险种中央财政保费补贴区域扩大至全国;开始对于东部地区养殖险进行中央财政保费补贴。

2013年,在地方财政至少补贴30%的基础上,中央财政把育肥猪保险保费补贴比例由10%提高至50%(中西部地区)、40%(东部地区);奶牛保险保费补贴区域增加海南、大连,育肥猪保险保费补贴区域增加福建等省份、新疆生产建设兵团和中央直属垦区;森林保险保费补贴区域增加山西等省份和大兴安岭林业集团公司。同年,财政部发布农业保险大灾风险准备金管理办法,对保险机构计提的大灾准备金给予一定税收优惠。

2014 年,继续扩大养殖保险、森林保险中央财政保费补贴区域。

2016 年,财政部发布《中央财政农业保险保险费补贴管理办法》,中央财政保费补贴险种增加天然橡胶;继续扩大种植险、养殖险和森林保险补贴地区,提高补贴比例;对产粮大县三大粮食作物保险进一步加大中央财政保费补贴支持力度。

2017 年,在 13 个粮食主产省选择 200 个产粮大县开展农业大灾保险试点,承保对象为适度规模经营农户,保障水平覆盖"直接物化成本+地租"。

2018 年,将三大粮食作物制种纳入中央财政农业保险保险费补贴目录;在 6 个省份的 24 个产粮大县试点完全成本保险和收入保险。

2019 年,在内蒙古、山东等 10 省份开展中央财政对地方优势特色农产品保险以奖代补试点。

2020 年,把中央财政对地方优势特色农产品保险以奖代补试点范围扩大到内蒙古、辽宁和新疆生产建设兵团等 20 个省份。

2021 年,在河北、内蒙古等 13 个粮食主产省份的产粮大县,实施三大粮食作物完全成本保险和种植收入保险,2022 年实现实施地区产粮大县全覆盖。同年底,财政部发布现行《中央财政农业保险保险费补贴管理办法》。

2022 年,在广西实施糖料蔗完全成本保险和种植收入保险;在内蒙古 4 个旗县和黑龙江省 6 个县试点大豆完全成本保险和种植收入保险。

2023 年,将三大粮食作物完全成本保险和收入保险实施范围扩大至全国所有产粮大县。

(二)我国农业保险补贴制度演变效果

从 2007 年开始试点的中央财政农业保险保费补贴制度,产生了以下几方面效果:

1. 保费补贴试点地区逐步扩大

2007 年,中央财政农业保险保费补贴试点启动,第一批试点地区仅有内蒙古、吉林、江苏、湖南、新疆和四川等 6 个省份;2008 年,新增河北、辽宁、黑龙江、安徽、山东、河南、湖北、浙江、福建和海南等 10 个省份;2009 年,新增 1 个省即江西;2010 年,新增陕西、广东、云南、甘肃、青海和宁夏等 6 个省份;2011 年,新增广西、贵州、西藏、陕西和重庆等 5 个省份;2012 年,新增北京、上海和天津 3 个直辖市。到 2012 年,中央财政保费补贴区域覆盖中国大陆地区所有省份。

2. 保费补贴试点品种逐渐增多

2007 年,中央财政提供保费补贴的农作物和畜禽品种只有玉米、水稻、大豆、小麦、棉花和能繁母猪 6 种;到 2021 年,中央财政保费补贴品种增加到 17 种,即玉米、水稻、小麦、棉花、马铃薯、油料作物、糖料作物、能繁母猪、奶牛、育肥猪、公益林、商品林、青稞、牦牛、藏系羊、天然橡胶及三大粮食作物制种等。

3. 保费补贴的保障水平逐步提高

2007 年,中央财政保费补贴品种以"低保障、广覆盖"为原则确定保障水平,保险金额原则上为农作物生长期内所发生的直接物化成本,包括种子成本、化肥成本、农药成本、灌溉成本、机耕成本和地膜成本。2017 年,我国在 13 个粮食主产省的 200 个产粮大县面向规模经营农户试点农业大灾保险,保障水平覆盖"直接物化成本+地租"。2018 年以后试点的三大粮食作物、糖料蔗、大豆完全成本保险和收入保险,保险金额分别覆盖农业生产总成本和产值。[1]

---

[1] 财政部等:《关于开展三大粮食作物完全成本保险和收入保险试点工作的通知》,2019 年 2 月 13 日,见 http://www.mof.gov.cn/gkml/caizhengwengao/wg2018/201810WG/201902/t20190213_3146555.htm。

4. 逐步提高中央财政保费补贴比例

2007年,中央财政对种植险保费补贴比例为25%;2008年,该比例提高到35%;2012年,中央财政对东部地区保费补贴比例为35%、对中西部地区保费补贴比例提高到40%;2015年,中央财政对中西部产粮大县保费补贴比例提高到47.5%、对东部地区提高到42.5%;2021年,中央财政将对中西部地区种植险保费补贴比例提高到45%。

5. 逐步减少和取消产粮大县的保费补贴

我国产粮大县多是财力弱县,对农业保险保费补贴负担不起,制约了农业保险业务的拓展空间,也不利于保证粮食安全。党中央、国务院多次提出要提高中央、省级财政对主要粮食作物保险的保费补贴比例,逐步减少或取消产粮大县保费补贴。2015年,中央财政提高对产粮大县的农业保险保费补贴比例,由原有的中西部40%、东部35%,提高至中西部47.5%、东部42.5%。2018年,我国在24个产粮大县开展三大粮食作物完全成本保险和收入保险试点,取消县级财政保费补贴。2021年底财政部发布的《中央财政农业保险保费补贴管理办法》,对县级财政保费补贴的比例没有明确规定,完全由各省自主决定。

6. 中央财政对地方优势特色农产品保险进行奖补试点

2019年,我国在内蒙古、山东等10个省份开展中央财政对地方优势特色农产品保险以奖代补试点;2020年,将该试点从10个省份20个品种扩大到20个省份60个品种;2021年底财政部印发《中央财政农业保险保费补贴管理办法》,将地方优势特色农产品保险以奖代补政策实施范围扩大至全国,将更多农产品品种纳入补贴范围,形成"大宗农产品+地方优势特色品种"的农业保险保费补贴品种体系,以满足不同种植农户的风险保障需求。

7. 农业保险补贴规模逐年增加

随着我国农业保险中央财政保费补贴试点地区扩展到全国、补贴品种逐渐增加到 17 种、保障水平逐步提高到保完全成本和收入、逐步提高中央财政保费补贴比例等政策发布实施,我国农业保险补贴规模不断增加。如表 8-1 所示,2007—2021 年,我国各级财政农业保险保费补贴从 40.6 亿元增长到 746.44 亿元,年均增长 23.12%,累计保费补贴为 4404.24 亿元,占总保费的 76.26%,这在全球也属于较高水平;其中,中央财政保费补贴年均增长 21.70%,累计补贴占总保费的 35.55%;地方财政保费补贴年均增长 24.46%,累计补贴占总保费的 43.79%。

表 8-1　2007—2021 年农业保险保费收入及财政补贴　（单位:亿元）

年份	保费收入	各级财政保费补贴	中央财政保费补贴	地方财政保费补贴	各级财政补贴占保费比例（%）	中央财政补贴占保费比例（%）	地方财政补贴占保费比例（%）
2007	53.33	40.6	21.33	19.3	76.13	40.00	36.19
2008	110.68	86.3	49.03	37.3	77.97	44.30	33.70
2009	133.93	106.8	59.65	47.1	79.74	44.54	35.17
2010	135.86	115.4	67.77	47.7	84.94	49.88	35.11
2011	174.03	138	66.7	71.3	79.30	38.33	40.97
2012	240.6	184.9	96.84	88.1	76.85	40.25	36.62
2013	306.59	229.6	126.88	102.7	74.89	41.38	33.50
2014	325.78	250.7	144.52	106.2	76.95	44.36	32.60
2015	374.9	287.8	147.3	140.5	76.77	39.29	37.48
2016	417.71	317.8	158.3	159.5	76.08	37.90	38.18
2017	477.72	362.7	179.04	183.7	75.92	37.48	38.45
2018	571.41	428	199.34	228.7	74.90	34.89	40.02
2019	672.48	506	265.59	240.41	75.24	39.49	35.75
2020	814.93	603	285.39	317.61	73.99	35.02	38.97
2021	965.18	746.44	333.45	412.99	77.34	34.55	42.79
合计	5775.13	4404.24	2201.13	2203.11	76.26	38.11	38.15

资料来源:原银保监会和财政部。

（单位：亿元）

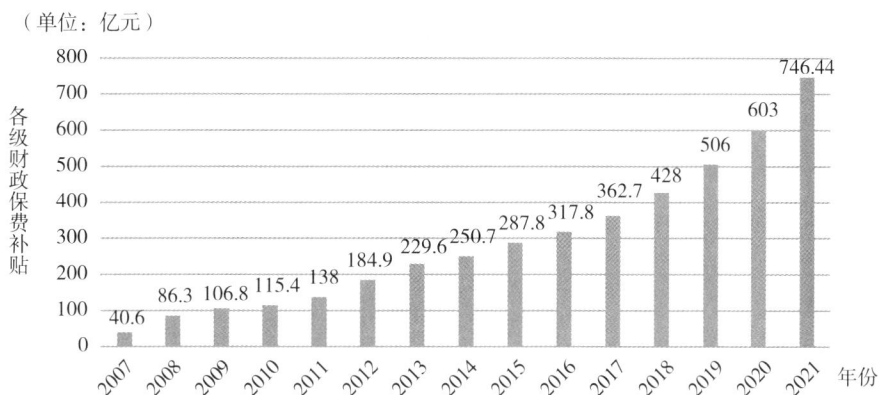

图 8-1　2007—2021 年各级财政农业保险保费补贴

资料来源：原银保监会和财政部。

三、我国农业保险补贴制度中存在的问题

（一）补贴规模较小

目前,我国农业保险大约 80% 左右的保费都是由各级财政补贴的,财政补贴规模在一定程度上决定了农业保险的"总盘子"。我国农业保险补贴规模是否足够大,可以和农业保险第二大国美国进行简单比较。2020 年,美国农业 GDP 为 1758 亿美元,农业保险保费补贴为 64.5 亿美元,经营管理费用补贴 16.87 亿美元,两者合计约占农业 GDP 的比例大概为 5% 左右。2020 年,我国农业 GDP 为 81104 亿元,农业保险补贴为 603 亿元,占比仅为 0.7%。如果也按照美国农业保险补贴占农业 GDP 比值为 5% 来算,我国农业保险补贴规模可以达到 4055 亿元。这种算法可能并不科学,但是大致能说明我国农业保险补贴规模还有很大空间。

（二）补贴品种较少

目前,我国中央财政补贴的农业保险品种包括玉米、水稻、小麦、棉花、马铃薯、油料作物、糖料作物、青稞、能繁母猪、奶牛、育肥猪保险、商品林、公益林、牦牛、藏系羊、天然橡胶和三大粮食作物制种等 17 种,地方政府补贴的险种 250 多种,占全部农产品分类 700 多种的近 40%。[①] 大部分农作物、地方高效经济作物及对国民生活影响较大的蔬菜、重要畜禽和水果等还没有列入补贴范围,补贴品种比较少。

(三)保障程度较低

我国农业在试点之初采取"低保障广覆盖"的发展策略,保费补贴险种的保障程度都比较低,主要保障物化成本。2017 年开始试点的大灾保险、完全成本保险和收入保险虽然保障水平有一定程度提高,但试点时间不长,覆盖区域有限。从全国范围来看,我国多数农业保险保障程度在 30%—45% 之间,即保险金额大概只占其产值的四成左右。

(四)补贴方式单一

目前,我国对农业保险进行补贴的方式比较单一,主要有保费补贴和税收优惠,其中保费补贴占比高达 99.8% 左右,税收优惠幅度非常小。其他国家对农业保险进行财政补贴的方式是多元化的,有对农户的保费补贴、对保险公司的经营管理费用补贴、再保险补贴、税收优惠、产品创新补助、教育培训补助、国有农业保险公司的资本金支持、政府支持的农业巨灾风险基金等多种方式。例如美国,上述支持方式几乎都采用了。

(五)补贴层级太多

自 2007 年我国实施政策性农业保险补贴试点以来,农业保险保费补贴采取的是"四级财政补贴联动"机制,即农民缴足保费、市县财政补贴到位之后,

---

① 农业农村部农业行业标准《农产品分类》(NY/T 3177-2018)相同口径农产品 700 多种。

中央和省级财政补贴才会随之配套落实。这种制度设计的初衷是为了鼓励地方政府投入资金发展农业保险,同时防止地方政府"钓鱼"的道德风险。但这种制度设计也使各地农业保险的覆盖面直接与地方财力相关,制约了一些财力匮乏地区农业保险的发展规模和速度。①

(六) 补贴比例不合理

保费补贴比例具有一定弹性,才能更好地体现政府政策导向,引导资源有效配置。自从我国 2007 年试点农业保险保费补贴以来,保费补贴比例仅有东部和中西部地区的差异,补贴比例长期保持在 80% 左右,地区间、产业间和品种间的保费补贴比例差异很小,对一些粮食主产省份不公平,也没有充分体现农业保险保证粮食安全这一政策目标。

(1)补贴比例没有体现农业生产贡献差异。从保证我国粮食安全及推进农业供给侧结构性改革的经济贡献角度来看,中央财政应该对粮食主产区给予更高的保费补贴比例,以补偿这些省份的经济贡献。但我国现行农业保险保费补贴政策是仅按照地域对东部和中西部地区给予不同的中央财政保费补贴比例,没有针对粮食主产区更大的农业生产贡献给予更多的经济补偿,造成对国家粮食安全贡献越大的省份,地方财政需要承担更多保费补贴的现象,这是不公平的。

(2)补贴比例没有体现经济发展水平差异。按照现行的补贴政策,地方财政需要承担中央财政保费补贴险种 35%—45% 的保费补贴和地方特色农业保险品种的保费补贴。一些经济实力较差的农业大省,对中央财政保费补贴险种进行补贴都很吃力,再对地方特色农业保险险种进行补贴困难就更大,导致地方特色农业保险发展不足。

(3)补贴比例没有体现保障水平差异。参照美国等国家的做法,对于保

---

① 冯文丽等:《农业保险助推乡村振兴战略实施的制度约束与改革》,《农业经济问题》2020 年第 4 期。

障水平较低的农业保险险种,应规定较高的保费补贴比例;对于保障水平较高的险种,则规定较低的保费补贴比例。例如,美国对农业巨灾保险提供100%的保费补贴,而对于保障水平较高的收入保险则提供较低的保费补贴比例。但在我国目前推行的完全成本保险和收入保险试点中,并没有对高保障水平险种规定差异化的保费补贴比例。

(七)补贴拨付不及时

目前,一些地方存在县级政府拖欠、挪用保险公司应收各级财政(中央、省、市)保费补贴的现象。据庹国柱(2018)调研,一家公司甚至十多年前的农业保险"应收保费"还挂在账上。某公司在某市几个县从2015年至今"应收保费"累计有8100多万元,仅2018年"应收中央""应收省级""应收市级"和"应收县级"的保费欠款就有3089万元。该公司总公司3年累计"应收保费"高达4亿多元。按照监管部门的财务规定,"应收保费"超过一年就要按呆坏账处理。这必然影响公司的正常经营,也影响财政专用资金的合规安全使用。[①]

(八)补贴的政策导向不强

农业保险保费补贴,是国家支持和促进农业产业发展的一个重要政策工具。随着中国特色社会主义进入新时代,农业农村经济步入高质量和绿色发展的新阶段,农业生产已从增产向提质导向转变。在乡村振兴和"双碳"目标等国家重大战略实施的背景下,未来我国农业农村发展将更加注重质量、品牌和绿色生态,但我国农业保险产品设计和保费补贴政策目前还没有体现出这一战略导向。

---

① 庹国柱:《农险"应收保费"难题盼解》,《中国保险报》2018年12月25日。

四、完善我国农业保险补贴制度的对策建议

（一）扩大补贴规模

农业保险补贴，相比其他支农补贴方式具有补贴对象明确、补贴效率较高等优势。最近几年，美国和日本等国家对农业保险补贴高度重视，都通过最新立法将农业保险作为支持保护农业的重要手段。我国也应该顺应这种国际趋势，加大农业保险补贴的"总盘子"。各级政府可以参考美国农业保险补贴占农业 GDP 比例大约为 5% 的标准，依据自身财力和农业发展需要，有计划地逐步扩大农业保险补贴规模，支持农业保险的"增品、扩面、提标"创新，提高农业风险保障能力。

（二）增加补贴品种

现阶段，随着"大食物观"的逐步确立，农业保险作为现代农业风险管理的重要手段，保险标的选择也应由保"粮食安全"向保"食物安全"转变。一是增加中央补贴品种。中央财政对农业保险保费补贴品种应在目前 17 种的基础上逐步增加，将量大面广、事关国计民生、农户和老百姓需求比较强烈的品种纳入补贴范围，如百姓菜篮子中的重要畜禽（牛、羊、鸡等）、重要水产养殖品种（青鱼、草鱼、鲢鱼、鳙鱼、鲤鱼、鲫鱼等）及重要水果（如苹果和柑橘）等。二是增加地方补贴品种。各地在实施乡村振兴战略过程中，都注重壮大特色优势产业，打造一乡一业、一村一品的发展格局。因此，省级财政应把种植面积占比较大、对农民增收影响较大、对农业产值贡献度大的特色农产品纳入补贴目录。

（三）提高保障程度

改变目前绝大多数农业保险产品都是保直接物化成本的现状，依据当地

政府的财力,循序渐进地沿着"物化成本——完全成本——收入"这个路径,不断提高农业保险产品的保险金额和保障程度。自 2017 年开始的农业大灾保险、完全成本保险和收入保险试点都在提高保障程度方面做了很好的尝试,正在逐步扩大试点区域,增加保险品种。2022 年,在内蒙古和黑龙江试点大豆收入保险,在广西实施糖料蔗收入保险。2023 年,三大粮食作物完全成本保险和种植收入保险实施范围已扩大至全国所有产粮大县。

(四)增加补贴方式

改变目前我国对农业保险主要只有保费补贴的单一方式做法,提高农业保险补贴支农的政策地位,认真研究 WTO 规则中各种农业保险补贴方式的归箱属性,借鉴美国等国家经验,在条件成熟时逐步增加保险公司经营管理费用补贴、再保险补贴、农业保险大灾风险基金等多种"绿箱"措施补贴方式,加快我国农业支持保护措施由"黄箱"变"绿箱"的进程。

(五)简化补贴层级

中央政府应站在统筹全局的角度考虑中央财政和地方财政的事权划分,完善农业保险补贴政策。应借鉴大多数国家的经验,将补贴层级简化为中央财政和省级财政两级。按照"中央保大宗、地方保特色"的原则,中央财政加大关系食物安全和重要农产品供给的农业保险产品的补贴力度,地方财政则重点支持地方特色农业保险产品的发展。

(六)实施差异化补贴政策

改变目前仅按照东部和中西部对农业保险进行差异化补贴的做法,综合考虑中央财政和地方财政的事权划分、各地方农业生产重要程度、经济发展水平、财政承担能力、农业保险保障水平和政策目标等因素,实施差异化保费补贴政策。

第一,补贴比例要体现各省的农业生产贡献和差异化补偿。加大中央财政对 13 个粮食主产区省份、粮食生产功能区和重要农产品生产保护区的补贴力度,以保证粮食安全,积极引导和促进结构调整,助力农业供给侧结构性改革实现。

第二,补贴比例要体现经济发展水平差异。对于一些经济发展水平较差、财力较弱的农业大省,中央财政给予更高的保费补贴比例,以使其有能力对地方特色农业保险险种提供补贴和支持。

第三,补贴比例体现保障水平差异。例如,对于三大粮食作物的普惠性、低保障农业巨灾保险,可以考虑由中央财政提供 100% 的保费补贴;对于保障水平越高的收入保险,则提供较低的保费补贴比例,以防止道德风险。

(七) 解决保费补贴拖欠问题

建议财政部和各省级财政部门高度重视县级政府保费补贴拖欠问题,进行一次专项检查,摸清县级政府到底拖欠了多少保费补贴,认真分析拖欠的原因是由于财力不足还是违规挪用。[1]

对这一问题,2021 年底发布的《中央财政农业保险保费补贴管理办法》第 25 条规定:"地方财政部门应当根据农业保险承保进度及签单情况,及时向承保机构拨付保费补贴资金,不得拖欠。具体资金拨付方式由省级财政部门自主决定。"如果各省都将中央财政补贴和省级补贴资金直接拨付到保险公司省级机构,不拨付到县里,就基本解决了县级财政截留挪用保险费补贴的问题。该办法还规定,对于拖欠承保机构保费补贴较为严重、整改不力的地区,财政部将按规定收回中央财政补贴,取消该地区农业保险保费补贴资格,并依法依规追究相关人员责任。

---

① 冯文丽等:《农业保险助推乡村振兴战略实施的制度约束与改革》,《农业经济问题》2020 年第 4 期。

（八）突出农业保险补贴政策导向

在农业保险补贴政策中,体现出对农业绿色发展和高质量发展的支持,助力实现"双碳"目标,加大对草原保险和森林保险的补贴力度,探索耕地地力保险、绿色农产品保险、有机农产品保险等。

第九章　我国农业保险大灾风险分散机制现状与优化

农业保险大灾风险分散机制,是有效解决农业保险人赔不起问题、保证农业保险可持续经营的重要机制,是各国农业保险制度的重要组成部分。这一点在第二章已做详细分析。从 2006 年起,我国很多中央文件都对建立农业保险大灾风险分散机制提出要求,但十几年过去了,农业保险大灾风险分散机制建设依然缓慢。本章对我国建立农业保险大灾风险分散机制的原因、现状、存在的问题进行全面分析,提出对策建议。

一、农业保险大灾风险的概念及衡量

农业风险具有系统性特征,一次大面积的旱灾、台风等灾害,会造成众多风险单位同时受灾,因而大灾风险是农业保险与生俱来的风险。农业保险大灾风险是指由于极端气象事件和疫病、虫害大范围流行等极端事件,导致农林牧渔业生产巨大损失,且超过了农业保险人偿付能力的风险,即农业保险人的责任准备金不足以支付赔款的风险。

对于农业保险大灾风险的量化界定,理论界和实务界都没有统一标准。国际上比较通行的做法是,用农业保险经营机构的赔付率超过一定标准来启动大灾风险分散机制,但这个标准在各国也不一样。例如,在美国、加拿大等国的农业保险大灾分散机制中,当赔付率超过100%时就启动相应的政策性再保险赔付程序,即认为100%以上的赔付水平可以称为农业保险大灾风险;在西班牙,对于赔付率超过160%以上的风险,由国家再保险赔偿联盟(CCS)承担全部赔付责任,因此可以将其视作农业保险大灾风险。

二、建立农业保险大灾风险分散机制的原因

建立农业保险大灾风险分散机制,有农业保险制度建设本身的需要,也有全球气候变化趋势带来的风险压力及农业保险行业累积的风险正在变大等方面的原因。

(一)大灾风险分散机制是农业保险制度建设的重要元素

与一般风险相比,农业风险很多时候都是系统性的,这削弱了保险公司在农户之间、作物之间、地区之间分散风险的能力,使农业保险具有"三高"特点,即"高风险性、高集中度、高赔付率"。Miranda和Glauber(1997)的研究表明,农业保险人的赔付率的变异系数大概是一般财产保险人的10倍,即农业保险人所面临的风险为一般财产保险人的10倍左右。[①]

如果没有农业保险大灾风险分散机制,遇到农业巨灾损失,农业保险人要么陷入偿付能力不足甚至破产的境地,要么通过压低赔付以保证持续经营,但这种违反保险合同约定的做法,会使农民的损失难以得到充分补偿,也影响农业保险惠农政策的效果和声誉。

为了防止保险公司因农业巨灾损失陷入破产境地,保证农业保险制度的可持续性,很多国家都建立了完备的农业保险大灾风险分散机制。一般至少

---

① Mario J.Miranda & Joseph W.Glauber,"Systemic Risk,Reinsurance,and the Failure of Crop Insurance Markets",*American Journal of Agriculture Economics*,1997(2),pp.209-212.

包括三个层次：第一层次是直接保险人的大灾风险准备金制度；第二层次是政府支持的再保险制度；第三层次是再保险之后的超赔责任安排。例如，美国是由联邦农作物保险公司和私人再保险公司构成再保险体系分散大灾风险，当经营农业保险的商业性保险公司出现"赔不起"问题时，还可以向"商品信贷公司"融资或进行专项票据、债券融资支付巨灾损失赔款。西班牙是由国有农业再保险公司为直保公司提供再保险支持。加拿大联邦政府和省政府都向直保公司提供再保险支持，如果直保公司再保险摊赔及历年盈余积累仍不足以赔付时，联邦和省两级财政部门都向直保公司提供无息贷款帮助其履行赔偿责任。日本农业保险大灾风险分散机制由农业共济组合直保、再保险和农业共济基金三部分组成。法国的农业保险大灾风险分散机制由直接保险、三级再保险和全国农业灾害保障基金三部分组成。

2019 年 10 月，财政部等四部委发布的《意见》，进一步明确了农业保险的政策性属性，提出农业保险作为分散农业生产经营风险的重要手段，具有推进现代农业发展、促进乡村产业振兴、改进农村社会治理、保障农民收益等重要作用。政策性农业保险不同于普通的商业性保险。某个商业性险种如果经营亏损严重，保险公司完全可以选择随时退出市场，不再经营。但政策性农业保险是我国农业支持保护政策的重要组成部分，保险公司随时退出经营会影响支农政策的稳定性，因此必须要有完备的大灾风险分散机制保证其业务经营的可持续性。

（二）全球气候变化对农业保险机构产生更大风险压力

中国是全球气候变化的敏感区和影响显著区，未来极端高温、极端强降水和极端天气事件会更加频繁和严重。据国家气候中心预测，2035 年前后，我国中东部地区发生类似于 2013 年夏季极端高温事件可能会变为两年一度，本世纪末发生高温事件的风险将提升到目前的几十倍。未来我国平均集中降雨期呈现将从目前的 50 年一遇变为 20 年一遇，极端干旱事件也将从目前 50 年一遇变为32年一遇。复合型极端事件发生的概率和风险也将持续增加。①
这使得我国发生农业巨灾和农业保险大灾风险发生概率较高,有必要完善农业保险大灾风险分散机制。

(三)农业保险行业累积的风险逐渐变大

如图9-1所示,2007—2022年,我国农业保险简单赔付率呈现逐步升高的趋势,最低为46.99%(2011年),最高为78.50%(2019年),16年平均为66.82%。

(单位:%)

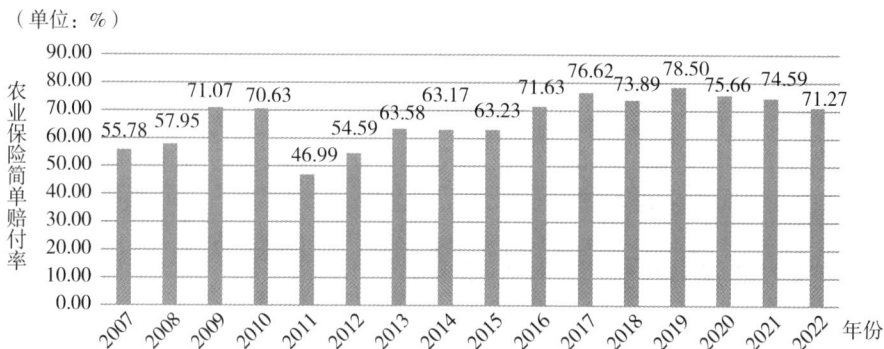

图9-1　2007—2022年我国农业保险简单赔付率

数据来源:原银保监会。

如图9-1所示,2022年,我国农业保险简单赔付率为71.27%。如图9-2
所示,在31个省(自治区、直辖市)和5个副省级市中,赔付率最高的为西藏
自治区,达到138.98%,最低为深圳市,为54.34%。2021年12月底财政部发
布的《中央财政农业保险保费补贴管理办法》规定,政策性农业保险承保机构
的综合费用率不高于20%,这就意味着政策性农业保险业务的盈亏平衡赔付
率为80%左右,即赔付率如果超过80%,保险公司就会亏损。这些省份和城

① 国家气候中心:《2023年气候年景总体偏差,极端天气气候事件呈多发强发态势》,2023
年2月6日,见 https://news.sina.com.cn/c/2023-02-06/doc-imyeuezp3101143.shtml? cre = si-
napc。

市中,有13个农业保险赔付率高于80%,这就意味着这些省份和城市的农业保险经营处于亏损状态。

省、市、区	赔付率
西藏自治区	138.98
云南省	101.14
天津市	95.39
宁波市	93.50
海南省	92.82
北京市	87.96
厦门市	87.62
大连市	86.84
青海省	85.94
辽宁省	84.70
安徽省	83.48
浙江省	82.49
新疆维吾尔自治区	80.51
甘肃省	78.63
重庆市	78.36
贵州省	77.22
福建省	77.06
上海市	74.05
湖南省	72.11
全国	71.27
宁夏回族自治区	71.04
河南省	70.06
广西壮族自治区	69.63
四川省	68.57
江苏省	67.49
陕西省	66.91
河北省	66.28
内蒙古自治区	65.69
湖北省	64.91
青岛市	64.60
山东省	62.20
广东省	60.81
吉林省	60.79
江西省	60.12
山西省	59.21
黑龙江省	57.40
深圳市	54.34

（单位：%）

图9-2 2022年我国31省(自治区、直辖市)和5个副省级市农业保险简单赔付率

资料来源:原银保监会。

此外,这十几年来,我国农业保险发展主要表现为数量扩张,理赔的精准

性不高,存在协议赔付、封顶赔付等不规范等问题,导致实际赔款比合同要求的要低。如果严格按照保险合同精准赔偿,农业保险赔付率应该比现在的数据更高,无论是各省还是保险公司,亏损的年份会更多。

这应看到,在农业保险高质量发展的大背景下,农业保险的发展趋势正如中央很多文件提到的那样,即要实现"扩面、增品、提标""扩大农业保险覆盖面""提高农业保险保障程度"、由保成本到保产量、保价格、保收入,这些都会使农业保险总金额即风险敞口大幅增加。

总之,从16年来农业保险赔付率的纵向变化、2022年各省份赔付率的横向比较、实际赔付率可能更高以及不断变大的农业保险风险敞口,都凸显了建立农业保险大灾风险分散机制的必要性。

三、我国农业保险大灾风险分散机制建设现状

目前,我国农业保险大灾风险分散机制建设现状可以概括为:国家对建立农业保险大灾风险分散机制高度重视;已经建立了公司层面的大灾风险准备金制度;不断完善农业保险再保险机制;有些地方政府开始探索农业保险大灾风险分担机制。

(一)国家对建立农业保险大灾风险分散机制高度重视

2006年以来,《农业保险条例》和很多中央文件都明确提出,国家建立财政支持的农业保险大灾风险分散机制。2006年《国务院关于保险业改革发展的若干意见》指出,要"完善多层次的农业巨灾风险转移分担机制,探索建立中央、地方财政支持的农业再保险体系"。2007—2023年的17个中央一号文件,有9个提到要建立大灾风险分散机制的问题。2013年3月1日起实施的《农业保险条例》,第一次从法规角度对我国建立农业保险大灾风险管理制度提出了要求。2013年7月国务院办公厅发布的《关于金融支持经济结构调整

和转型升级的指导意见》提出"建立完善财政支持的农业保险大灾风险分散机制"。2013 年底,财政部出台《农业保险大灾风险准备金管理办法》,提出建立保险公司层面的农业保险大灾风险准备金制度,标志着我国农业保险大灾风险分散机制的建立迈出了重要步伐。2014 年 8 月发布的《关于加快发展现代保险服务业的若干意见》提出"完善对农业保险的财政补贴政策,建立财政支持的农业保险大灾风险分散机制"。2019 年 2 月,中国人民银行等五部门联合发布《关于金融服务乡村振兴的指导意见》,提出"落实农业保险大灾风险准备金制度,组建中国农业再保险公司,完善农业再保险体系"。2019 年 10 月,财政部等四部门联合发布的《意见》提出:"完善大灾风险分散机制。加快建立财政支持的多方参与、风险共担、多层分散的农业保险大灾风险分散机制。"

(二)建立公司层面的农业保险大灾风险准备金制度

2013 年底,财政部出台《农业保险大灾风险准备金管理办法》,规定经营政策性农业保险的保险机构都要建立"大灾风险准备金"。该准备金由"保费准备金"和"利润准备金"构成,保险机构分别按照农业保险保费收入和超额承保利润的一定比例计提大灾准备金并逐年滚存,专项用于弥补农业大灾风险损失,可在农业保险各大类险种之间统筹使用,以农业保险大类险种的综合赔付率作为使用大灾准备金的触发标准。

(1)运作原则。农业保险大灾风险准备金遵循"独立运作、因地制宜、分级管理、统筹使用"原则。"独立运作"是指大灾风险准备金由各保险公司自主计提、使用和管理,专户管理、独立核算;"因地制宜"是指各公司可在符合基本要求的前提下,结合不同区域风险特征、当地农业保险工作实际和自身风险管控能力等,合理确定大灾准备金的计提比例;"分级管理"是指大灾准备金的计提、使用和管理分为保险机构总部与经营农业保险的省级分支机构两个层级;"统筹使用"是指大灾准备金可以在本机构农业保险各险种之间、相关省级分支机构之间统筹使用,专门用于弥补农业大灾风险损失。

(2)计提办法。保费准备金以种植业、养殖业、森林等大类险种的保费收入为计提基础,按照文件规定的大灾风险准备金计提比例区间范围,在听取省级财政等有关部门意见的基础上,结合农业灾害风险水平、风险损失数据、农业保险经营状况等因素合理确定。

(3)触发机制。保险机构以农业保险大类险种的综合赔付率,作为使用大灾准备金的触发标准。对于保费准备金,当保险机构相关省级分支机构或总部当年 6 月末、12 月末的农业保险大类险种综合赔付率超过 75%,且已决赔案中至少有一次赔案的事故年度已报告赔付率不低于大灾赔付率,可以在再保险的基础上,使用本机构本地区的保费准备金。[①] 当本机构本地区保费准备金不足以支付赔款的,保险机构总部可以动用利润准备金;仍不足的,可以通过统筹其各省级分支机构大灾准备金,以及其他方式支付赔款。简言之,保险机构大灾风险分散机制顺序为:再保险→保险机构本地区的保费准备金→保险机构总部的利润准备金→保险机构其他地区的保费准备金。

(4)税收优惠。国家税务总局和财政部 2009 年下发的《关于保险公司提取农业巨灾风险准备金企业所得税税前扣除问题的通知》明确规定,保险机构对政策性农业保险"按不超过补贴险种当年保费收入 25% 的比例计提的大灾风险准备金,准予在企业所得税税前据实扣除"。

(三)不断完善农业保险再保险机制

2014 年 11 月,为了解决我国农业保险再保险承保能力不足问题,在保监会的协调下,中国财产再保险有限责任公司和中国人民财产保险股份有限公司发起成立由 24 家(后来发展到 34 家)成员公司组成的"国家农业保险再保险共同体"(简称"农共体"),发挥农业再保险市场主渠道的作用,为我国农业

---

① 事故年度已报告赔付率=(已决赔款+已发生已报告赔案的估损金额)/已赚保费。

保险作出了重要贡献。

2020年6月,"中国农再"获批正式成立。"中国农再"是经国务院批复、由中央财政和八家金融机构共同发起设立,由银保监会批准的中央金融企业,是我国唯一的专业农业再保险公司。"中国农再"定位于财政支持的农业大灾风险分散机制的基础和核心,基本功能是分散农业大灾风险,推动建立并统筹管理国家农业保险大灾风险基金,加强农业保险数据信息共享,承接国家相关支农惠农政策。

"中国农再"成立后,接手了"农共体"的业务和职责,与35家农业保险经营公司签订了再保险标准协议,为农业生产提供风险保障约1万亿元,开始发挥农业保险再保险的主渠道作用。[1]

"中国农再"成立初期,采取固定比例成数分保和以省份为单位的大灾超赔机制相结合的运作模式。对于超赔责任,再保险赔付以业务年度为核算基础,按照分省份、分大类险种(种植险、养殖险)计算,当某省份大类险种赔付率超过150%时,启动再保险赔付,"中国农再"承担150%—200%的超赔责任。

(四)地方政府探索农业保险大灾风险分担机制

在农业保险试点探索的这十几年,一些省、直辖市建立了地方政府参与的农业保险大灾风险分担机制(简称"地方政府分担机制")。地方政府分担机制主要有两种方式:一是直接分担方式,即地方政府通过财政托底、建立和使用大灾准备金等方式,承担一部分农业保险超赔责任;二是再保险介入方式,由地方政府出资购买再保险,或为直保公司提供保费补贴购买再保险转嫁部分超赔责任。据不完全统计,全国已有近半数省份进行了省级农业保险大灾风险地方政府分担机制的设计,但多数省份因各种问题,相关制度未能延续。

---

① 庹国柱:《试论中农再建立的意义》,《保险理论与实践》2020年第9期。

地方政府分担机制中,上海模式相对简单,至今还在发挥作用。2006 年,上海率先制定出台了《上海市农业保险特大灾害补偿试行方案》,2014 年建立了农业保险大灾风险分散机制。目前实施的办法是 2019 年 8 月发布的《上海市农业保险大灾风险分散机制实施办法》,该办法规定:政策性农业保险业务年赔付率 90% 以下的赔偿责任,由保险机构自行承担;90%—150% 的赔偿责任,鼓励保险机构通过购买再保险、使用公司大灾准备金等方式承担,政府提供 60% 的再保险保费补贴,补贴总额最高不超过 800 万元;赔付率 150% 以上的损失,使用公司大灾风险准备金仍不能弥补的,可向市农业农村委、市财政局申请大灾风险补助资金。

四、我国农业保险大灾风险分散机制存在的问题

(一)缺乏系统性顶层设计

完备的农业保险大灾风险分散机制至少需要保险人的大灾风险准备金制度、政府支持的再保险制度和再保险之后的超赔责任安排三个层次。但目前,我国农业保险大灾风险分散机制还缺乏系统性的顶层设计,主要表现为:保险公司层面的大灾风险准备金制度还不完善;政府支持的再保险供给能力还很有限,经营比较粗放;各省份建立的农业保险大灾风险地方政府分担机制各不相同,和以后将要建立的全国性分担机制很难接轨;中央政府层面财政支持的农业保险大灾风险分担机制如何建立尚无明确思路;等等。在大灾风险分散机制不健全的情况下,我国农业保险面临的风险敞口很大。例如,2016 年,多个台风登陆东南沿海,农作物受灾 3035 万亩,绝收 218 万亩,其中福建灾情最为严重,当年全省种植业赔付率 141%,若按当前提高的保障水平和保险覆盖率测算,赔付率将达到 294%。

（二）公司层面大灾风险准备金制度存在不足

公司层面大灾风险准备金制度存在的不足有：（1）大灾风险保费准备金计提比例上限规定过死。《农业保险大灾风险准备金管理办法》分省对种植险、养殖险、林木保费的保费准备金计提比例作了规定，即种植保险最高8%、养殖保险最高4%、林木保险最高10%，但这种比例其实是没有必要规定的。（2）税收优惠政策不到位。《财政部、国家税务总局关于保险公司准备金支出企业所得税税前扣除有关政策问题的通知》允许税前扣除的农业保险大灾风险准备金要扣减上年度已在税前扣除的大灾准备金结存余额，导致保险公司按当年保费收入提取的大灾保费准备金无法全额税前扣除，甚至还可能调增所得税，导致保险机构不能最大限度地积累大灾保费准备金。（3）大灾风险准备金存在使用条件太宽松、使用不规范、资金积累困难、无法真正应对大灾风险等问题。

（三）农业保险再保险供给不足

第一，"中国农再"提供的再保险无法满足分保需求。"中国农再"为农业保险经营机构仅提供20%的约定分保和150%~200%之间的超赔分保，剩余赔偿责任均面临巨大的风险敞口。第二，商业再保险供给不足。2000年以来，受新冠疫情、俄乌冲突、美联储加息等因素影响，全球主要再保险机构亏损较大，再保险机构资本金减少，对农业保险再保险供给总体呈现减少状态。

（四）地方政府层面的分担机制存在较多缺陷

一是区域内的农业风险特别是大灾风险一般同质性较强，地方政府层面的分担机制难以有效分散风险；二是各省、市对农业保险大灾风险这个基本概念的定义标准都不一样，大灾风险分担机制更是各不相同，政府部门是否出资、如何出资也没有统一规定，复杂多样、不统一的地方政府分担机制与将来可能成立的中央政府层面的分担机制很难有效衔接;三是这些地方政府分担机制本身也有较多缺陷。例如,北京市政府出资为农业保险机构统一购买再保险的方式,再保险费用较高,对农业体量较大、财政实力不强的省份不具有可复制性;上海市对赔付率超过150%的损失由财政临时安排大灾风险补助资金,容易造成政府资金压力过大;江苏模式中各级政府大灾风险基金的结构、资金来源安排及巨灾损失分摊都比较复杂,管理成本较高;等等。

(五)中央政府层面的分担机制如何建立尚无明确思路

目前,学界和业界对于我国农业保险大灾风险分散机制的框架基本有了共识,即构建"公司层面大灾风险准备金——政府支持的再保险——省级政府层面的分担机制——中央政府层面的分担机制"四层分担体系。公司层面的大灾风险准备金制度虽然不完善,但已经建立,再保险机制也在积极探索并不断完善,但对于中央政府层面的分担机制如何建立,目前还没有明确思路。

五、完善我国农业保险大灾
风险分散机制的建议

从第一章国内研究现状中可以看出,国内学者的共性观点是建立分层性、融资式的农业保险大灾风险分散机制,包括保险公司的大灾风险准备金、再保险、中央和地方政府的大灾风险基金或融资等四个层面。

本书的边际贡献是,提出我国农业保险大灾风险分散机制主要由保险公司层面的大灾风险准备金、再保险和中央政府层面的国家大灾风险基金构成,不主张省级政府层面成立大灾风险基金或对国家大灾风险基金出资,在此基础上,对国家大灾风险基金的提取、使用、规模和管理等问题进行具体分析。

（一）构建财政支持的农业保险大灾风险分散机制

《意见》提出"建立财政支持的多方参与、风险共担、多层分散的农业保险大灾风险分散机制"的基本框架,也提出了如何建立的具体思路:落实农业保险大灾风险准备金制度,增强保险机构应对农业大灾风险能力;增加农业再保险供给,扩大农业再保险承保能力,完善再保险体系和分保机制;合理界定保险机构与再保险机构的市场定位,明确划分中央和地方各自承担的责任与义务。

这些基本框架需要以法律的形式进行规范。建议颁布《政策性农业保险法》,以法律程序构建由直保公司、再保险公司、地方政府和中央政府等主体组成的农业保险大灾风险分担体系,明确直保公司、再保险公司和国家大灾风险基金的赔偿责任分工,让所有参与者对运行机制具有稳定的预期,做到有章可循、有法可依、合规运行,确保农业保险大灾风险分散机制的顺利运行。

（二）完善公司层面大灾风险准备金制度

一是对保费准备金提取比例不再进行规定,由保险公司根据风险水平和经营战略自行提取,只要滚存余额不超过文件所规定的当年农业保险自留保费即可;二是加大税收优惠政策,调整大灾保费准备金税前差额扣除为全额扣除,鼓励直保公司落实大灾准备金制度,提升抵抗大灾风险的能力;三是提高大灾风险准备金使用的触发赔付率标准,规范和监督大灾风险准备金的管理,防止大灾风险准备金提取不足或挪作他用。

（三）完善再保险体系和分保机制

农业保险再保险体系是大灾风险分散机制中承上启下的重要环节,承担农业保险的中层风险,与直保公司大灾风险准备金和国家大灾风险基金对接。在完善再保险体系和分保机制过程中,应充分发挥"中国农再"的核心作用。

一是"中国农再"应担任中国农业保险市场上最重要再保险接受人的角色,通过标准再保险协议,规范与直保公司政策性农险业务的分保关系,既要有一定的机制保证直保公司向其分保,也要赋予直保公司较大的自由选择权;二是允许其他商业再保公司参与农业保险再保险,以增加市场适度竞争,增加再保险供给,扩大再保险承保能力;三是优化再保险费率测算机制,降低直保公司的再保险费负担;四是"中国农再"应充分利用再保险人的身份和有利条件,加强对农业保险基础信息的整合、积累和共享,提高农业保险的信息管理水平,加强对费率分区、大灾风险评估等问题的深入研究,促进农业保险和再保险的科学高效发展,也为政府的农业风险管理决策奠定坚实基础。

(四)建立财政支持的国家大灾风险基金制度

吕晓英等(2014)提出,农业保险大灾风险分担体系,除了公司层面的大灾准备金制度和公司购买再保险以外,还需要建立省级政府和中央政府层面的大灾风险准备金。[①] 但本书并不主张建立省级政府层面的大灾风险基金或由省级财政对国家大灾风险基金出资,建议我国应建立中央财政支持的、结构简单的、容易操作的国家大灾风险基金。具体思路如下:

(1)仅建立中央财政支持的国家大灾风险基金。这样做的好处有:一是大灾风险基金的层级较少,结构简单,筹资较快,便于操作;二是可以在全国范围内更广泛地分散风险;三是如果建立省级财政支持的大灾风险基金或由省级财政对国家大灾风险基金出资,一般都是按照各省份的农业产值或者农业保险保费规模筹资,无论选取哪个指标出资,都会导致农业大省的农业保险补贴财政负担更重。一些农业大省目前承担农业保险保费补贴都很吃力,再让出资建立大灾风险基金难度很大,也没有必要。

(2)如何使用大灾风险基金。以某公司在某省的种植业保险和养殖业保

---

① 吕晓英等:《农业保险大灾风险分散方式的模拟研究》,《保险研究》2014 年第 12 期。

险的赔付率作为申请使用大灾风险基金的触发标准。之所以将种植业保险和养殖业保险的赔付率分开测算，是因为两者的风险因素、风险事故和损失各不相同，混在一起测算触发的概率显著降低，大灾风险基金保障的精准性和效果也受到影响。但也不能以单一险种的赔付率作为触发机制，有些保费规模比较小的创新险种或特色农业保险，试点初期赔付率超过 200% 的概率非常大，频繁启动大灾风险基金，也就使大灾风险基金失去了"救急"的意义。如图9-3 所示，某公司在某省的种植业保险或养殖业保险赔付率 200% 以下的超赔责任由直保公司购买再保险和公司层面的大灾准备金承担；赔付率在200%—300% 之间超赔责任的 90%，可向国家大灾风险基金提出使用申请；剩余的超赔责任，则由保险公司利用商业再保险等其他方式自行解决，这主要为了防止保险公司过度依赖国家大灾风险基金的道德风险。

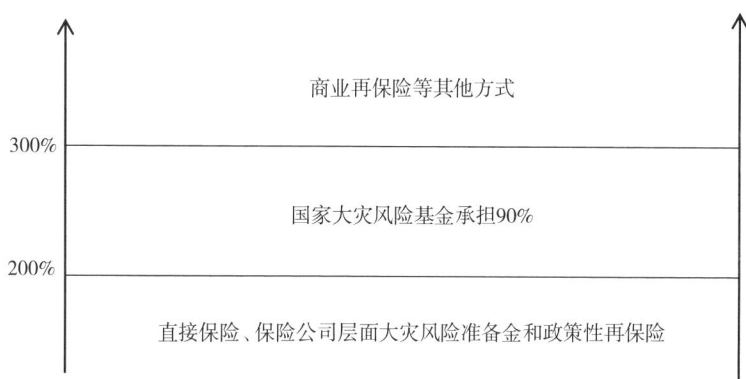

图 9-3　农业保险大灾风险分散机制架构图

（3）如何提取国家大灾风险基金。中央财政每年按照上一年度全国农业保险保费收入的一定比例列出预算，往国家大灾风险基金中注入资金，单独列账，逐年滚存累积，单独使用，积累到一定规模，没有使用的话，就不再注入资金。使用之后，可以再继续注入资金直至达到预定规模时中止。例如，2022年全国农业保险保费为 1219 亿元，假如按照 2% 的比例出资，则需要中央财政往国家大灾风险基金中注入 24.38 亿元。

（4）大灾风险基金的规模。国家大灾风险基金承担赔付率在200%—300%之间超赔责任的90%，即承担90%赔付率的超赔责任，理论上讲基金规模的最高上限为当年全国农业保险总保费收入的90%，但实际上根本不需要这么多，因为全国所有省份、所有公司在同一年度赔付率都达到300%的可能性几乎没有。基金的最佳规模到底应为多少，还需要利用这十几年各省份、各公司的赔付数据详细测算。

（5）国家大灾风险基金的管理与使用。国家大灾风险基金可以由"中国农再"管理，负责大灾风险基金的规模测算、资金申请、拨付、收回及保值增值等工作。保险公司不能无偿使用大灾风险基金，可以低息或者无息，但是本金需要在使用后的一定时期内逐步归还。在特殊情况下，如连续遇到大灾风险损失，可以延长还本时间。这样设计，主要是为了防止保险公司的道德风险，也有利于资金的有效使用。[1]

---

① 冯文丽等：《我国农业保险大灾风险分散机制的思考》，《农村金融研究》2022年第8期。

第十章　我国农业保险基层协保员队伍建设现状与优化

协保员是我国农业保险经营中的特殊角色和重要人力资源,在过去 10 多年中,协保员从无到有,从少到多,已经成为一支有 47 万多人的庞大队伍,成为农业保险经营不可缺少的代理人和助手,对农业保险的快速发展发挥了重要作用,作出了重要贡献,至少在未来一个时期内,他们还将发挥重要的历史作用。但是,由于协保员队伍尚未引起相关方面的重视,缺乏规范和建设,专业素质和思想素质都参差不齐,不仅影响农业保险的承保、定损和理赔质量,甚至助长了农业保险的某些逆选择、道德风险和犯罪。在我们强调高质量发展农业保险的背景下,加强协保员队伍建设,提高其思想素质和专业素质,是我国农业保险基本建设不可忽略的一个组成部分。对于这支重要队伍的发展和建设,需要加以调查研究。①

本书在走访调查的基础上,对农业保险基层协保员队伍建设的必要性、建设模式、建设现状和存在问题进行分析,提出加强协保员队伍建设的一些具体建议。

---

① 本章系太安农险研究院 2020 年课题研究成果。

一、协保员的诞生及其发展

（一）协保员实际就是农业保险代理人

农业保险协保员，是指保险公司面向社会招聘的协助保险机构办理本乡镇或本村农业保险业务的编外工作人员。他们的主要职责是宣传农业保险政策，接受农民对保险产品的咨询，普及保险知识；积极协助农户办理承保和索赔事宜，收缴保费、开具收据、制作承保理赔清单及公示等工作；发生保险事故时，还要替农户报案，协助保险机构进行查勘、定损和理赔等工作。他们是当地政府、公司和农民沟通联系的桥梁和纽带。

协保员，实际上就是农业保险机构在本地的代理人。当然，他们不同于商业保险的代理人。对于商业保险的代理人，《保险法》有比较严格的要求。《保险法》第 119 条规定："保险代理机构、保险经纪人应当具备国务院保险监督管理机构规定的条件，取得保险监督管理机构颁发的经营保险代理业务许可证、保险经纪业务许可证。"但是对于政策性农业保险的这种代理人即协保员，则没有这样严格的规定和要求。

（二）协保员的诞生

协保员诞生在 2007 年中央财政补贴农业保险保费、进行政策性农业保险试点之后。

2007 年前，由于农业保险规模小，业务零星，都是由保险经营机构直接展业承保。2007 年，中央财政设立"农业保险保费补贴"预算科目，同时做出 21.5 亿元补贴资金预算，并实行地方财政给予保险费补贴、中央财政配套补贴的政策，在 6 个省份开始政策性农业保险试点。各地积极性空前高涨，参加农业保险的农户增多，最早参与农业保险试验的安信农险、安华农险、中华财险等公司,由于展业需要,开始在乡镇找政府行政干部或者农技、农经干部,在村里找村委会主任或者村会计,临时委托他们协助宣传农业保险政策,组织动员农户投保,并将投保农户的详细耕地、个人信息等数据资料缮制清册,以村为单位统一投保,并给予这些临时人员一定报酬。这为农业保险的试验和推广提供了方便。当时吉林省保监局最早将这些协办人员称作"协保员",这个称谓逐渐被各地保险公司采纳。

(三)协保员地位有了法律依据

后来,参与农业保险经营的保险公司从最早的 5 家(所谓"4+1")逐步增多,发展到目前的 30 多家,政策性农业保险业务规模得到长足发展。在发展过程中,几乎所有公司都采取了"协保员"这种农业保险代理模式,聘用乡、镇、村在职人员做协保员,让他们在乡镇"三农"服务站和村里从事农业保险代理工作。公司一般视业务多寡,拿出 3%—5%的保险费作为他们提供服务的工作经费。这支队伍就这样逐步建立起来。《农业保险条例》肯定了这种自然生长的非正规代理人"协保员"的存在,承认了协保员制度的合规性。《农业保险条例》第 21 条规定:"保险机构可以委托基层农业技术推广等机构协助办理农业保险业务。保险机构应当与被委托协助办理农业保险业务的机构签订书面合同,明确双方权利义务,约定费用支付,并对协助办理农业保险业务的机构进行业务指导。"这样,农业保险这个特殊的代理角色就有了法律依据。

(四)协保员队伍的新变化及发展规模

随着农业保险业务的拓展,当前协保员队伍组成发生了一些值得关注的积极变化:

第一、协保员队伍中也开始聘任非在职人员。有的公司在参与保险扶贫过程中,优先在贫困户中选择有能力的农民聘为协保员,既补充了协保队伍的力量,也增加贫困户的收入,帮助他们脱贫。

第二,协保员出现了职业化苗头。有的地方聘用了一些学历较高、有职业经验的年轻人进入协保员队伍,充实乡镇"三农"服务部的力量,大大提高了协保员队伍的水平和职业素质。

第三,协保员的优势开始被综合开发利用。一些保险公司开始充分利用协保员的优势,实行"政保+商保"联合开发,即将政策性保险与商业性保险进行融合开发,在办理农业保险业务的同时,拓展其他农村财产保险、意外险和短期健康险等业务。

第四,协保员队伍的发展规模比较可观。截至2020年10月,各家公司在重点乡镇设立"三农"保险服务办公室和服务站5.3万个,在村级设立服务点35.3万个,组建起47万人的农村协保员队伍,形成"县级全覆盖、乡镇有网点,村村有人员"的农业保险服务网络。

二、协保员及其队伍建设的必要性

(一)协保员是政策性农业保险的产物

1. "大国小农"的基本国情是协保员产生的基础

协保员及其制度产生的必要性和必然性,面临与欧美大农场不一样的环境。我国的基本国情是"大国小农",我国现有2.3亿农户,户均经营规模7.8亩,经营耕地10亩以下的农户有2.1亿户。小农户数量占农业经营主体98%以上,从业人员占农业从业人员90%,经营耕地面积占总耕地面积70%。大部分小农户对农业保险缺乏自主需求。特别是东部地区的农户,其家庭80%的收入来自非农产业,经营三五亩农作物所获收成,对家庭收入影响不大,他们的食物供给也不依赖自己耕地上的产出,有的甚至放弃耕作或撂荒,从自身经济利益的角度来衡量,农业保险对他们可有可无,他们对参加农业保险的兴趣不高。中西部很多小农户户主和主要劳动力,文化水平不高,家庭收入较低,对保险认知有限,对农业保险也几乎没有自主需求。在这种环境下,要想发展农业保险,必须要有协保员深入农户进行宣传并协助办理业务。

2. 保险机构农险业务经营困难催生协保员

在政策性农业保险发展初期,面临一个突出问题就是业务操作不规范,存在套取中央财政保费补贴的现象。对此,2009 年保监会发布的《关于进一步做好农业保险发展工作的通知》,提出了农业保险合规经营"五公开、三到户"规定,即惠农政策公开、承保情况公开、理赔结果公开、服务标准公开、监管要求公开和承保到户、定损到户、理赔到户。

在"大国小农"的现实国情下,保险公司要想凭借自己的网点和人员力量达到"五公开、三到户"的规范要求几乎不可能。有公司测算过,维持一个基层网点的运营,每年平均需要固定投入 8 万元左右,但收到的保费却不足以弥补运营成本。河南省银保监局也调查和测算过,在河南省向分散的小农户收取小麦保险 3.5 元的自缴保费,保险公司付出的成本是 5.3 元。因此,一些保险公司为了达到监管要求,控制承保理赔费用,就聘请熟悉当地农户的乡、镇、村人员协助办理承保理赔手续,承担诸如收集农户信息、收取农户自缴保费、制作投保清单、配合承保验标公示、受损情况初勘、统计受灾情况、记录受损清单、配合查勘定损、与农户沟通联络和特殊情况协调沟通等具体任务。

3. 政府要求加强农村基层服务体系建设

近年来,为了更好地落实国家的农业保险惠农政策,很多政府文件都要求保险公司加强农村基层服务体系建设。例如,2019 年发布的《意见》中提到,支持保险机构建立健全基层服务体系,切实改善保险服务。一些地方也出台相关文件,要求完善农业保险基层组织建设。例如,2016 年甘肃省人民政府办公厅印发《关于加强农业保险基层服务体系建设的通知》,为全省农业保险基层服务体系建设工作作出了顶层制度安排和方向性指导。

（二）加强协保员队伍建设是农业保险高质量发展的需要

1.某些农业保险乱象与协保员队伍质量不高有关

在政策性农业保险试点的一段时间里,有些地方的农业保险经营主体承保不规范,原始数据不齐全、缺乏真实性,这些问题有很大一部分是协保员的工作不细致、不认真造成的。有的地方甚至出现了所谓"三个没关系"(承保与农户没关系、定损与灾害没关系、赔款与损失没关系)和保险机构"三虚"(虚假承保、虚假理赔、虚假费用)等乱象,这些问题和乱象的产生有许多原因,其中也与协保员队伍质量不高有很大关系。[1] 有的乱象甚至就是协保员参与的结果。例如,有的协保人员与农户或者养殖户合谋,让村委会垫付或由种植、养殖户缴纳20%的自缴保费后,等保险公司拿到各级政府补贴款之后,再按事先约定的比例分钱,使保险合同变成一纸空文。

2.农业保险高质量发展需要高质量的协保员队伍

农业保险协保员队伍,相当于保险公司在广大农村的"嘴"和"腿"。好的农业保险惠农政策,需要靠协保员在广大农户中进行宣传;规范的农业保险承保理赔流程,需要靠协保员具体落实;协保员的合规意识,决定了农业保险业务的合规程度;协保员的工作效率,决定了农业保险的承保理赔效率;等等。因此,农业保险高质量发展,需要高质量的协保员队伍。

（三）协保员队伍建设有利于助推乡村振兴战略实施

我国实施乡村振兴战略的总要求是"产业兴旺、生态宜居、乡风文明、治

---

[1] 庹国柱等:《关于农险中农户自缴20%保费问题的探析——兼论政策性农险产品政府定价的必要性和可行性》,《保险理论与实践》2020年第4期。

理有效、生活富裕"。建设和发展高质量的协保员队伍,一方面可以解决农村部分人口就业问题,如前所述,目前农业保险协保员正在成为一种职业,已为全国农村解决47万多个就业岗位;另一方面,素质较高的年轻人以协保员身份返回乡村,为农村注入新鲜血液,带回新的知识和新的理念,将保险理念纳入农村社会治理体系,充分发挥保险的社会治理功能,实现治理能力现代化,有助于实现"乡风文明、治理有效"的目的。

三、协保员队伍建设的两种模式

(一)政府组建模式

目前,对于协保员队伍建设,甘肃、广东、贵州等省份采用"政府组建、多方出资、共享使用"模式,即由农业农村、林业等部门统一制定协保机构和协保员名录,对各家保险公司开放。

以甘肃省为例,针对农村金融服务分散、保险公司等金融机构最末端组织机构与农户存在"断线"等问题,2019年2月,省政府办公厅出台相关文件,推进全省农村金融综合服务室建设运行。服务室优先依托现有银行机构村级便民服务点和农村保险服务站点,对现有资源进行优化整合,原则上实行"一村一室、集中统一、综合服务"。对于居住分散、人口较少、地理毗邻的行政村,采取"多村一室"的建设模式,避免重复建设。银行保险机构均可以利用农村金融综合服务室这个平台,开展相关业务,为农户提供差异化、特色化服务。同时,按照准公益性、政府适当补贴、市场化补充等原则,建立财政扶持、业务合作,银行保险机构按劳付酬的经费保障机制。[①]

截至2020年底,甘肃省已建立起1049个乡镇农村金融综合服务站、

---

① 曹立萍:《甘肃加快农村金融综合服务室建设》,《甘肃日报》2019年2月15日。

15788 个农村金融综合服务室,配置工作人员 4.75 万人,同时建立由乡村干部、银行保险机构业务员、公益岗位农金员共同参与的运营机制,为农业保险"投保到户、定损到户、理赔到户"提供"最后一公里"的服务支撑。村支书或村委会主任就是农村金融服务室的主任,真正把农村金融的责任和任务落到有组织的人手里,来保障种养产业综合保险的顺利实施。

(二)保险公司自建模式

除甘肃、广东、贵州等省采用组建模式外,大多数省份倾向于遵从市场化原则,由各家保险公司自主开展协保员队伍组建、管理和考核,财政、银保监等部门只负责引导和对其市场行为进行监管。下文提到的太平洋产险河南省四级机构协保员队伍建设的调研内容,都属于保险公司自建模式。

四、太平洋产险河南省四级机构协保员队伍建设调研

(一)河南省分公司协保员队伍建设情况

太平洋产险河南分公司协保员队伍由乡镇级"三农"服务站站长、乡镇级协保员和村级协保员三部分组成。截至 2020 年 9 月底,太平洋产险河南分公司共有协保员 1321 人,其中乡镇级协保人员 235 人(含"三农"服务站站长),村级协保人员 1086 人。从服务业务来看,综合业务类型 640 人、种植险业务 313 人、养殖险业务 104 人、涉农险业务 64 人。

"三农"服务站站长和乡镇级协保员主要由乡镇农业服务中心、畜牧站等"三农"管理与服务部门工作人员及了解农业、熟悉电脑操作、在所在地区具有良好群众基础、身体健康、愿意从事农业保险服务工作的相关人员构成。

村级协保员主要由村支书、村主任、村会计等在当地有较大影响力、群众支持率高的人员构成。2018 年以后,为支持扶贫工作,部分地区聘任贫困农户人员为协保员。

(二) 开封市支公司协保员队伍建设情况

太平洋产险开封中支在开展农业保险业务的乡镇建立了 6 个"三农"服务站,为每个"三农"服务站配备管理协保员的站长,共有 22 个站长;为每个行政村配备协保员,共有 261 位协保员。

太保开封中支协保员队伍建设的做法具有可复制、可推广的价值。他们建立了一支知农时、懂农事、有情怀、高学历的年轻站长队伍,要求站长年富力强,至少有大专以上学历,熟悉电脑操作和手机 APP 操作,能对协保员进行日常管理和培训。例如,在每个承保季开始之前,站长负责宣导政策和激励方案,把各种表格和清单发放给协保员,要求协保员一周之内把自缴保费和清单、表格都收回来交给站长,由站长集中统一录入电脑系统,减少了差错,提高了效率。站长的薪酬水平也比较高,每月大概四五千元,在开封市的乡镇一级地区算是比较高的收入。表现好的站长还有转为公司正式员工的可能性。因此,站长队伍非常精干高效,也很稳定。

太平洋产险开封中支的协保员和公司建立的是短期劳务关系。一个承保季结束以后,保险公司视承保区域有无变化再确定是否与协保员继续合作。协保员按照业务规模获取劳动报酬,各地标准不同,一般标准为 1 元/亩。因此,在业务不稳定或者业务较少的地区,协保员队伍不稳定,随承保区域不断变动而变动,而且变动还比较大。

但由于站长薪酬较高,具有"准员工"身份,还有转为正式员工的可能性,所以队伍比较稳定,在一定程度上缓解了协保员队伍经常变化带来的不利冲击。

（三）中牟县支公司协保员队伍建设情况

中牟县是河南省省会郑州市的下辖县,全县有 11 个乡镇。2016 年,中牟支公司开始开展农业保险业务时,建立了协保员队伍。在狼城岗镇、雁鸣湖镇、大孟镇和郑庵镇四个乡镇设立"三农"服务站。协保员队伍由"三农"服务站站长、乡镇级协保员和村级协保员组成,2021 年共有 14 人。人员来源主要是各村的村支书、村委会主任和妇女干部,也就是村里的"三干"。选中的这些协保员在村里都比较有影响力,每个协保员一般负责几个村。

协保员队伍建成后,支公司农险条线经理担任协保员团队负责人,每年在小麦、花生、特色农险启动的时候,召开 2—3 次协保员会议,安排承保等相关事宜和政策宣导。

课题组在调研中发现,中牟县支公司协保员对工作很有激情,对公司忠诚度较高,队伍比较稳定,主要原因有二:一是协保员有底薪。当协保员收取的保费达到一定规模后,就可以获得每月大约 1000 元左右的底薪,另外还可按照业务规模获得相应奖金,这就使协保员的收入相对稳定,增强了职业吸引力。二是协保员有归属感。农险条线经理定期组织协保员聚餐,交流工作中遇到的问题,分享工作经验;协保员还代表公司参加文艺汇演等活动,和正式员工一样获得节日劳保福利等。这些措施都增强了协保员对公司的归属感、认同度和忠诚度,从而提高了协保员队伍的稳定性。

（四）冯堂办事处协保员队伍建设情况

冯堂办事处位于郑州航空港经济综合实验区东部。太平洋产险在冯堂办事处设有"三农"服务站,服务站配有站长 1 名,协保员 21 名。协保员只有在小麦、花生承保季工作两三天,按照承保面积获取劳务报酬。由于没有固定底薪,协保员工作积极性似乎不高,承保季以外的时间和"三农"服务站联系比较松散,队伍不稳定。公司花很多钱租用和装修的服务站,绝大多数时候处于闲置状态。

五、协保员队伍建设存在的问题

（一）缺乏长期规划，投入不足

近年来，随着农业保险经营主体增多，市场竞争加剧，基层政府经常通过招投标遴选保险公司或对保险公司划定承保区域以限制恶性竞争，但同时也导致保险公司承保区域经常变动，从而影响协保员队伍建设的稳定性和长期规划。例如，有些保险公司去年刚建好"三农"服务站和协保员队伍后，今年在该区域没有中标农险经营资格，就不能在该区域承保了，先期投入也就无法收回。鉴于这种情况，保险公司在建设基层服务体系和协保员队伍时总有顾虑，不舍得投入，只有在承保季临时聘请协保员，从而造成协保员队伍不稳定、专业素质不高的局面。另外，协保员队伍建设的责任和成本仅由保险公司的农险条线来承担，投入也相对不足。

（二）大部分协保员待遇缺乏吸引力

目前，协保员队伍的薪酬水平有三种情况：

（1）没有任何报酬。例如，青岛市《关于明确政策性农业保险工作经费等有关事项的通知》（青财农〔2017〕32 号）规定："根据《青岛市政策性农业保险保险费补贴管理办法》第 37 条规定，'财政补贴的农业保险保费，不得用于提取工作经费'，协助保险机构办理农业保险承保、理赔工作的区市农业、畜牧、林业等行政事业单位，不得从政策性农业保险保费补贴资金中提取工作经费，上述部门及其工作人员不得以任何理由和方式向承保公司索要或提取其他任何费用。违法规定的，按照《预算法》《公务员法》《行政监察法》《财政违法行为处罚处分条例》等国家有关规定追究相应责任。"很多地区都有类似青岛这样成文或不成文的规定。这些政府部门及其工作人员在本职工作之外承担了大量的农业保险工作,但不能获得相应的报酬,从而影响其积极性。

(2)按照业务规模提取一定比例的短期劳务报酬。例如,有些地区是按照 1 元/亩的标准,有些地区则按照所收取保费的一定比例。

(3)底薪+业务提成。例如,中牟县中支的协保员每个月有 1000 元左右的底薪,外加业务提成。

在调研地区中,除开封市"三农"服务站站长的薪酬能达到每月四五千元以外,大多数协保员的薪酬都较低,只在承保季有大约 2000 元左右的收入。协保员做了大量琐碎工作,承担了很多责任,但没有薪酬或者薪酬待遇太低,最终都会影响协保员的工作积极性。

(三)协保员队伍缺乏稳定性

协保员队伍缺乏稳定性的原因有三:一是基层政府农业保险招投标期限较短,有的地区甚至一年一招标,导致保险公司的承保区域总是不断变化,公司聘请协保员也随经营区域的变化不断变化;二是保险公司由于担心经营区域变化,对协保员队伍建设缺乏长期规划,不舍得投入,只在承保季临时聘请协保员;三是协保员薪酬水平普遍较低,没有底薪,仅有业务提成,缺乏最低保障,感觉和公司之间只是"一把一清"的交易关系,对公司没有归属感,忠诚度较低,工作也没有积极性,

(四)协保员队伍专业素质有待提高

协保员队伍专业素质不高的原因有两方面:一是协保员文化水平较低。协保员多为兼职人员,主要由基层农业技术推广站等机构的工作人员、乡镇干部和村干部等组成,大部分是村委会干部,还有少量贫困农民。协保员年龄偏大,文化水平普遍不高,没有受过系统的保险知识培训,对国家的农业保险

政策、农业保险合同和相关法律法规等方面知识掌握不全面、不准确,接受新事物的能力较差,对电脑、手机等工具和软件操作不熟练。二是保险公司对协保员专业培训不够。保险公司由于担心协保员队伍不稳定,对协保员专业培训不够,没有专门开发针对协保员队伍的课程体系并定期进行培训,只是在当年承保季开始时,才对协保员"临时抱佛脚"培训一下,讲讲业务要点。由于缺乏系统、定期的专业培训,协保员队伍较低的专业素养很难得到提升。

(五)协保员的作用尚未充分发挥

目前,大多数协保员主要在农业保险业务承保季和理赔季发挥代理人作用,在农业保险业务的空档期,协保员与公司的联系比较松散,没有充分发挥其应有的作用。由于"三农"服务站和协保员队伍由保险公司的农险条线组建和管理,协保员拓展的非农险业务不能计入农险条线的业绩,农险条线工作人员也就没有充分发挥"三农"服务站和协保员作用的积极性。

(六)协保员队伍面临监管真空问题

协保员队伍的实质是保险公司政策性农业保险业务的代理人,他们接受保险公司的委托,从事辅助承保、收取保费、查勘定损和理赔等业务。2020年11月12日,银保监会出台最新版《保险代理人监管规定》,该规定明确:"本规定所称保险代理人是指根据保险公司的委托,向保险公司收取佣金,在保险公司授权的范围内代为办理保险业务的机构或者个人,包括保险专业代理机构、保险兼业代理机构及个人保险代理人。"因为协保员目前还不具备代理人的地位和身份,根据这个规定,尚不属于保险代理人,就不受银保监会监管。2016年修订的《农业保险条例》也没有明确规定协保人员的监管责任。所以,目前协保员队伍还处于监管真空地带。

六、加强协保员队伍建设的建议

（一）两种组建协保员队伍的方式都可以采用

如前所述,协保员队伍建设有政府组建和公司组建两种模式,两种模式各有优势和劣势。

在政府组建模式下,金融服务站点和协保员队伍由政府组建,相对正规,也比较稳定。因为是多方投入进行建设,各家保险公司的固定投入较少,成本支出较低而且灵活,只需在有农险业务承保资格的区域按照业务规模给协保员支付相应酬劳。这样,协保员可以从事多种金融保险服务工作,各方筹资能保证其收入稳定,也就能保持协保员队伍的稳定。

保险公司自建模式,对于保险公司而言固定投入较大,比如"三农"服务站的房租、装修费用、站长劳务报酬等。如果该公司在招标中没有拿到这一区域政策性农业保险业务经营资格时,容易出现"三农"服务站到底是留还是撤的两难境地。但是在自建模式中,保险公司自主性较大,可以充分利用"三农"服务站宣传、销售公司的农业保险和其他财产保险、意外险和短期健康险等产品,这样就将农业保险协保员队伍,逐步变成保险公司的农村综合保险服务队伍,"三农"服务站也将得到充分利用,获取可观效益,抵补固定投入支出。

我们建议,两种组建模式都可以试点,应通过几年实践,再进行总结,选择和推广更为成熟的模式。

（二）做好协保员队伍建设的长期规划

一是基层政府应将农业保险招投标周期确定为3—5年,尽量保持各家保险公司农业保险承保区域的稳定性,给予保险公司可以长期经营、做好协保员队伍建设长期规划的稳定预期;二是保险公司自身也应做好协保员队伍建设的长期规划,以"三农"服务站建设和选聘年轻能干的站长为核心,加大建设资金投入,完善各种规章制度,优化硬件设施,强化人员配备,提升工作效率,充分发挥协保员队伍的重要作用。

(三)出台有关协保员工作经费的文件

针对协保员中很大一部分是公职人员,收取农业保险工作经费,涉嫌违规违纪兼职取酬的问题。财政部门要尽快出台相应政策文件,明确规定从农业保险保费收入中提取多大比例作为工作经费,工作经费可以支付给哪些人,以及工作经费以什么方式支出,使协保员薪酬待遇合法化。只有这样,才能激发这些人员在本职工作之外利用业余时间长期为农业保险提供承保理赔服务的积极性。可喜的是,这方面的政策规定有了一定进展。2021 年 12 月底发布的《中央财政农业保险保费补贴管理办法》规定,每村可以设协保员 1 名,协助承保机构开展承保、理赔等工作,承保机构可以向协保员支付一定费用,具体标准由双方协商确定,但原则上不得超过当地公益性岗位的平均报酬。

(四)提高协保员薪酬水平,优化薪酬结构

我们在调研中发现,保险公司对协保员支付的薪酬水平越高,聘请的人员素质相对越高,队伍也就越稳定。例如,太平洋产险开封中支对"三农"服务站站长每月支付四五千元工资,聘请的站长都是大专以上学历的年轻人,文化水平高,电脑手机操作熟练,业务处理效率较高,对公司忠诚度也高。

在提高薪酬水平的同时,要优化薪酬结构。保险公司要改变目前对协保员仅依据业务规模支付提成的做法,按照"底薪+业务提成"的方式对协保员支付报酬。这种薪酬结构的改变,对保险公司总体支出可能并没有太多变化,但每月给协保员支付底薪能让其对公司建立长期的归属感,有利于提高协保员队伍的稳定性和忠诚度,业务提成则有利于激发协保员的工作积极性。

（五）完善协保员队伍的专业培训体系

针对协保员大多年纪较大、文化水平较低、保险知识匮乏、对新生事物接受较慢的现状，保险公司应量身定制专门的、通俗易懂的课程体系，对协保员队伍进行定期培训，以提高其专业素养和业务水平。课程体系包括公司简介与公司文化、主要农作物的种植技术与风险点、主要畜禽的养殖知识与风险点、农业保险承保理赔流程及业务操作手机 APP、农业保险法律法规及合规要求等。

（六）充分发挥协保员的多维作用

随着乡村振兴战略的实施和农业农村现代化的推进，农业生产将呈现一、二、三产业融合发展态势，农业与文化、生态、旅游、教育、康养等深度融合形成农业新产业新业态。保险公司应前瞻性地看到农业保险内涵和外延将随农业新产业新业态发生很大变化的趋势，有必要改变目前协保员队伍建设的任务和成本仅由农险条线承担、协保员仅负责农险承保理赔工作的惯性思维，由保险公司承担协保员队伍建设的任务和成本，加大投入力度，将"三农"服务站扩展成拓展农村保险市场的根据地，将协保员队伍变成不仅是农险业务的代理人，同时也是拓展农村保险市场的代理人。通过这支协保员队伍，积极拓展农村车险、非车险、人身意外险和短期健康险等业务，提高"三农"服务站的利用效率，提高协保员队伍的业务贡献值和自身收入，使农业保险基层服务体系朝着专业、稳定、规范的方向良性循环发展，为农业保险高质量发展夯实基层基础。

（七）监管层应关注和支持协保员队伍建设

虽然协保员只是保险机构的非正规代理人，目前主要由保险机构聘用、培训和管理，保险监管机构并不直接进行管理和监督，但是，这支队伍是现阶段农业保险不可缺少的人力资源,他们的素质关乎农业保险的业务质量和发展质量,也关系到乡村振兴,监管部门应当给予必要关注,把农业保险市场建设(如稳定经营区域)和协保员队伍建设统筹考虑,为协保员队伍的健康发展创造环境条件,帮助解决协保员队伍建设的实际问题,如对于久拖不决的工作经费支付问题应该尽早解决。

（八）在法律法规上明确协保员的职业定位

协保员目前尚不是一个稳定的职业,法律法规对其定位也比较模糊,但是从实际出发,对于这支有数十万人的农业保险战线不可缺少的职业队伍,需要有其职业定位,同时也要有必要监管。所以,建议在颁布《政策性农业保险法》时,对他们作出明确规定,以利于这个职业和农险市场的健康发展。

第十一章　我国农业保险保障水平现状与区域差异实证分析

农业保险保障水平,是衡量农业保险发挥风险保障作用和农业保险制度效果的重要指标。提高农业保险保障水平,是我国农业保险高质量发展的重要目标。本章拟对我国农业保险保障水平现状、区域差异及提升路径进行全面分析。

一、农业保险保障水平的含义

农业保险保障水平有绝对数指标和相对数指标两种理解。

从绝对数指标来看,农业保险保障水平一般指农业保险的保险金额,即所提供的风险保障金额。

从相对数指标来看,农业保险保障水平是农业保险总保额除以农业总产值的比例(公式11.1)。该指标可以分解为农业保险保障广度和农业保险保障深度(公式11.2)。农业保险保障广度和农业保险保障深度的具体含义见公式(11.3)和公式(11.4)。

$$农业保险保障水平 = \frac{农业保险总保额}{农业总产值} \tag{11.1}$$

$$= 农业保险保障广度农业保险保障深度 \tag{11.2}$$

$$农业保险保障广度 = \frac{农业保险承保面积(数量)}{种植业(养殖业)生产规模} \quad (11.3)$$

$$农业保险保障深度 = \frac{农业保险单位保额}{单位农产品产值} \quad (11.4)$$

农业保险保障水平、农业保险保障广度和农业保险保障深度三个指标从不同的角度衡量农业保险保障程度,其经济含义分别是:农业保险保障水平从宏观和产业发展角度衡量保障程度,反映农业保险为整个农业产业提供风险保障的程度;农业保险保障广度是从农业保险覆盖面角度来衡量保障程度,即种植或养殖的标的有多大比例投保了农业保险;农业保险保障深度从农户收入角度衡量保障程度,即单位农产品产值中有多大比例受保险保障(张峭,2017)。[1]

相比而言,农业保险保障水平的相对数指标便于进行各地区、各标的和各年度保障程度的横向、纵向对比,经济含义更丰富,所以应用范围更广。例如,财政部门通过该指标可以了解政府支付了那么多的保费补贴,到底为农业购买了多少风险保障;农业农村部门通过该指标可以了解哪些地区、哪些作物或畜禽的风险保障程度较低,需要进一步提高;保险公司通过该指标可以了解哪些作物或畜禽还有产品开发潜力;等等。因此,本书拟从农业保险保障水平相对数指标的角度展开分析。[2]

二、我国农业保险保障水平现状

(一)农业保险金额逐年增加

自2007年我国农业保险实行中央财政保费补贴试点后,农业保险金额逐年增加。如图11-1所示,2007—2022年,我国农业保险金额从1720.22亿元增长

---

[1] 张峭:《中国农业保险保障水平研究报告》,中国金融出版社,2017年版,第17—19页。

[2] 冯文丽等:《农业保险保障水平提升途径》,《中国金融》2019年第10期。

到 4.57 万亿元,2022 年的保险金额是 2007 年的 26.54 倍,年均增长率为 24.43%。

（单位：亿元）

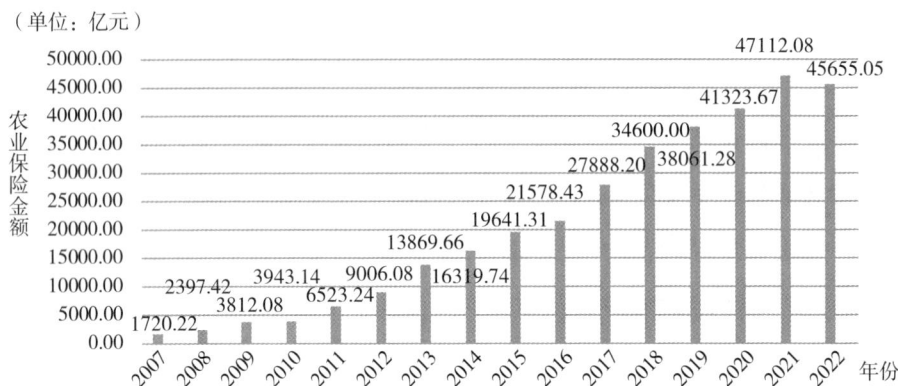

图 11-1 2007—2022 年我国农业保险风险保障水平

（二）农业保险保障水平逐年提高

如图 11-2 所示,用全国农业保险金额除以农林牧渔业总产值得到的农业保险保障水平,从 2007 年的 3.51% 提高到 2022 年的 29.25%,年均增长率为 15.18%。

（单位：%）

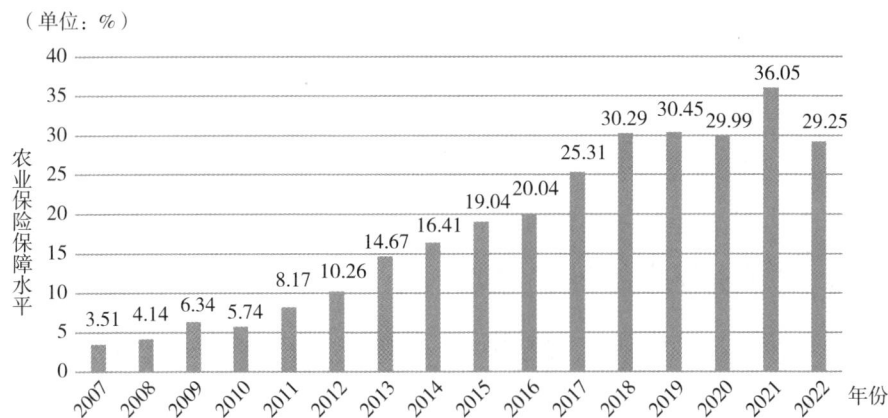

图 11-2 2007—2022 年我国农业保险保障水平

资料来源:原银保监会和国家统计局。

（三）各地区农业保险保障水平差距较大

2022 年,全国农业保险保障水平为 29.25%,但全国大陆 31 个省、自治区、直辖市的农业保险保障水平差距非常大。如图 11-3 所示,农业保险保障水平最高的是北京市,达到了 361.56%;最低的为海南省,仅有 10.85%;有 16 个省、自治区、直辖市的农业保险保障水平低于全国水平 29.25%。

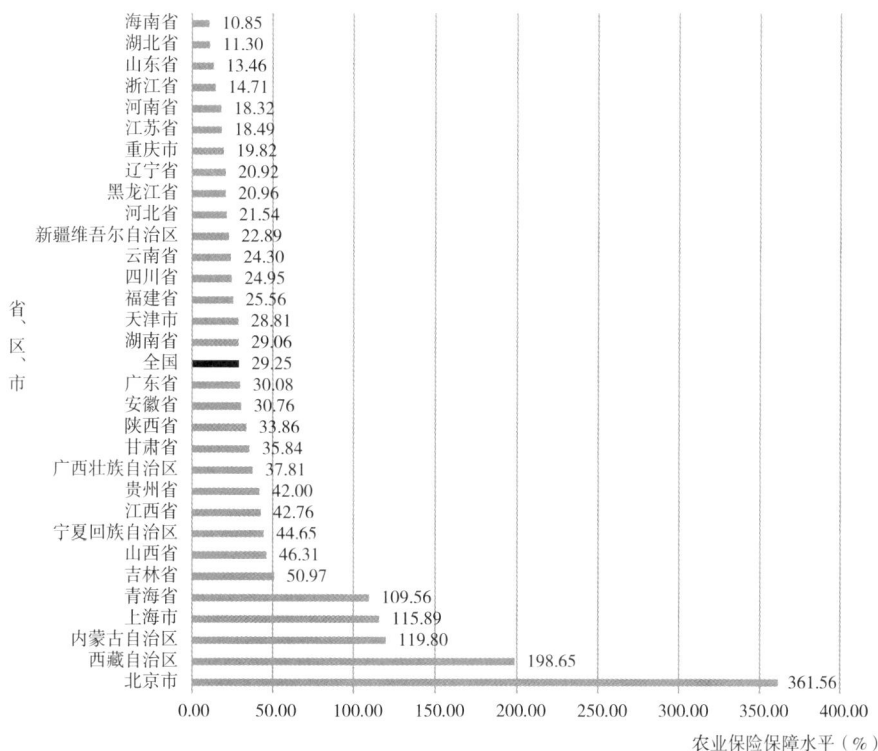

图 11-3　2022 年各省份农业保险保障水平

资料来源:原中国银保监会和国家统计局。

（四）农业保险保障水平远低于发达国家

尽管这十几年来我国是全球农业保险发展速度最快的国家,2020 年也实现了农业保险保费规模全球最大,但由于我国中央财政保费补贴险种还不多,很多重要农作物和畜禽还没有得到保险保障,已有险种的覆盖率也较低,农业保险的保障广度较低;大多数农业保险产品的保险金额较低,不能覆盖物化成本,保障深度较低;大多数省份的农业保险保障水平都在30%以下,导致我国农业保险总体的保障水平远低于发达国家。2015年,美国农业保险的保障水平已达56.06%,而我国2022年农业保险保障水平仅为29.25%,差距还是很大。[①]

三、我国农业保险保障水平区域差异实证分析

本部分对造成我国农业保险保障水平区域差异的影响因素进行理论与实证分析。

(一)影响农业保险保障水平的因素

影响农业保险保障水平的因素很多,有保险经营类因素、经济发展类因素、农业政策类因素和自然灾害类因素等。

1.保险经营类因素

保险机构作为农业保险的供给者,其经营行为和经营指标都会对农业保险保障水平产生影响,如农业保险金额、保费收入、赔付额、经营收入等。本书选取农业保险赔付额作为保险经营类因素的代表指标,农业保险赔付额越多,说明农业保险发挥损失补偿的作用越大,越能激发农户的农业保险需求,作为计算保障水平公式中分子部分的农业保险金额就越大,从而保障水平就越高。

---

① 张峭:《中国农业保险保障水平研究报告》,中国金融出版社2017年版,第98页。

2. 经济发展类因素

经济发展类因素用人均可支配收入和城镇化率来表示。经济越发达,人均可支配收入越高,农业生产经营者就越有购买农业保险的财力和意愿;一个地区城镇化率越高,政府就越有财力补贴农业保险,但也有可能由于农业总产值占比较小,政府对农业生产和农业保险不重视,导致农业保险保障水平较低。

3. 农业政策类因素

农业是弱势产业,政府对农业提供各种补贴以扶持农业生产,保障粮食安全,稳定农民收入。财政支农资金中,农业保险保费补贴越高,农业保险金额就越大,就越能提高农业保险保障水平;但同时其他农业补贴资金,则可能会降低农业保险的重要性,对农业保险产生"挤出"效应,从而影响农业保险保障水平。① 本书选取财政支农力度代表农业政策类因素。

4. 农业规模类因素

不同省份,农业规模不相同,可能对农业保险及保障水平产生不同的影响。农业规模越大,风险集中度越高,对农业保险的需求就越高,从而农业保险金额和农业保险保障水平就越高。本书选取种植面积和人均播种面积作为农业规模类指标。

5. 灾害风险类因素

各地区灾害风险程度不同,对农业保险的需求、供给和农业总产值的影响不同。灾害风险越大的地区,农业生产者对农业保险的需求可能越大,从而农

---

① 胡炳志等:《政策性农业保险补贴的最优边界与方式探讨》,《保险研究》2009 年第10 期。

业保险金额越高,农业保险保障水平越高。同时,灾害风险越大的地区,对农业生产总值的不利影响也越大,减小了农业保险保障水平的分母数值,也可能对农业保险保障水平产生影响。但从农业保险供给角度来看,灾害程度较高的地区,保险公司不愿意承保,有可能导致农业保险保障水平较低。本书选取各省份受灾率代表灾害风险水平。

(二) 模型的设定与变量选取

1. 数据来源

本书选用了 2007—2018 年 30 个(西藏自治区除外)省域的截面数据,数据主要来源于《中国保险年鉴》《中国统计年鉴》《中国农村统计年鉴》《中国人口和就业统计年鉴》、银保监会、国家统计局以及部分农业保险报告。

2. 面板 Tobit 模型理论基础

Tobit 提出 MLE 估计这个模型①,这种方法被称为"Tobit",也称为"Type I Tobit"或"归并回归"。在归并数据的情况下,$y_i > 0$ 时的概率密度依然不变,仍为 $\frac{1}{\sigma} \varnothing [(y_i - x_i'\beta)/\sigma]$, $\forall\, y_i > 0$。而 $y_i \leqq 0$ 时的分布被挤到一个点"$y_i = 0$"上了,即 $P(y_i = 0 \mid x) = 1 - P(y_i > 0 \mid x) = 1 - \Phi(x_i'\beta/\sigma)$。基于归并数据特征的面板模型表示形式为:

$$y_{it}^* = x_{it}'\beta + u_i + \varepsilon_{it} \tag{11.5}$$

其中,y_i^* 不可观测,扰动项 $\varepsilon_{it} \sim N(0, \delta_\varepsilon^2)$, u_i 为个体效应。在给定个体效应 u_i 的情况下,个体 i 的条件分布为:

$$f(y_{i1}, y_{i2}, \cdots, y_{it} \mid u_i)$$

---

① 陈强:《高级计量经济学及 stata 应用》,高等教育出版社 2014 年版。

$$= \prod_{t=1} T \left[1 - \Phi((x_{it}^{'}\beta + u_i / \sigma_\varepsilon)) \right]^{1(y_{it}=0)}$$

$$\left[\frac{1}{\sigma_\varepsilon} \Phi((y_{it} - x_{it}^{'}\beta + u_i / \sigma_\varepsilon)) \right]^{1(y_{it}>0)} \tag{11.6}$$

上式个体异质性 u_i 不可观测,假设 $u_i \sim N(0, \sigma_u^2)$,其概率函数为 g(u_i)。记 $(y_{i1}, y_{i2}, \cdots, y_{it} \mid u_i)$ 的联合密度为 $f(y_{i1}, y_{i2}, \cdots, y_{it} \mid u_i)$,进行分解:

$$f(y_{i1}, y_{i2}, \cdots, y_{it}, u_i) = f(y_{i1}, y_{i2}, \cdots, y_{it} \mid u_i) g(u_i) \tag{11.7}$$

将上式中的 u_i 积分积掉,即可得到 $(y_{i1}, y_{i2}, \cdots, y_{it})$ 的边缘密度,

$$f(y_{i1}, y_{i2}, \cdots, y_{it}) = \int_{-\infty}^{+\infty} f(y_{i1}, y_{i2}, \cdots, y_{it} \mid u_i) \, \mathrm{d}u_i$$

$$= \int_{-\infty}^{+\infty} f(y_{i1}, y_{i2}, \cdots, y_{it} \mid u_i) g(u_i) \, \mathrm{d}u_i \tag{11.8}$$

以上是面板 Tobit 模型推理的相关过程。这是本部分实证分析的基础。

3. 模型构建

本书以农业保险保障水平为被解释变量,以农户人均可支配收入、财政支农力度(用各地农林水务支出表示)、种植面积、受灾率、农业保险赔付水平、人均播种面积和城镇化率为解释变量,建立面板 Tobit 模型。

农业保险保障水平作为因变量,其数值上是大于 0 的,是受限的归并数据,如果用 OLS 来估计,无论使用的是整个样本,还是去掉离散点后的子样本,都不能得到一致估计,所以选取随机效应面板 Tobit 模型进行回归分析,并进行稳健性检验。为了平滑数据,减少波动性及可能存在的异方差问题,对变量进行对数化处理,此时因变量变为右归并数据。模型公式如下:

$$Ln\, Y_{it} = \beta_0 + \beta_1 \times Ln\, F_{it} + \beta_2 \times Ln\, L_{it} + \beta_3 \times Ln\, G_{it} + \beta_4 \times Ln\, S_{it}$$

$$+ \beta_5 \times Ln\, I_{it} + \beta_6 \times Ln M_{it} + \beta_7 \times Ln\, T_{it} + \varepsilon_{it} \tag{11.9}$$

上式中,t 代表不同的年份(t = 2007,2008,$\cdots$,2018),i 代表不同的省,Y_{it}

表示不同年份和不同省份的农业保险保障水平，β_1、β_2、β_3、β_4、β_5、β_6、β_7 分别为不同影响因素的系数，F_{it} 表示农户人均可支配收入，L_{it} 表示财政支农力度，G_{it} 表示种植面积，S_{it} 表示农业保险赔付水平，I_{it} 表示受灾率，M_{it} 表示人均播种面积，T_{it} 表示城镇化率。

（三）实证分析

1. 单位根检验

在回归之前，先对数据进行单位根检验。单位根检验的结果如表 11-1 所示，所有变量均不含单位根，各个变量均为平稳变量，说明数据是平稳的，不存在伪回归问题，可以进行回归分析。

表 11-1　单位根检验结果

变量	LLS	检验结果
保障水平（LnY）	-5.7346 (0.0000)	一阶单整
农户人均可支配收入（LnF）	-7.2408 (0.0000)	一阶单整
财政补贴力度（LnL）	-3.4500 (0.0000)	一阶单整
种植面积（LnG）	-4.3342 (0.0000)	一阶单整
受灾程度（LnI）	-15.0824 (0.0000)	一阶单整
农业保险赔付水平（LnS）	-5.7711 (0.0000)	一阶单整
人均播种面积（LnM）	-2.5518 (0.0406)	一阶单整
城镇化率（LnT）	-19.6708 (0.0000)	一阶单整

2. 基于面板 Tobit 模型的回归分析

运用 stata 软件进行回归分析，LR 检验结果显示 P 值为 0，则认为存在个体效应,应使用随机效应的面板 Tobit 模型。使用随机效应面板 Tobit 模型对变量进行回归,得出的结果如表 11-2 所示:

表 11-2　回归结果

变量	系数	标准差	P 值
农业人均可支配收入(LnF)	0.503**	0.199	0.012
财政补贴力度(LnL)	0.451***	0.137	0.001
种植面积(LnG)	−0.615***	0.129	0.000
受灾程度(LnI)	0.020	0.055	0.722
农业保险赔付水平(LnS)	0.201***	0.043	0.000
人均播种面积(LnM)	0.349**	0.152	0.022
城镇化率(LnT)	−0.455	0.556	0.414
截距	−5.149	1.853	0.005

从回归结果来看,农村居民人均可支配收入(LnF)、财政补贴力度(LnL)、种植面积(LnG)、农业保险赔付情况(LnS)和人均播种面积(LnM)均显著,说明农村居民人均可支配收入(LnF)、财政补贴力度(LnL)、种植面积(LnG)、农业保险赔付额(LnS)和人均播种面积(LnM)均会对农业保险保障水平产生影响。其中农村居民人均可支配收入(LnF)、财政补贴力度(LnL)、农业保险赔付水平(LnS)和人均播种面积(LnM)对农业保险保障水平有正向影响,种植面积(LnG)对农业保险保障水平有负向影响,其他变量对农业保险保障水平无显著影响。从回归结果来看,与我们预期相差不大。但杨春玲(2010)[①]、周稳海等(2015)[②]认为,农业保险对农村居民人均收入也会产生影响。为了防止存在的内生性问题,增强模型的可信度,我们选取农业人均可支配收入的相关外生性替代变量进行稳健性检验。

---

① 杨春玲等:《农民农业收入影响因素的实证分析》,《财经论丛》2010 年第 2 期。
② 周稳海等:《农业保险对农业生产影响效应的实证研究——基于河北省面板数据和动态差分 GMM 模型》,《保险研究》2015 年第 5 期。

3.稳健性检验

本书进行稳健性检验采取的是工具变量法,即寻找有效的工具变量来替代农业人均可支配收入,然后观察所关注的关键变量的相关性是否发生了相应变动。该方法中最关键的问题是找到有效的工具变量,有效的工具变量必须同时满足相关性与外生性要求。相关性是指所选择的工具变量必须与被替代的变量具有相关关系,而外生性则是指工具变量对因变量的影响是间接的,通过影响内生变量对因变量产生影响。

通过多次检验,我们选取化肥施用量、固定资产投资两个变量作为农村居民可支配收入的工具变量。首先,施肥量在一定程度上影响一个地区的粮食产量,从而影响农村居民的可支配收入,而对于农业保险经营机构来说无法根据施肥量分类提供保障水平,因此施肥量满足外生性及相关性的要求。其次,农户的固定资产投资是农户可支配收入的一个来源,固定资产投资情况会影响农村居民可支配收入水平,从而对农业保险保障水平产生影响,但固定资产投资并不会直接影响农业保险保障水平,因为无法根据固定资产投资情况评价一个地区的农业保险保障水平。因此固定资产投资也满足相关性及外生性的要求。综上,选取化肥施用量(LnQ)及固定资产投资(LnN)两个变量作为工具变量进行稳健性检验。回归结果如表 11-3 所示:

表 11-3　稳健性检验的回归结果

变量	系数	标准差	P 值
农业人均可支配收入(LnF)	1.147***	0.297	0.000
财政补贴力度(LnL)	0.306*	0.167	0.068
种植面积(LnG)	−0.745***	0.072	0.000
受灾程度(LnI)	0.099	0.065	0.126
农业保险赔付水平(LnS)	0.247***	0.046	0.000
人均播种面积(LnM)	0.291***	0.091	0.001

变量	系数	标准差	P 值
城镇化率(LnT)	-2.339 ***	0.038	0.000
截距	-10.108	2.475	0.000
Instruments:LnL LnG LnI LnS LnM LnT LnQ LnN			

实证分析结果如表 11-3 所示,从回归结果来看农村居民人均可支配收入(LnF)、财政补贴力度(LnL)、种植面积(LnG)、农业保险赔付额(LnS)、人均播种面积(LnM)和城镇化率(LnT)对农业保险保障水平的均有影响,其中,农业人均可支配收入(LnF)、种植面积(LnG)、农业保险赔付水平(LnS)、人均播种面积(LnM)和城镇化率(LnT)对农业保险保障水平在 5% 的水平下显著,财政补贴力度(LnL)在 10% 水平下显著,受灾程度(LnI)对农业保险保障水平无显著影响作用。

(四)回归结果分析

1.农村居民人均可支配收入对农业保险保障水平有正向影响

从回归结果来看,农村居民人均可支配收入对农业保险保障水平具有显著的正向影响。在其他条件不变的情况下,农村居民人均可支配收入每提升 1 个百分点,农业保险保障水平则提升 1.147 个百分点。这与现实情况是相符的。农村居民人均可支配收入高的省份,农业保险保障水平也较高;人均可支配收入高的年份,农业保险保障水平也较高。

2.财政补贴力度对农业保险保障水平有正向影响

从回归结果来看,财政补贴力度对农业保险保障水平有正向影响作用,但显著性不强。财政补贴力度每提高 1 个百分点,农业保险保障水平将会上升 0.306 个百分点。这可能由于农林水务总支出中,农业保险保费补贴占比较小,其他支农补贴对农业保险补贴及其保障作用产生了挤出效应,导致其对农业保险保障水平虽然有正向影响但不显著。

3. 种植面积对农业保险保障水平有负向影响

从回归结果来看,种植面积对农业保险保障水平有显著的负向影响作用。种植面积每增加 1 个百分点,会使农业保险保障水平减少 0.745 个百分点。这可能因为种植面积较大的省份,农业总产值(计算农业保险保障水平的分母)基数大,农业保险保障水平要提高一个百分点的难度较大。同时,种植面积较大的省份,一般也是农业大省,财力有限,要想提高农业保险保障水平难度较大。这与实际情况也是吻合的,2022 年,我国 13 个粮食主产省中,只有 4 个省份的农业保险保障水平高于全国水平 29.25%,其余 9 个都比全国水平低。

4. 受灾程度对农业保险保障水平无显著影响

从回归结果来看,受灾率的系数是不显著的,说明受灾程度对农业保险保障水平没有显著影响。尽管我们预计受灾率大的地区,农户保险需求越大,从而农业保险保障水平越高;但同时,可能由于受灾程度严重的地区,农业保险经营机构供给的积极性较低,所以受灾程度对农业保险保障水平没有显著影响。

5. 农业保险赔付水平对农业保险保障水平有正向影响

从回归结果来看,农业保险赔付额对农业保险保障水平有显著的正向影响。农业保险赔付额每提升 1 个百分点,会促使农业保险保障水平提升 0.247 个百分点。这和我们的预计完全相同。农业保险赔付额是农户投保后实实在在获得的损失补偿,赔付额越高,农户认为上一年购买农业保险越划算,就有了下一年继续投保的积极性,从而可以提高农业保险金额和保障水平。

6.人均播种面积对农业保险保障水平有正向影响

从回归结果来看,人均播种面积对农业保险保障水平具有显著的正向影响。人均播种面积每提升1个百分点,农业保险保障水平则相应提升0.291个百分点。这和我们的预计是一致的,人均播种面积越高,说明农业规模化经营程度越高,风险越集中,农户购买农业保险转嫁和分散风险的动机越强,从而对农业保险金额和保障水平具有显著的正向影响。

7.城镇化率对农业保险保障水平有负向影响

从回归结果来看,城镇化率对农业保险保障水平有显著的负向影响作用,这和实际情况也比较一致,城镇化率越高,农业的重要性下降,农业保险需求自然较低,即农民所说的"地都不种了,还要什么农业保险"。[①]

四、提高我国农业保险保障水平的对策建议

根据上述理论与实证分析,可以看出,提高我国农业保险保障水平,需要提高农业保险保障广度和保障深度,即要通过农业保险的"扩面、增品、提标"来实现,同时还需要缩小地区间保险保障水平的差距。

(一)通过"扩面"提高农业保险保障水平

"扩面",就是提高农业保险保障广度,把还没有得到农业保险保障的、对保证国民食物安全、对农民增收效果显著的农作物和畜禽等纳入农业保险体系,提高总体的农业保险保障水平。

第一,增加有利于保证国民食物安全的农业保险标的。随着我国人民生

---

① 苗梦帆:《我国农业保险保障水平问题研究》,河北经贸大学学位论文,2020年。

活水平的日益改善,老百姓的食物已经不局限于小麦、玉米、稻谷这三大主粮,还包括肉、奶、水产品、果蔬类等。在"大食物观"之下,保障老百姓的饭碗,不仅仅是过去的主粮安全,而是要保证整个食物安全,更加强调主粮的重要性,但也重视主粮和其他食物的均衡发展。"粮食安全"是解决吃饱问题,"食物安全"是解决吃好、吃得安全的问题。近20年来,我国畜牧、家禽、水产产业和水果业的快速发展给老百姓的食物提供了强大的物质支撑,促进了老百姓生活质量的显著提升。但目前,在我国17种中央财政保费补贴品种中,一些对老百姓食物安全至关重要的肉牛、肉羊、鸡、水产、柑橘、苹果等重要农牧品种,还都没有纳入中央财政保费补贴品种,应该在条件成熟时逐渐纳入,扩大政策性农业保险的保障广度,从而提高总体的保障水平。

第二,增加有利于农民增收的特色农业保险品种。在乡村振兴战略实施过程中,各地都把发展特色产业作为重要工作,以资源禀赋和独特的历史文化为基础,有序开发优势特色资源,做大做强优势特色产业,实施产业兴村强县行动,培育农业产业强镇,打造"一乡一业""一村一品"的发展格局。因此,为了促进特色产业的发展,地方政府可以把种养占比较大、帮助农民增收效果显著的特色作物或畜禽纳入地方农业保险保费补贴目录,以扩大农业保险覆盖面,提高农业保险保障广度,从而提高农业保险保障水平。例如,黑龙江省引导保险机构围绕支持和培育地方优势特色农业产业,创新开发112款地方特色农业保险产品,积极为甜菜、中药材种植、肉用仔鹅、肉羊养殖等县域特色产业提供保险保障。

(二)通过"增品"提高农业保险保障水平

"增品"就是增加农业保险的品种,改变目前农业保险产品"一省一产品一费率"的现状,满足不同农业生产主体的需求,提高参保率,以此来提高农业保险总体的保障水平。例如,对重要农作物或畜禽的生产者提供政府全额补贴保费的、类似美国巨灾保险产品的"普惠性基本险",目的是为传统农户提供免费的、基本的风险保障,保证其遭灾后迅速恢复再生产;对新型农业主体则提供具有多个保障水平可供选择的"高保障附加险",保费由政府和生产者共同承担,保障水平越高,政府保费补贴的比例越低。另外,积极探索区域产量保险、天气指数保险、完全成本保险、收入保险、农场综合保险等多种产品形态,有条件的地区可以根据风险区划精准厘定费率,充分满足不同农业生产主体的保险需求,提高投保率,进而提高农业保险总的保障水平。①

(三) 通过"提标"提高农业保险保障水平

"提标",就是提高农业保险的单位保险金额,即提高农业保险的保障深度。

目前,我国大多数农业保险产品都是保直接物化成本,保障水平与实际生产成本差距较大,对农业生产者的吸引力不大。因此,需要对农业保险产品"提标",提高保险金额,从完全覆盖物化成本到完全成本,再到保收入,通过提高农业保险的保障深度进而提高农业保险总体的保障水平。最近几年,中央政府对提高农业保险保障水平非常重视,从 2017 年开始的农业大灾保险试点及 2018年开始的完全成本和收入保险试点,都是提高农业保险保障水平的实践探索。经过试点,我国选择了完全成本保险和收入保险发展方向。2023 年三大粮食作物完全成本和收入保险实施区域逐渐扩大到全国所有产粮大县。以河北省为例,现行小麦、玉米、稻谷完全成本保险的保险金额分别为 950 元、800 元和1500元,分别比三者的物化成本保险金额提高 90%、100% 和 141.94%。②

(四) 提高重点区域的农业保险保障水平

2022 年,我国农业保险保障水平为 29.25%,最低的海南省,仅有

---

① 冯文丽等:《面向"二元主体"构建农险产品体系》,《中国保险报》2019 年 1 月 22 日。
② 冯文丽:《更好服务保障国家粮食安全——"三大粮食作物完全成本保险和种植收入保险实施范围扩大到全国所有产粮大县"政策解读》,《中国财经报》2023 年 8 月 8 日。

10.85%；在黑龙江、河南、山东、四川、江苏、河北、吉林、安徽、湖南、湖北、内蒙古、江西、辽宁等13个粮食主产省份中，仅有内蒙古、吉林、江西和安徽4个省份的农业保险保障水平高于全国水平，其余9个省份的农业保险保障水平均低于全国。这说明，农业生产重点区域的保障水平反而不如其他地区高。对此，我们应该改变目前按照东部和中西部地区对农业保险进行差异化补贴的做法，将保费补贴政策逐步向粮食生产功能区、重要农产品生产保护区和中西部经济欠发达地区倾斜，提高农业保险保费补贴政策的针对性，进而提高全国的农业保险保障水平。[①]

（五）把保障水平和赔付率纳入保险公司的考核指标

针对实证分析中发现的保险公司对高风险地区供给意愿不高、农业保险赔付水平影响保障水平等问题，建议在各地政策性农业保险经营主体招投标评标指标体系和动态考核制度中，把保障水平和赔付率作为重要考核指标纳入。农业保险主管部门应要求保险公司在中标区域全险种经营，即种植险、养殖险、森林保险和涉农保险都要承保，不能只挑选风险小的业务和风险小的地区承保，监督和鼓励保险公司把提高中标区域的农业保险保障水平作为重要经营目标，以此提高高风险地区和高风险业务的农业保险供给水平，从而提高整个地区的农业保险保障水平。另外，农业保险主管部门通过考核保险公司的赔付率指标，监督和鼓励保险公司实事求是地按照合同充分赔付，提高农民对农业保险的获得感和参保率，从而提高该地区的农业保险保障水平。

---

① 冯文丽等：《农业保险保障水平提升途径》，《中国金融》2019年第10期。

第十二章　我国农业保险赔付率现状及影响因素实证分析[*]

本章所研究的赔付率,是简单赔付率,即某一时期某一地区农业保险赔款支出占保费收入的百分比(以下简称"赔付率")。赔付率可以直观反映农业保险经营机构向农户支付了多少赔款,发挥了多大的风险补偿作用,是我国农业保险制度效果的重要体现,日益受到财政部门的高度重视。本章对我国农业保险赔付率现状、各省份赔付率差异、各省份灾害水平和农业保险费率与赔付率之间的可能关系等进行理论分析,之后对影响农业保险赔付率的因素进行实证分析,在此基础上提出相应的对策建议。

一、我国农业保险赔付率现状及理论分析

(一)我国农业保险赔付率波动较低

如图 12-1 所示,2007—2020 年,我国农业保险赔付率均值为 64.88%,最高为 78.50%,最低为 46.99%,变异系数为 12.80。与此相比,2007—2020年,美国农业保险赔付率均值为 80.06%,最高为 157%%,最低为 41.80%,变

* 河北工业大学史晓对本章作了贡献,在此感谢。

异系数为 35.83%。通过数据对比可以发现,美国农业保险赔付率的波动比较大,变异系数是我国的 2.80 倍。

从理论上讲,农业保险赔付率的波动和变异系数应该和灾害发生情况一致。但实际情况是,2007—2020 年我国农作物受灾率均值为 18.48%,变异系数为 37.35%,约为农业保险赔付率变异系数的 3 倍;2007—2020 年成灾率的变异系数为 40.53%,绝收率变异系数为 39.65%,分别是农业保险赔付率变异系数的 3.17 倍和 3.10 倍。简言之,我国农业灾害发生的波动远大于农业保险赔付率。庹国柱和韩志花(2019)认为,这种情况说明可能存在惜赔、封顶赔付、协议赔付等赔付不足问题。[1]

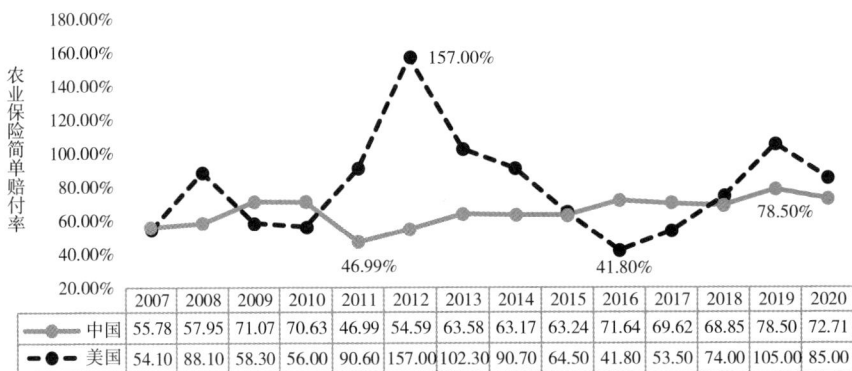

图 12-1　中国与美国农业保险简单赔付率

资料来源:根据国家统计局、美国农业部网站资料整理绘制。

(二)各省份农业保险简单赔付率差异较大

如表 12-1 所示,采用 2008—2019 年的数据,将 31 个省份的农业保险赔付率均值按照从高到底排序,可以看出赔付率均值最高的是北京市,为 81.03%;最低的是河北省,为 49.44%,两者相差 31.59 个百分点,差距较大。

农业保险赔付率高于 70% 的省份有北京、黑龙江、青海、山东、辽宁、山

---

[1]　庹国柱等:《农险经营中值得重视的几个问题》,《中国保险》2019 年第 7 期。

西、西藏、贵州、广西和海南;农业保险赔付率在50%—60%之间的省份有重庆、新疆、福建、云南、甘肃、河南、湖北、安徽、浙江、内蒙古、陕西、广东、宁夏、湖南、天津和上海;农业保险赔付率低于60%的省份有四川、吉林、江西、江苏和河北。

　　各省份之间农业保险赔付率差异较大的原因可能有:(1)由自然条件不同导致的受灾情况和种植养殖结构不同。不同地区自然条件会导致自然风险灾害的差异性,从而导致不同地区受灾情况和农作物承保结构不同。首先,北方旱灾发生率较高,尤其是辽宁、吉林、内蒙古、河北、山东等省份;南方主要是洪涝灾害,主要集中于重庆、湖南、湖北、安徽等省份。整体而言,北方的农业自然灾害损失率高于南方。其次,河南、山东、黑龙江、安徽等省份多为平原地区,适宜开展大规模种植业;南方多为地形坑洼不平的丘陵地区,土壤多为酸性,相对贫瘠,水土流失比较严重,种植业相对不发达;高原地区海拔较高,昼夜温差较大,大部分地区不适宜大规模种植业发展,畜牧业比较发达。(2)不同省份对农业的重视程度不同也可能会影响赔付水平。农业相对重要的省份,中央对其农业保险的补贴较多,农业保险保费较多,更能激发保险公司的承保和理赔积极性,各方对农业保险理赔工作也更加重视。

(三)大多数省份养殖险赔付率大于种植险赔付率

　　如表12-1所示,2008—2019年养殖险赔付率均值为84.15%,高于种植险赔付率均值59.36%,两者相差24.79个百分点。尤其是山西省,两者差距达到了83.24个百分点,广西壮族自治区和辽宁省,此差值也超过了50个百分点。但也有个别省份的种植险赔付率均值高于养殖险赔付率均值,如上海、宁夏、内蒙古、北京和新疆,其中新疆维吾尔自治区种植险赔付率均值比养殖险赔付率均值高15.71个百分点。

(四)各省之间养殖险赔付率差距大于种植险

　　如表12-1所示,在31个省、自治市、直辖区中,养殖险赔付率均值最高是山西省,为 137.46%,最低的是新疆维吾尔自治区,为 55.46%,最高与最低相差 82 个百分点;种植险赔付率均值最高的是北京市,为 91.80%,最低的是四川省,为 40.69%,最高与最低相差 51.11 个百分点。可见,各省份之间养殖险赔付率均值的差距更大,说明风险差异较大。

表 12-1 2008—2019 年中国各省农业保险简单赔付率均值统计表

序号	省份	总赔付率均值（1）	养殖险赔付率均值（2）	种植险赔付率均值（3）	两者之差（2）—（3）
1	北京	81.03%	77.79%	91.80%	−14.01%
2	黑龙江	79.84%	85.50%	79.64%	5.86%
3	青海	77.29%	73.19%	72.38%	0.81%
4	山东	74.38%	120.50%	71.03%	49.47%
5	辽宁	73.93%	127.37%	76.18%	51.19%
6	山西	73.50%	137.46%	54.22%	83.24%
7	西藏	73.24%	63.98%	49.45%	14.53%
8	贵州	73.11%	92.27%	50.64%	41.63%
9	广西	70.48%	107.42%	41.93%	65.49%
10	海南	70.31%	83.59%	65.61%	17.98%
11	重庆	69.53%	82.39%	49.97%	32.42%
12	新疆	69.39%	55.46%	71.17%	−15.71%
13	福建	69.12%	80.64%	68.77%	11.87%
14	云南	68.79%	91.54%	61.19%	30.35%
15	甘肃	68.22%	73.13%	58.15%	14.98%
16	河南	68.18%	101.03%	52.40%	48.63%
17	湖北	67.30%	103.67%	57.44%	46.23%
18	安徽	66.61%	78.98%	63.12%	15.86%
19	浙江	65.56%	80.23%	58.49%	21.74%
20	内蒙古	64.53%	56.08%	65.89%	−9.81%
21	陕西	64.15%	94.68%	45.63%	49.05%

序号	省份	总赔付率均值（1）	养殖险赔付率均值（2）	种植险赔付率均值（3）	两者之差（2）—（3）
22	广东	63.69%	87.70%	52.05%	35.65%
23	宁夏	63.28%	61.37%	65.21%	−3.84%
24	湖南	62.96%	69.57%	62.98%	6.59%
25	天津	61.94%	72.61%	52.65%	19.96%
26	上海	60.54%	60.89%	62.53%	−1.64%
27	四川	59.20%	83.45%	40.69%	42.76%
28	吉林	58.04%	72.83%	57.61%	15.22%
29	江西	57.58%	88.22%	52.06%	36.16%
30	江苏	50.12%	72.54%	46.08%	26.46%
31	河北	49.44%	72.68%	43.34%	29.34%
32	全国平均	66.94%	84.15%	59.36%	24.79%

资料来源:《中国保险年鉴》。

（五）农业保险赔付率与灾害水平具有一定关系

图 12-2 显示,2007—2020 年我国农业保险赔付率与成灾率、受灾率的关系。从中可以发现,赔付率会随着受灾率的变动发生一定变动,尤其是 2009 年、2013 年和 2016 年,受灾率出现明显的上升趋势,与此对应,我国农业保险赔付率也在这几年出现上升趋势。

（六）各省农业保险费率可能会影响赔付率

各省份的农业保险费率用当年该省份的农业保险保费除以保险金额计算。如表 12-2 所示,各省份农业保险费率差距较大:新疆维吾尔自治区农业保险总费率最高,为 6.70%,福建省农业保险总费率最低,为 0.50%,两者相差 6.2 个百分点。养殖险费率最高的省份是山西省,为 6.13%,最低的是西藏自治区,为 2.02%,两者相差 4.11 个百分点。种植险费率最高的是黑龙江省,

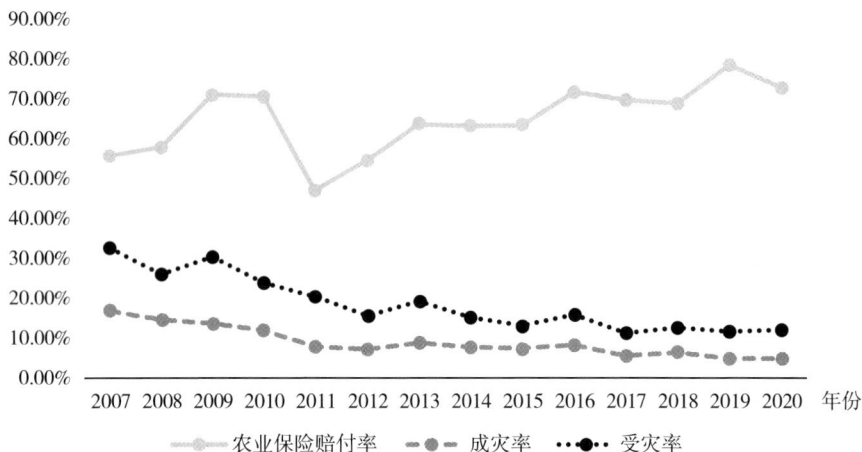

图 12-2　2007—2020 年我国受灾率、成灾率与农业保险赔付率

资料来源:《中国保险年鉴》《中国统计年鉴》。

为 7.04%,最低的是福建省,为 0.43%,两者相差 6.61 个百分点。

表 12-2　2008—2019 年中国各省农业保险费率均值统计表

序号	省份	总费率	养殖险费率	种植险费率
1	新疆	6.70%	5.87%	6.90%
2	黑龙江	6.58%	4.11%	7.04%
3	吉林	5.53%	4.35%	5.70%
4	宁夏	5.31%	5.37%	5.13%
5	天津	4.63%	5.81%	3.71%
6	河南	4.63%	5.42%	4.44%
7	江苏	4.62%	4.92%	4.53%
8	湖北	4.47%	5.03%	4.39%
9	河北	4.09%	5.98%	3.62%
10	内蒙古	4.06%	4.75%	4.16%
11	安徽	3.83%	5.74%	3.69%
12	辽宁	3.83%	4.61%	3.61%
13	甘肃	3.28%	5.80%	2.03%
14	山西	3.13%	6.13%	2.45%

续表

序号	省份	总费率	养殖险费率	种植险费率
15	湖南	3.09%	5.64%	2.67%
16	北京	3.07%	4.08%	2.63%
17	山东	3.03%	4.83%	2.85%
18	上海	2.91%	4.10%	2.78%
19	海南	2.72%	4.76%	2.67%
20	青海	2.60%	5.46%	1.89%
21	四川	2.59%	4.70%	2.35%
22	陕西	2.43%	5.72%	1.90%
23	广东	2.16%	4.32%	1.52%
24	西藏	2.08%	2.20%	3.06%
25	贵州	1.96%	5.34%	1.10%
26	重庆	1.82%	5.56%	0.66%
27	云南	1.66%	5.83%	1.33%
28	广西	1.56%	4.93%	0.81%
29	江西	1.26%	4.91%	0.91%
30	浙江	1.08%	2.34%	0.72%
31	福建	0.50%	3.56%	0.43%

资料来源:《中国保险年鉴》。

图 12-3 显示各省份 2008—2019 年农业保险平均赔付率和费率的关系。可以看到,部分省份的费率较高,赔付率相应也较高;部分省份费率较低,赔付率相应也较低。因此,农业保险赔付率可能与费率有一定的正向关系。

二、我国农业保险赔付率影响因素的实证分析

本章通过实证分析进一步研究影响农业保险赔付率的因素,重点分析自然灾害、种养结构、农业功能定位等因素是否造成各省份间农业保险赔付率差异较大。

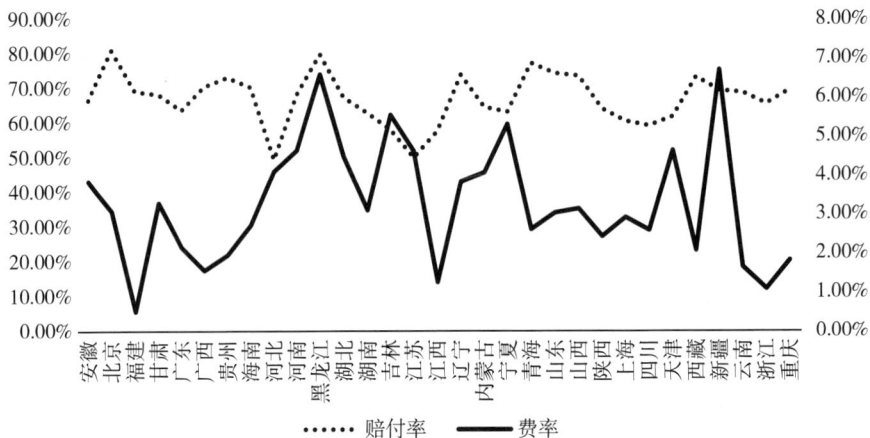

图 12-3 2008—2019 年各省份农业保险赔付率与费率关系图

资料来源:《中国保险年鉴》。

(一)计量模型设定

本书基于 2008—2019 年各省份数据,分析我国农业保险赔付率的影响因素。数据来源于《中国保险年鉴》《中国统计年鉴》《中国人口和就业统计年鉴》和原中国银保监会。采用面板模型进行实证分析,模型设定如下:

$$ln\,PF_{it} = \alpha_0 + \alpha_1\,lnZH_{it} + \alpha_2 ln\,Yz_{it} + \alpha_3 ln\,X_{it} + u_{it} \qquad (12.1)$$

被解释变量:PF_{it} 为 i 省 t 年的农业保险赔付率;

解释变量:ZH_{it} 为 i 省 t 年的成灾率(lnczl)或受灾率(lnszl)[①],其中,成灾率=成灾面积/农作物总播种面积,受灾率=受灾面积/农作物总播种面积;Yz_{it} 表示各省份的承保结构,采用各省份养殖险保费占比(lnyz)衡量。

控制变量:(1)农业保险费率(lnrate)。农业保险费率等于农业保险保费与保险金额之比,农业保险费率越高的地区,保费收入越高,保险公司在赔款

---

① 受灾面积指因灾减一成以上的农作物播种面积。如果同一地块的当季农作物多次受灾,只计算其中受灾最重的一次。成灾面积是指受灾面积中,因灾减产三成以上的农作物播种面积。为了结果的稳健性,本书在后文采用受灾率衡量各省份受灾情况,受灾率=受灾面积/农作物总播种面积。

时相对宽松,从而赔付率可能就较高。(2)农村人均纯收入(lnsr)。农村人均纯收入表示保费支付能力,保险公司更愿意在保费支付能力较高的地区开展农业保险业务,因为农户的投保意愿和投保能力都高,进而可能影响保费收入和保险公司理赔的积极性。(3)人均农林牧渔业总产值(lnnlm),等于农林牧渔业总产值/农村人口。人均农林牧渔业总产值高的地区,农业越重要,政府保费补贴就越多,可能会影响农业保险赔付率。(4)农村居民人均受教育年限(lnedu),其值等于农村各学历阶层人口乘以受教育年限的加总平均值[1],反映了农村居民的受教育水平。农村居民受教育水平越高,对农业保险赔付的相关知识越了解,索赔积极性就越高,进而影响保险公司的赔付率。(5)农险市场集中度(lncom),等于排名第一的农险公司市场份额占比,反映保险公司的竞争情况。保险公司间竞争程度越高,保险公司的经营费用率就越高,保险公司的赔付率可能会降低。因此,农险市场集中度越高,竞争程度越低,农险赔付率可能会越高。

经过方差膨胀因子检验,各自变量之间的 VIF 值小于 10,不存在严重的多重共线性问题。各变量描述性统计如表 12-3 所示。

表 12-3 变量的描述性统计

变量	平均值	标准差	最小值	最大值	观测数
lnpfl	4.111	0.493	-1.700	5.930	372
lnyz	-1.371	0.908	-4.046	0	372
lnrate	0.919	0.827	-2.808	2.217	372
lnnlm	0.332	0.496	-1.145	1.479	372
lnsr	9.119	0.510	7.910	10.410	372
lnedu	2.014	0.127	1.340	2.282	372
lncom	4.230	0.325	2.914	4.605	372

---

① 借鉴白雪梅(2004)的做法,将平均受教育年限用加权平均后的 6 岁及 6 岁以上各层次教育人口来构造,文盲、半文盲为 1 年,小学为 6 年,初中为 9 年,高中和中专为 12 年,大学(包括大专、本科和研究生)为 16 年。

（二）基准结果分析

表 12-4 的第（1）—（3）列显示成灾率与其他变量对农业保险赔付率影响的实证结果，第（1）—（3）列分别为 OLS 模型、固定效应模型、随机效应模型的估计结果。根据 Hausman 检验结果 P＝0.038<0.050，固定效应模型优于随机效应模型，因此，第（1）—（3）中的结果以固定效应模型即第（2）列的结果为主。第（4）—（6）列显示受灾率与其他变量对农业保险赔付率影响的实证结果，根据 Hausman 检验结果 P＝0.034<0.050，固定效应模型优于随机效应模型，因此，第（4）—（6）中的结果以固定效应模型即第（5）列的结果为主。

表 12-4　我国农业保险赔付率影响因素的实证分析结果

变量	（1）OLS 模型	（2）固定效应	（3）随机效应	（4）OLS 模型	（5）固定效应	（6）随机效应
lnczl	0.0794 *** (0.0236)	0.0859 ** (0.0332)	0.0781 *** (0.0264)			
lnszl				0.0756 *** (0.0229)	0.0861 ** (0.0400)	0.0782 ** (0.0308)
lnyz	0.1062 *** (0.0373)	0.1159 ** (0.0486)	0.0901 ** (0.0375)	0.1053 *** (0.0269)	0.1115 ** (0.0498)	0.0852 ** (0.0362)
lnrate	0.0291 (0.0265)	0.0918 ** (0.0441)	0.0409 (0.0274)	0.0250 (0.0402)	0.0812 * (0.0447)	0.0350 (0.0259)
lnsr	−0.0107 (0.0647)	1.4348 (1.8491)	−0.1007 (0.0863)	0.0118 (0.0608)	1.6162 (1.8747)	−0.0818 (0.0916)
lnnlm	0.2019 *** (0.0683)	−0.0177 (0.3800)	0.1834 *** (0.0636)	0.1778 ** (0.0791)	−0.1062 (0.3863)	0.1537 ** (0.0663)
lnedu	0.6333 *** (0.2259)	−1.1096 (1.1727)	0.6961 ** (0.2967)	0.6274 (0.4921)	−1.0060 (1.1430)	0.7064 ** (0.3021)
lncom	−0.0025 (0.0666)	0.3056 * (0.1521)	0.0963 (0.0729)	−0.0044 (0.0562)	0.3332 ** (0.1500)	0.0994 (0.0719)
时间效应	No	Yes	Yes	No	Yes	Yes
N	372	372	372	372	372	372
R²	0.0867	0.2535	—	0.0784	0.2466	—

注：***、**、* 分别表示在 1%、5%、10%水平下显著，括号内为聚类稳健性标准误。

第一,成灾率、受灾率对农业保险赔付率具有正向影响,且均在 5% 水平显著。这说明各省份农业保险赔付率随农作物受灾情况的变化而变化,成灾率或受灾率的高低会影响农业保险赔付率的大小。从这一点来看,赔付率变动与农作物受灾情况是一致的,惜赔、少赔问题似乎不是很突出。

第二,养殖险保费占比影响农业保险赔付率。养殖险保费占比越高,农业保险赔付率越高。表明赔付率出现较大变动的原因主要是养殖险损失的不确定性,这与上述描述性统计中得到的养殖险赔付率波动较大的结论一致。

第三,农业保险费率与赔付率显著正相关。费率越高,农业保险赔付率越高,说明保险公司收取较多的保费,且获得政府较多补贴时,保险公司在赔付方面会相对宽松,因而提高其赔付率。

第四,农险市场集中度影响农业保险赔付率。农险市场集中度越高,市场竞争越不激烈,保险公司的经营管理费用相对较低,简单赔付率相对就越高。

其他控制变量均不显著。说明影响农业保险赔付率的因素主要是农作物受灾情况、保险公司承保结构、农业保险费率和保险公司间的竞争程度,与人均农林牧渔业总产值关系不显著,且与农户自身的收入、教育水平的关系不明显。

(三)异质性结果

本书将 31 个省份分为是否为农业大省。河北、内蒙古、辽宁、吉林、黑龙江、江苏、安徽、江西、山东、河南、湖北、湖南、四川、广西共 14 个省份,是我国的农业主产区[①],确定为农业大省,其余省份为非农业大省。采用双向固定效应模型,进行分样本回归,得出的结果如表 12-6 所示。

(1)农业大省。受灾率和成灾率会显著影响农业保险赔付率,且在 1% 水平显著;人均农林牧渔业总产值越高,农业保险赔付率越高。这说明农业大省对农业保险比较重视,农业保险也确实发挥了一定的经济补偿作用。但是,养

---

① 张克俊等:《农业大省加快构建现代农业产业体系的研究》,《华中农业大学学报(社会科学版)》2015 年第 2 期。

殖险保费占比对农业保险赔付率的影响不显著,这可能因为这些省份以种植业为主,养殖业保险占比较小,对保险公司总体农业保险赔付率影响不大。

(2)非农业大省。成灾率或受灾率对农业保险赔付率的影响不显著,但养殖险保费占比越高,农业保险赔付率就越高。这说明在非农业大省中,种植险比重较低,养殖险比重相对较高,对农业保险赔付率的影响较大。

表 12-5 我国农业保险赔付率分样本回归结果

变量	（1）农业大省	（2）非农业大省	（3）农业大省	（4）非农业大省
lnczl	0.1888 *** (0.0504)	0.0569 (0.0333)		
lnszl			0.1982 *** (0.0532)	0.0686 (0.0495)
lnyz	0.0259 (0.0687)	0.1512 * (0.0787)	0.0444 (0.0696)	0.1406 * (0.0769)
lnrate	−0.0059 (0.0600)	0.1140 * (0.0572)	−0.0100 (0.0608)	0.1050 * (0.0570)
lnsr	−0.7283 (0.7668)	3.0982 (2.6893)	−0.3962 (0.9112)	3.2919 (2.7285)
lnnlm	1.1040 ** (0.3811)	−0.5557 (0.5647)	1.2303 *** (0.3875)	−0.6272 (0.5696)
lnedu	0.2635 (1.2102)	−1.8925 (1.5792)	0.6142 (1.4712)	−1.8793 (1.5514)
lncom	0.2030 (0.1174)	0.1159 (0.2268)	0.1801D	0.1653 (0.2365)
N	168	204	168	204
R²	0.4240	0.2997	0.4037	0.2990

注:***、**、*分别表示在1%、5%、10%水平下显著,括号内为聚类稳健性标准误。

三、政策建议

(一)关注和考核保险公司的农业保险赔付率指标

实证结果显示,成灾率、受灾率对农业保险赔付率具有正向影响。我国政策性农业保险从 2007 年才正式试点,这十几年发展过程更多表现出粗放的规模扩张态势,一些农业保险机构在经营中有很多不规范的做法,在一定程度上存在赔偿不充分的情况。所以,财政部门在没有更好的方法监督保险机构是否赔偿充分的情况下,重视和考核赔付率也是一个比较简单可行的办法。需要注意的是,在考核保险机构赔付率指标的时候,不能机械地规定每年的赔付率要达到多少才合格,而应该关注整个行业赔付率的变动是否和成灾率、受灾率的变动一致,公司赔付率的变动是否和行业一致。如果一个公司的赔付率与受灾率及成灾率变动不一致,而且远低于同行业,那么农业保险主管部门就要关注该公司是否存在赔偿不到位的问题。2021 年 6 月河北省出台的《政策性农业保险承保机构遴选文件》,已经把赔付率作为一个重要的招投标指标来考核。

(二)均衡发展种植险和养殖险

实证结果显示,养殖险保费占比对赔付率有正向影响,这说明养殖险占比较大的地区,赔付率较高。养殖业对农民增收、实施乡村振兴战略具有重要作用。对于养殖业保险赔付率较高、对农业保险赔付率影响较大及保险公司承保积极性较低的问题,建议农业保险主管部门在制定相关政策时应加以考虑和重视。例如,在遴选农业保险经营主体时,要求保险公司承保中标地区所有农业保险险种,包括种植险、养殖险、森林保险及涉农保险,杜绝保险公司只挑选赔付率较低的种植险承保的逆选择做法。对农业保险经营主体进行年度考核时,应该将所承保地区的农业保险保障水平(保险金额/农业生产总值)和赔付率作为重要评价指标,要求保险公司以提高该地区总体的农业风险保障水平为根本目的,而不能只顾盈利挑选风险小的业务承保。

(三)控制农业保险市场竞争和经营费用

实证结果显示,市场集中度越高、竞争较小的地区,赔付率越高。这可能由于竞争较小的地区，保险公司用于业务竞争的费用较低，可以将更多的保费收入用于赔款，从而赔付率较高。因此，政策性农业保险不应任由市场自由竞争，而应采取适度竞争模式。即使在保险业高度发达的美国，2021 年经营政策性农业保险的公司也只有 14 家。2020 年 8 月，银保监会公布了符合农业保险业务经营条件的保险公司总公司名单，共有 29 家财险公司入选。2022 年 1 月 1 日开始实施的《中央财政农业保险保费补贴管理办法》对保险公司农业保险业务的经营费用率也作了明确规定："承保机构应当公平、合理拟订农业保险条款和费率。保险费率应当按照保本微利原则厘定，综合费用率不高于 20%。"

（四）探索费率分区和动态调整费率

实证结果显示，农业保险费率水平对赔付率有正向影响，即农业保险费率厘定越合理，越能充分反映风险水平，保险机构赔偿的积极性就越高。因此，各省份应改变"一省一费率"、农业保险费率多年不调整的现状，根据各地区风险水平、农业保险历年赔付水平，探索费率分区和动态调整费率，以使农业保险费率精准体现风险水平，避免费率较低、保险机构压缩赔款的情况出现，但同时也要防止保险公司将费率定得过高获得超额利润的情况。

（五）对农业大省进行补贴政策倾斜

实证结果显示，农业大省的受灾率、成灾率正向影响赔付率，说明农业大省的农业保险发挥了较大的经济补偿作用。基于农业大省在我国食物安全战略中具有重要地位及很多农业大省同时也是财政穷省的事实，建议在制定保费补贴政策时，应多向农业大省倾斜，而不是简单地按照东部和中西部来区分。

第十三章　研究结论与政策建议总结

一、研究结论

（一）农业保险商业化经营很难成功

本书总结了我国从 20 世纪 30 年代开始至 2003 年的商业性农业保险探索历史,先后经历了国民政府时期的初步探索阶段(1928—1949 年)、新中国成立初期农业保险起步阶段(1950—1958 年)、特殊时期的农业保险停办阶段(1959—1980 年)、市场化改革时期的恢复与发展阶段(1981—1993 年)和市场机制确立时的徘徊萎缩阶段(1994—2003 年)。农业保险在这几个阶段的探索都不成功。究其原因,主要是政府对农业保险重视不够,没有制定特殊的支持政策,更没有提供保费补贴;保险公司把农业保险当做普通的财产保险来经营,除了国营保险公司比较注重社会效益、不计较亏损发展农业保险外,股份制保险公司一般对农业保险都不感兴趣;农户保险意识和保险购买能力都不强。上述多重因素导致商业化经营的农业保险业务要么难以为继,要么经营惨淡。

（二）政府支持是我国农业保险试点成功的根本原因

从 2003 年开始,中央政府开始对农业保险高度重视并采取了很多支持措施:党的十六届三中全会首次明确提出"探索建立政策性农业保险制度";自2004 年起,每年的中央一号文件都对农业保险发展提出具体要求;2007 年开始中央财政农业保险保费补贴试点,补贴品种逐渐增加,试点区域逐步扩展到全国,保障水平逐步提升;2013 年正式实施《农业保险条例》,实现了我国农业保险专门法规从无到有的重要突破;2020 年,成立"中国农再",为发展农业保险再保险和完善大灾风险分散机制创建了承担主体;等等。我国用短短十几年的时间,在农业保险上走完了其他国家上百年才走完的路,取得的了举世瞩目的成就,中央政府高度重视和大力支持是取得成功的根本原因。

(三)农业保险高质量发展的关键在于制度优化

过去十几年,我国农业保险发展尽管速度很快,但主要表现为规模扩张,还存在很多不完善的方面。例如,农业保险立法还不完善,政策功能发挥还不精准,经营管理体系还不健全,财政补贴制度有待优化,保险产品体系不合理,大灾风险问题仍未解决,基层协保员制度不健全,保障作用尚未充分发挥,等等。2019 年财政部等四部委发布《意见》,标志着我国农业保险步入高质量发展阶段。农业保险高质量发展的关键在于制度优化,只有通过制度优化才能解决农业保险发展中存在的上述诸多问题。

二、政策建议

针对我国农业保险发展过程中存在的上述问题,提出以下政策建议:

(一)完善政策性农业保险法律法规

政策性农业保险的参与主体、发展目标、运行模式、监管规则等与商业性保险都不相同,美国、加拿大等国家都有独立于《保险法》的专门的农业保险法律。我国虽然也颁布实施了《农业保险条例》,但还存在立法层次相对较低、立法内容比较简单、没有明确牵头管理机构、政策目标定位不清晰、参与者权利义务关系不明确、缺乏配套实施细则等问题。建议我国提高农业保险立法层次,颁布专门的《政策性农业保险法》;丰富农业保险立法内容,并根据发展变化对农业保险法律及时进行修订;依法成立农业保险管理机构;明确规定农业保险的政策目标;明确规定参与主体的权利义务关系;完善相关实施细则等。

(二)农业保险制度顶层设计应该对标 WTO 规则

目前,各国农业支持保护政策发展方向为逐步调整"黄箱"措施,充分利用"绿箱"措施,在 WTO 框架内以农业保险为重要手段支持农业发展。随着各国对农业保险补贴的推行,未来 WTO 对各国农业保险补贴的规制和监督会日益严格。因此,我国应在农业保险制度顶层设计上更加关注 WTO 规则,虚心学习其他国家有益的做法,规避 WTO 农业保险补贴的"黄箱"措施规定,充分利用"绿箱"措施和"模糊地带",以农业保险补贴为手段加大对农业的支持力度。例如,重视发展农业收入保险,设计与特定农户和农作物不相关的保险产品,充分利用与农户没有直接关系的各种保险补贴,等等。

(三)构建完善的农业保险管理体系

改变我国中央政府层面缺乏农业保险牵头管理机构、各部门"铁路警察各管一段"的局面,在中央政府层面明确指定财政部为农业保险牵头管理机构,负责农业保险制度的顶层设计和保费补贴;国家金融监管总局为业务监管机构,对政策性农业保险实施单独监管;农业农村部、林草局等为协同推进部门,协助财政部制定农业保险发展规划等工作;由"中国农再"承担类似美国农业部风险管理局或 FCIC 的职责,为农业保险经办机构提供信息支持、产品设计、费率厘定、再保险等业务支持。

（四）优化农业保险产品体系

针对农业保险产品体系中存在的产品结构单一、保障水平较低、特色农业保险发展不理想、费率和保险金额确定不精准、天气指数等新型农业保险产品和线上农业保险产品发展滞后、农业保险产品创新缺乏支持保护等问题,提出建议:第一,构建由"普惠性基本险"+"高保障附加险"+"补充性商业险"组成的多层次农业保险产品体系,满足不同规模农户的多样性的风险保障需求;第二,探索发展区域收入保险,该险种具有交易成本低、可以有效防止道德危险和逆选择、容易被农户接受、精算数据比较容易获取等优势;第三,积极发展特色农业保险,根据特色农业发展规划选择保险标的,优化特色农业保险保费补贴制度,由省、市、县三级财政分别承担30%、20%和10%的保费补贴;第四,改变"一省一保额一费率"的不合理现状,积极推进费率和保险金额分区,并根据理赔结果和生产成本变动情况动态调整;第五,积极发展天气指数保险和互联网农业保险;第六,对农业保险产品创新进行知识产权保护,鼓励农业保险经营机构的产品创新积极性。

（五）优化农业保险补贴制度

针对我国农业保险补贴制度中存在的补贴规模较小、补贴品种较少、保障程度较低、补贴方式单一、补贴层级太多、补贴拨付不合理、补贴政策导向不强等问题,建议:第一,扩大补贴规模,参考美国农业保险补贴占农业 GDP 比例大约为5%的标准,有计划地逐步扩大农业保险补贴规模;第二,增加补贴品种,中央财政可以逐步把量大面广、事关国计民生、农户和老百姓需求比较强烈的品种纳入保费补贴品种,如重要畜禽、重要水产养殖品种及重要水果等,地方财政可以将种植面积、养殖规模占比较大、影响较多农民收入、对农业产值贡献度大的特色农产品纳入补贴目录;第三,按照"物化成本——完全成本——收入"的顺序逐步提高补贴险种的保障水平;第四,简化补贴层级,借鉴大多数国家的经验,将补贴层级简化为中央财政和省级财政两级,按照"中央保大宗、地方保特色"的原则划分补贴责任;第五,实施差异化补贴政策,保费补贴比例要体现各省份的农业生产贡献、经济发展水平和保障程度差异,即对农业生产贡献大的省份、经济发展水平较低的省份,中央财政要加大补贴力度;对保障程度较低的普惠性保险产品,要加大财政补贴力度;第七,解决保费补贴拖欠问题,建议各省份将中央财政补贴和省级补贴资金直接拨付到保险公司省级机构,解决县级财政肆意截留保险费补贴的问题,对拖欠承保机构保费补贴比较严重、整改不力的地区,财政部将按规定收回中央财政补贴,取消该地区农业保险保费补贴资格,并依法依规追究相关人员责任。

(六)完善农业保险大灾风险分散机制

农业保险大灾风险分散机制,是解决农业保险人赔不起、被保险人利益受损问题,保证农业保险可持续经营的机制,是农业保险制度需要解决的重要问题。

第一,在《政策性农业保险法》中构建由直保公司、再保险公司、地方政府和中央政府等主体组成的农业保险大灾风险分担体系,明确直保公司、再保险公司和国家大灾风险基金的责任分工。

第二,完善公司层面大灾风险准备金制度,对保费准备金提取比例不再进行规定,由保险公司根据风险水平和经营战略自行提取;加大税收优惠政策,调整大灾保费准备金税前差额扣除为全额扣除,鼓励直保公司落实大灾准备金制度;提高大灾风险准备金使用的触发赔付率标准,规范和监督大灾风险准备金的管理。

第三,完善再保险体系和分保机制,充分发挥"中国农再"的核心作用;允许其他商业再保公司参与农业保险再保险,扩大再保险承保能力;优化再保险费率测算机制,降低直保公司的再保险费负担;加强对农业保险基础信息的整合、积累和共享,提高农业保险的信息管理水平;加强对费率分区、大灾风险评估等问题的深入研究,促进农业保险和再保险的科学高效发展。

第四,仅建立中央一级财政支持的国家大灾风险基金,在全国范围内分散风险,减轻地方政府财政负担。具体来讲,某公司在某省种植业保险或养殖业保险赔付率200%以下的超赔责任由直保公司购买再保险和公司层面的大灾准备金承担;赔付率在200%—300%之间超赔责任的90%,可向国家大灾风险基金提出使用申请;剩余的超赔责任,则由保险公司利用商业再保险等方式自行解决,这主要为了防止保险公司过度依赖国家大灾风险基金的道德风险。中央财政每年按照上一年度全国农业保险保费收入的一定比例列出预算,往国家大灾风险基金中注入资金,单独列账,逐年滚存累积,单独使用,积累到一定规模,没有使用的话,就不再注入资金。

(七)加强基层协保员队伍建设

基层协保员是我国农业保险经营中的特殊角色和重要人力资源,相当于商业保险中的代理人,为我国农业保险快速发展作出了重要贡献。但是,协保员队伍建设一直没有引起重视,协保员素质参差不齐,影响农业保险服务质量,助长某些逆选择、道德风险和犯罪。在强调高质量发展农业保险的背景下,加强协保员队伍建设,是我国农业保险制度建设不可忽略的一个组成部分。对此提出以下建议:(1)协保员队伍建设可采用政府组建和公司组建两种模式,各有利弊;(2)政府应将农业保险招标期限定为3—5年,以便保险公司具有长期稳定经营的预期,做好协保员队伍建设的长期规划;(3)出台有关协保员工作经费的文件,保证协保员薪酬获取的合法性;(4)保险公司提高协保员薪酬水平,按照"底薪+业务提成"方式支付薪酬,聘请高素质协保员,提高协保员队伍的稳定性和工作效率,激发协保员工作的积极性;(5)完善协保员队伍的专业培训体系,提高协保员的专业素质和业务水平;(6)充分发挥协保员的多维作用,他们不仅是农险代理人,也是拓展农村保险市场的代理人,要积极拓展农村车险、非车险、人身意外险和短期健康险等业务,提高"三农"服务站的利用效率,提高协保员队伍的业务贡献值和自身收入,使农业保险基层服务体系朝着专业、稳定、规范的方向良性循环发展,为农业保险高质量发展夯实基层基础。

（八）提高农业保险保障水平

农业保险保障水平,是衡量农业保险发挥风险保障作用和农业保险制度效果的重要指标。提高农业保险保障水平,是我国农业保险高质量发展的重要目标,需要提高农业保险保障广度和保障深度来实现,即要通过农业保险的"扩面、增品、提标"来实现,同时还需要缩小地区间保险保障水平的差距。另外,各地农业保险主管部门在政策性农业保险经营主体招投标评标指标体系和动态考核制度中,应把保障水平和赔付率作为重要考核指标纳入。农业保险主管部门通过这两个考核指标,监督和鼓励保险公司在中标区域全险种经营,把提高中标区域的农业保险保障水平作为重要经营目标,实事求是地按照合同充分赔付,提高农民对农业保险的获得感和参保率,从而提高该地区的农业保险保障水平。

（九）关注农业保险赔付率水平

农业保险赔付率,即某一时期某一地区农业保险赔款支出占保费收入的百分比,是衡量农业保险发挥损失补偿作用和农业保险制度效果的重要指标。在政策性农业保险中,尤其是中央财政保费补贴险种中,各级财政共提供大约80%左右的保费补贴。提供保费补贴的财政部门应掌握农业保险经营机构到底为农户提供了多少赔款,是否存在赔偿不充分的情况,有哪些因素影响农业保险赔付率。本书对我国农业保险赔付率现状、各省份赔付率差异、各省灾害水平和农业保险费率与赔付率之间的可能关系等进行理论分析,之后对影响农业保险赔付率的因素进行实证分析,在此基础上,提出要关注和考核保险公司的农业保险赔付率指标、均衡发展种植险和养殖险、控制农业保险市场竞争和经营费用、探索费率分区和动态调整费率、对农业大省进行补贴政策倾斜等政策建议。

参 考 文 献

一、中文文献

《河北省气象灾害风险地图集》编辑委员会:《河北省气象灾害风险地图集》,科学出版社 2018 年版。

财政部:《财政部就推进落实〈关于加快农业保险高质量发展的指导意见〉答问》,2019 年 10 月 16 日,见 http://www.scio.gov.cn/xwfb/bwxwfb/gbwfbh/czb/202207/t20220715_218104.html。

财政部等:《关于开展三大粮食作物完全成本保险和收入保险试点工作的通知》,2019 年 2 月 13 日,见 http://www.mof.gov.cn/gkml/caizhengwengao/wg2018/201810WG/201902/t20190213_3146555.htm。

曹立萍:《甘肃加快农村金融综合服务室建设》,《甘肃日报》2019 年 2 月 15 日。

陈强:《高级计量经济学及 stata 应用》,高等教育出版社 2014 年版。

陈盛伟等:《农业气象干旱指数保险产品设计的理论框架》,《农业技术经济》2014年第 12 期。

陈文辉等:《中国农业保险发展改革理论与实践研究》,中国金融出版社 2015年版。

范丽萍:《OECD 典型国家农业巨灾风险管理制度研究》,中国农业科学院学位论文,2015 年。

冯文丽等:《河北省农业保险保障水平影响因素的实证分析》,《农村金融研究》2019 年第 2 期。

冯文丽:《更好服务保障国家粮食安全——"三大粮食作物完全成本保险和种植收

入保险实施范围扩大到全国所有产粮大县"政策解读》,《中国财经报》2023 年 8 月
8 日。

冯文丽:《农业保险转型升级需要科技支撑》,《中国保险报》2018 年 6 月 2 日。

冯文丽:《我国农业保险市场失灵与制度供给》,《金融研究》2004 年第 4 期。

冯文丽等:《面向"二元主体"构建农险产品体系》,《中国保险报》2019 年 1 月
22 日。

冯文丽等:《农险扶贫的阜平模式》,《中国金融》2018 年第 18 期。

冯文丽等:《农业保险"协同推进、共同引导"管理体系的现状及优化》,《中国保
险》2019 年第 2 期。

冯文丽等:《农业保险保障水平提升途径》,《中国金融》2019 年第 10 期。

冯文丽等:《农业保险产品创新的知识产权保护》,《中国保险》2016 年第 9 期。

冯文丽等:《我国农业保险大灾风险分散机制的思考》,《农村金融研究》2022 年第
8 期。

冯文丽等:《我国天气指数保险探索》,《中国金融》2016 年第 8 期。

冯文丽等:《助推乡村振兴战略实施的河北省特色农业保险发展思路》,《中国保
险》2021 年第 2 期。

郭钕玻:《论 WTO 农业协议下我国〈农业保险法〉的制定》,《法制与社会》2009 年
第 8 期。

郭晓航:《论政策性农业保险》,《北京财贸学院学报》1987 年第 1 期。

国家气候中心:《2023 年气候年景总体偏差,极端天气气候事件呈多发强发态
势》,2023 年 2 月 6 日,见 https://news.sina.com.cn/c/2023-02-06/doc-imyeuezp3101143.
shtml? cre=sinapc。

何小伟等:《WTO 规则与我国农业保险补贴政策的合规风险评估》,《保险研究》
2022 年第 9 期。

何小伟等:《农业保险大灾风险分散机制的财政支持依据及路径选择——以吉林、
安徽、四川三省为例》,《农业经济问题》2013 年第 10 期。

胡炳志等:《政策性农业保险补贴的最优边界与方式探讨》,《保险研究》2009 年第
10 期。

胡月等:《我国农业补贴政策的"黄转绿"问题研究》,《当代农村财经》2018 年第
2 期。

黄汉权等:《我国农业补贴政策改革思路研究》,《宏观经济研究》2016 年第 8 期。

李丹等:《农业风险与农业保险》,高等教育出版社 2017 年版,第 265—266 页。

李军:《农业保险的性质、立法原则及发展思路》,《中国农村经济》1996 年第 1 期。

李俊杰等:《美国农业保险政策的发展及展望》,《农业展望》2017 年第 10 期。

李琼等:《美国农业再保险体系运行模式及启示》,《保险理论与研究》2018 年第 9 期。

李施筱:《我国农业保险试点全面启动》,《中国金融家》2005 年第 3 期。

李士森等:《区域相关性对农业保险赔付风险的影响——理论、实证及承保方案的优化研究》,《金融理论与实践》2018 年第 2 期。

李文阔:《日本农业共济保险制度及对我国农业保险的启示》,《西南金融》2022 年第 6 期。

林君杰:《民国时期农业保险问题研究》,赣南师范大学,2018 年。

刘汉成等:《中国政策性农业保险:发展趋势、国际比较与路径优化》,《华中农业大学学报(社会科学版)》2020 年第 6 期。

刘京生:《农业保险的两块基石:政策性 补贴性》,《中国保险报》2003 年 9 月 25 日。

刘玮等:《日本农业保险补贴方式及其经验借鉴》,《华北金融》2021 年第 7 期。

柳盈:《WTO 规则下农业国内支持规则研究》,南京大学学位论文,2016 年。

龙文军:《法国农业保险制度及经验》,《世界农业》2003 年第 5 期。

罗向明等:《收入调节、粮食安全与欠发达地区农业保险补贴安排》,《农业经济问题》2011 年第 1 期。

吕晓英等:《农业保险大灾风险分散方式的模拟研究》,《保险研究》2014 年第 12 期。

吕晓英等:《中国农业保险"政府兜底"和"融资预案"大灾风险分散方式的模拟和比较》,《中国软科学》,2016 年第 4 期。

马莉:《美国农业再保险法律制度及其对中国的启示》,《保险研究》2016 年第 2 期。

苗梦帆:《我国农业保险保障水平问题研究》,河北经贸大学学位论文,2020 年。

牛浩等:《地市县保费补贴压力与农业保险发展:影响机理与实证》,《农村经济》2020 年第 7 期。

皮立波等:《建立农业政策性保险制度 迎接 WTO 的挑战》,《中国农村经济》2000 第 5 期。

蒲成毅:《农业保险制度模式与产品组合设计研究》,《重庆工商大学学报(西部论坛)》2006 年第 1 期。

齐皓天等:《美国农业收入保险的成功经验及其对中国的适用性》,《农村工作通讯》2015年第5期。

齐皓天等:《农业保险补贴如何规避WTO规则约束:美国做法及启示》,《农业经济问题》2017年第7期。

史岩:《美国农业保险补贴规避WTO规则约束的策略研究》,《世界农业》2018年第1期。

孙群等:《完善的美国政策性农业保险产品体系》,《中国保险》2012年第2期。

孙生阳:《健全种粮农民收益保障机制》,《学习时报》2022年11月9日。

谭智心:《关于农产品"保险+期货""定箱"问题的思考》,《农村工作通讯》2020年第17期。

唐金成:《现代农业保险》,中国人民大学出版社2013年出版。

陶振:《美国农业保险不当行为治理及其启示》,《湖南农业大学学报(社会科学版)》2018年第8期。

庹国柱:《"政策性农业保险"是一个科学的概念》,《中国保险报》2011年10月17日。

庹国柱:《〈农业保险条例〉不同于〈保险法〉的七个特点(二)》,《中国保险》2013年第6期。

庹国柱:《打造农险2.0版本需要突破的瓶颈问题》,《中国保险报》2017年5月9日、5月23日、6月13日。

庹国柱:《对农业保险性质的再认识》《中国保险报》2019年8月5日、8月6日。

庹国柱:《建立多层次多元化的农业保险产品体系》,《中国银行保险报》2021年6月21日。

庹国柱:《美国加拿大农业保险政策和监管的经验借鉴》,《中国保险职业学报》2014年第2期。

庹国柱:《农险"应收保费"难题盼解》,《中国保险报》2018年12月25日。

庹国柱:《农业保险需要建立大灾风险管理制度》,《中国保险》2013年第1期。

庹国柱:《试论中农再建立的意义》,《保险理论与实践》2020年第9期。

庹国柱:《政策性农业保险是一个科学概念》,《保险研究实践与探索》2011年第8期。

庹国柱:《政府在农险中的作为需要进一步规范》,《中国银行保险报》2019年10月25日。

庹国柱等:《关于农险中农户自缴20%保费问题的探析——兼论政策性农险产品

政府定价的必要性和可行性》,《保险理论与实践》2020 年第 4 期。

庹国柱等:《农险经营中值得重视的几个问题》,《中国保险》2019 年第 7 期。

庹国柱等:《农业保险:十大原则扎牢立法根基》,《中国保险报》2007 年 2 月 12 日。

庹国柱等:《正确选择政策性农业保险的立法目标》,《中国保险报》2007 年 2 月 5 日。

庹国柱等:《中国农业保险与农村社会保障制度研究》,首都经济贸易大学出版社 2002 年版。

汪必旺:《我国发展农产品收入保险的效果模拟研究》,中国农业科学院学位论文, 2018 年。

汪必旺等:《美国牲畜价格指数保险的经验及局限性》,《保险研究》2019 年第 5 期。

王德宝:《我国农业保险巨灾风险分散机制研究》,首都经济贸易大学,2011 年。

王俊凤:《论政策性农业保险立法的目的、模式与原则》,《东北农业大学学报(社会科学版)》2009 年第 7 期。

王克:《加拿大农业支持政策和农业保险:发展和启示》,《世界农业》2019 年第 3 期。

王克等:《农业保险保障水平的影响因素及提升策略》,《中国农村经济》2018 年第 7 期。

王铭:《农业保险大灾风险分散机制的法国经验》,《现代经济信息》2017 年第 21 期。

王韧:《我国农业保险差异补贴政策研究——基于各省、直辖市、自治区的聚类分析》,《农村经济》2011 年第 5 期。

王素:《美国农业保险反欺诈法律机制及其启示》,《世界农业》2017 年第 10 期。

王鑫:《多层次农业保险产品体系设计及费率测算》,河北经贸大学学位论文, 2019 年。

王云魁等:《农业收入保险:美国的经验与启示》,《经济论坛》2020 年第 7 期。

韦剑锋等:《湖北省农业保险赔付率分布研究》,《农村经济与科技》2010 年第 4 期。

吴扬:《从"负保护"到积极的政策性农业保险运作——当前中国农业保护政策的必然选择》,《上海经济研究》2003 年第 3 期。

武沛等:《河北省特色农业保险实践与探索》,《农村金融研究》2020 年第 10 期。

肖帆等:《日本农业保险发展研究》,《特区经济》2021年第11期。

谢凤杰等:《WTO框架下粮食价格保险政策归属及其改进》,《农业现代化研究》2017年第2期。

谢凤杰等:《美国〈2014年新农业法案〉农业保险政策改革及启示》,《农业经济问题》2016年第5期。

邢鹏等:《粮食单产波动与政策性农业保险制度》,《新疆大学学报(哲学社会科学版)》2004年第1期。

徐田华:《完善我国农业支持保护政策体系的对策建议》,《农业农村部管理干部学院学报》2021年第2期。

杨春玲等:《农民农业收入影响因素的实证分析》,《财经论丛》2010年第2期。

杨华柏等:《谈我国〈农业保险条例〉的几个特征》,《中国保险报》2013年3月1日。

杨铁良:《法国农业互助保险制度经验与借鉴》,《世界农业》2017年第1期。

叶明华:《中国农业保险的赔付风险:风险测度与应对策略》,《经济问题》2015年第4期。

印甜:《我国农业保险法律制度研究》,西南政法大学学位论文,2015年。

于洋等:《政策性补贴对中国农业保险市场影响的协整分析》,《中国农村经济》2009年第3期。

余洋等:《省域视角下多层次农业保险产品体系建设——以湖北省为例》,《中国保险》2021年第2期。

袁纯清:《让保险走进农民》,人民出版社2018年版。

袁祥州:《中国粮农风险管理与收入保险制度研究》,华中农业大学学位论文,2016年。

袁祥州等:《美国农业保险财政补贴机制及对我国的借鉴》,《保险研究》2016年第1期。

张晶:《新常态下完善农业支持政策的总体思考——以美国农业政策新动向为借鉴》,《世界农业》2018年第6期。

张克俊等:《农业大省加快构建现代农业产业体系的研究》,《华中农业大学学报(社会科学版)》2015年第2期。

张峭:《农业保险财政补贴政策优化研究》,《农村金融研究》2020年第3期。

张峭:《中国农业保险保障水平研究报告》,中国金融出版社,2017年版。

张峭等:《"开启中国农业保险的明亮窗口"之中国农业风险管理体系:一个框架

性设计》,《中国禽业导刊》2009 年第 3 期。

张涛:《我国农业保险立法的制度构建》,《西北农林科技大学学报(社会科学版)》2016 年第 3 期。

张晓云:《外国政府农业保险补贴的方式及其经验教训》,《财政研究》2004 年第 9 期。

张玉环:《美国、日本和加拿大农业保险项目比较分析》,《中国农村经济》2016 年第 11 期。

张跃华:《农业保险团体(区域)保险与中国农业保险发展》,《中国金融》2005 年第 6 期。

张跃华等:《市场失灵、政府干预与政策性农业保险理论——分歧与讨论》,《保险研究》2016 年第 7 期。

张跃华等:《准公共品、外部性与农业保险的性质——对农业保险政策性补贴理论的探讨》,《中国软科学》2004 年第 9 期。

张长利:《农业保险立法问题浅探》,《调研世界》2009 年第 7 期。

张祖荣:《我国政策性农业保险保费补贴资金利用效率研究》,《甘肃社会科学》2020 年第 2 期。

章泽群等:《论我国农业保险法律制度的完善》,《法制博览》2017 年第 19 期。

赵晨:《以再保险为基础的农业保险巨灾风险分散机制研究》,西南财经大学,2012 年。

郑军等:《日本农业保险的制度演变与运行机制》,《宏观经济研究》2016 年第 5 期。

郑伟等:《农业保险大灾风险分散体系的评估框架及其在国际比较中的应用》,《农业经济问题》2019 年第 9 期。

中国保险学会:《农业保险服务"三农"发展研究》,中国金融出版社 2021 年版。

中国农业保险保障水平研究课题组:《中国农业保险保障水平研究报告》,中国金融出版社 2017 版。

中国平安财产保险股份有限公司等:《科技助力农业保险高质量发展白皮书(2022)》2022 年。

中华人民共和国中央人民政府:《农业保险条例》,2016 年 2 月 6 日,见 https://www.gov.cn/gongbao/content/2016/content_5139713.htm。

中原农业保险公司加拿大农业保险考察团:《加拿大农业保险制度发展模式(上)》,《保险理论与实践》2016 年第 6 期。

周稳海等：《农业保险对农业生产影响效应的实证研究——基于河北省面板数据和动态差分 GMM 模型》，《保险研究》2015 年第 5 期。

朱华雄等：《国民政府时期农业保险合作思想与实践》，《经济思想史评论》2007 年第 12 期。

朱晶等：《WTO 框架下中国农业收入保险补贴的国际规则适应性研究》，《中国农村经济》2020 年第 9 期。

朱俊生：《国外不同农业保险模式下巨灾风险分散制度及其比较》，《世界农业》2013 年第 10 期。

朱俊生：《指数保险破解农业保险产品难题》，《农村工作通讯》2017 年第 8 期。

左璇等：《基于保障指数的农业保险保障水平评价——以北京各区县为例》，《灾害学》2016 年第 4 期。

二、英文文献

Aanderud, Wallace G., "Federal Crop Insurance", *Economics Commentator*, Vol.178, 1982.

Barnett, B.& Skees, J., "An Empirical Analysis of the Demand for Multiple Peril Crop Insurance: Comment", *American Journal of Agricultural Economics*, Vol.76, 1994.

Breustedt, G. Bokusheva, R.& Heidelbach, Olaf., "Evaluating the Potential of Index Insurance Schemes to Reduce Crop Yield Risk in an Arid Region", *Journal of Agricultural Economics*, Vol.59, 2008.

Bulut, H., Collins, K.& Zacharias, T., "Optimal Coverage Level Choice with Individual and Area Plans of Insurance", 2011 Agricultural & Applied Economics Association Annual Meeting, Pittsburgh, PA, July 24-26, 2011.

Capitanio, F., Diaz-Caneja, M.B., Cafiero, C.& Adinolfid, F., "Does Market Competitiveness Significantly Affect Public Intervention in Agricultural Insurance: the Case in Italy", *Applied Economics*, Vol.43, 2011.

Claassen, R., Langpap, C.& Wu, J., "Impacts of Federal Crop Insurance on Land Use and Environmental Quality", 2015 Agricultural & Applied Economics Association and Western Agricultural Economics Association Annual Meeting, San Francisco, CA, July 26-28, 2015.

Coble, K. H., Dismukes, R. & Glauber, J. W., "Private Crop Insurance and the Reinsurance Fund Allocation Decision", *American Journal of Agricultural Economics*, Vol.89,

2007.

Coble, K. H., Knight, T. O., Pope, R. D. & Williams, J. R., "An Expected-Indemnity Approach to the Measurement of Moral Hazard in Crop Insurance", *American Journal of Agricultural Economics*, Vol.79, 1997.

Deng X., Barnett, B. J. & Vedenov, D. V., "Is There a Viable Market for Area-based Crop Insurance?", *American Journal of Agricultural Economics*, Vol.89, 2007.

Donoghue, E. J. O., Roberts, M. J. & Key, N., "Did the Federal Crop Insurance Reform Act Alter Farm Enterprise Diversification?", *Journal of Agricultural Economics*, Vol.60, 2009.

Duncan, J. & Myers, R. J., "Crop Insurance Under Catastrophic Risk", *American Journal of Agricultural Economics*, Vol.82, 2000.

Fadhliani, Z., Luckstead, J. & Wailes, E. J., "The Impacts of Multi-peril Crop Insurance on Indonesian Rice Farmers and Production", *Agricultural Economics*, Vol.50, 2019.

Falco, S. D., Adinolfi, F., Bozzol, M. & Capitanio, F., "Crop Insurance as a Strategy for Adapting to Climate Change", *Journal of Agricultural Economics*, Vol.65, 2014.

Feng H., Du X. & Hennessy, D. A., "A Natural Resource Theory of U.S. Crop Insurance Contract Choice", *American Journal of Agricultural Economics*, 2013(8).

Finger, R. & Lehmann, N., "The Influence of Direct Payments on Farmers' Hail Insurance Decisions", *Agricultural Economics*, Vol.43, 2012.

Freudenreich, H. & Mußhof, O., "Insurance for Technology Adoption: An Experimental Evaluation of Schemes and Subsidies with Maize Farmers in Mexico", *Journal of Agricultural Economics*, Vol.69, 2018.

Gervais, J. & Doyon, M., "Developing Hedging Strategies for Québec Hog Producers under Revenue Insurance", *Canadian Journal of Agricultural Economics*, Vol.52, 2004.

Ghosh, R. K., Gupta, S., Singh, V. & Ward, P. S., "Demand for Crop Insurance in Developing Countries: New Evidence from India", *Journal of Agricultural Economics*, Vol.72, 2021.

Glauber, J. W., "The Growth of the Federal Crop Insurance Program, 1990 – 2011", *American Journal of Agricultural Economics*, Vol.79, 2013.

Goodwin, B. K. & Vado, L. A., "Public Responses to Agricultural Disasters: Rethinking the Role of Government", *Canadian Journal of Agricultural Economics*, Vol.55, 2007.

Goodwin, B. K. & Smith, V. H., "What Harm Is Done By Subsidizing Crop Insurance?", *American Journal of Agricultural Economics*, Vol.95, 2013.

Goodwin, B. K., Vandeveermont, L. & Deal, J. L., "An Empirical Analysis of Acreage

Effects of Participation in the Federal Crop Insurance Program", *American Journal of Agricultural Economics*, Vol.86, 2004.

Goodwin, B.K., "Problems With Market Insurance in Agriculture", *American Journal of Agricultural Economics*, Vol.83, 2001.

Gulseven, O., "Estimating the Demand Factors and Willingness to Pay for Agricultural Insurance", *Australian Journal of Engineering Research*, 2014(1).

Hazell, P.B.R., "the Appropriate Role of Agricultural Insurance in Developing Countries", *Journal of International Development*, Vol.4, 1992.

He J., Rejesus, R., Zheng, X. & Jr, J.Y., "Advantageous Selection in Crop Insurance: Theory and Evidence", *Journal of Agricultural Economics*, Vol.69, 2018.

He J., Zheng, X., Rejesus, R.& Jr., J.Y., "Input Use Under Cost-of-production Crop Insurance: Theory and Evidence", *Agricultural Economics*, Vol.51, 2020.

Hill, R.V., Magnan, N.K.N., Makhija, S., Nicola, F., Spielman, D.J.& Ward, P.S., "Insuring against Drought: Evidence on Agricultural Intensification and Demand for Index Insurance from a Randomized Evaluation in Rural Bangladesh", 2017 Agricultural & Applied Economics Association annual meeting, July 30-August 1, 2017.

Just, R.E., Calvin, L.& Quiggin, J., "Adverse Selection in Crop Insurance: Actuarial and Asymmetric Information Incentives", *American Journal of Agricultural Economics*, Vol.81, 1999.

Ker, A.P.& McGowan, P., "Weather-Based Adverse Selection and the U.S.Crop Insurance Program: The Private Insurance Company Perspective", *Journal of Agricultural and Resource Economics*, Vol.25, 2000.

Leibniz, M.A.& Osberghaus, D., "The Demand for Index-Based Flood Insurance in a High-Income Country", *German Economic Review*, Vol.20, 2017.

Lyskawa, K.& Kaczała, M., "Factors Affecting the Demand for Index-based Agriculture Insurance in Poland", *Insurance Review*, Vol.4, 2013.

Mahul, O., "Optimal Insurance Against Climatic Experience", *American Journal of Agricultural Economics*, Vol.83, 2001.

Mahul, O.& Wright, B.D., "Designing Optimal Crop Revenue Insurance", *American Journal of Agricultural Economics*, Vol.85, 2003.

Mahul, O., "Managing Catastrophic Risk Through Insurance and Securitization", *American Journal of Agricultural Economics*, Vol.83, 2001.

Makki,S.S.& Somwaru,A.,"Farmers' Participation in Crop Insurance Markets:Creating the Right Incentives",*American Journal of Agricultural Economics*,Vol.83,2001.

Miranda,M.J.& Glauber,J.W.,"Systemic Risk,Reinsurance,and the Failure of Crop Insurance Markets",*American Journal of Agricultural Economics*,Vol.79,1997.

Raju,S.S.& Chand,R.A.,"Study on the Performance of National Agricultural Insurance Scheme and Suggestions to Make it More Effective",*Agricultural Economics Research Review*,Vol.21,2008.

Ramaswami,B.,"Supply Response to Agricultural Insurance:Risk Reduction and Moral Hazard Effects",*American Journal Economics*,Vol.75,1993.

Roberts,M.J.,Key,N.& Donoghue,E.O.,"Estimating the Extent of Moral Hazard in Crop Insurance Using Administrative Data",*Review of Agricultural Economics*,Vol.28,2006.

Roll,K.H.,"Moral hazard:The Effect of Insurance on Risk and Efficiency",*Agricultural Economics*,Vol.50,2019.

Sherrick,B.J.,Barry,P.J.,Schnitkey,G.D.,Ellinger,P.N.& Wansink,B.,"Farmers' Preferences for Crop Insurance Attributes",*Review of Agricultural Economics*,Vol.25,2003.

Shi J.,Wu J.& Olen,B.,"Assessing Effects of Federal Crop Insurance Supply on Acreage and Yield of Specialty Crops",*Canadian Journal of Agricultural Economics*,Vol.68,2020.

Skees,J.R.,Black,J.R.& Barnett,B.J.,"Designing and Rating an Area Yield Crop Insurance Contract",*American Journal of Agricultural Economics*,Vol.79,1997.

Smith,V.H.& Glauber,J.W.,"Agricultural Insurance in Developed Countries:Where Have We Been and Where Are We Going?",*Applied Economic Perspectives and Policy*,Vol.0,2012.

Smith,V.H.& Goodwin,B.K.,"Crop Insurance,Moral Hazard,and Agricultural Chemical Use",*American Journal of Agricultural Economics*,Vol.78,1996.

Turvey,C.,Nayak,G.& Sparling,D.,"Reinsuring Agricultural Risk",*Canadian Journal of Agricultural Economics*,Vol.47,1999.

Turvey,C.G.,Hoy,M.& Islam,Z.,"The Role of Ex Ante Regulations in Addressing Problems of Moral Hazardin Agricultural Insurance",*Agricultural Finance Review*,2002(11).

Vincent,P.M.,Smith,H.& Nkonya,E.,"Relative Preferences For Soil Conservation Incentives Among Smallholder Farmers:Evidence From Malawi",*American Journal of Agricultural Economics*,Vol.96,2014.

Walters, C. G., Shumway, C. R., Chouinard, H. H. & Wandschneider, P. R., "Asymmetric Information and Profit Taking in Crop Insurance", *Applied Economic Perspectives and Policy*, Vol. 37, 2015.

Wang H. H. & Zhang H., "On the Possibility of a Private Crop Insurance Market: A Spatial Statistics Approach", *The Journal of Risk and Insurance*, Vol. 70, 2003.

Wu J. & Adams, R. M., "Production Risk, Acreage Decisions and Implications for Revenue Insurance Programs", *Canadian Journal of Agricultural Economics*, Vol. 49, 2001.

Ye T., Hu W., Barnett, B. J., Wang, J. & Gao, Y., "Area Yield Index Insurance or Farm Yield Crop Insurance? Chinese Perspectives on Farmers' Welfare and GovernmentSubsidy Effectiveness", *Journal of Agricultural Economics*, Vol. 71, 2020.

Yi J., Richardson, J. W. & Bryant, H., "How Do Premium Subsidies Affect Crop Insurance Demand at Different Coverage Levels: the Case of Corn. Selected Poster", 2016 AAEA Annual Meeting, July 31-August 2, 2016.

Young, C. E., Vandeveer, M. L. & Schnepf, R. D., "Production and Price Impacts of U.S. Crop Insurance Programs", *American Journal of Agricultural Economics*, Vol. 83, 2001.

Yu J. & Sumner, D. A., "Effects of Subsidized Crop Insurance on Crop Choices", *Agricultural Economics*, Vol. 49, 2018.

Yu J., Smith, A. & Summer, D. A., "Effects of Crop Insurance Premium Subsidies on Crop Acreage", *American Journal of Agricultural Economics*, Vol. 100, 2018.

Yua, J. & Sumner, D. A., "Effects of Subsidized Crop Insurance on Crop Choices", *American Journal of Agricultural Economics*, Vol. 49, 2018.